令和版

基礎から学ぶ!

スポーツ
テーピング

高橋仁 編著
帝京平成大学教授

JN209571

ベースボール・マガジン社

はじめに

　本書が登場したのは 2009 年、それから 10 年が経ちました。令和版制作にあたり、これまでの内容に加え、細かな点で修正を入れ、今の時代に即した内容に改訂しています。

　この本の出版が決まってから、シリーズタイトルである『基礎から学ぶ……』の「基礎」とは何を指すのだろうかといろいろと考えました。その結果、スポーツ現場でこれからテープを巻くにあたっての準備段階が「基礎」であり、テーピングを巻き始めたらそれをもとにすべてが「応用」になっていくと思いました。言い換えると、本番はすべて応用（実践）であり、その応用問題を解くために基礎知識や基礎技術が必要であるということです。

　テーピングを行うにあたっての基礎知識は、テーピングの歴史、目的、注意点などテーピング理論です。さらに重要なのは、「機能解剖」「スポーツ外傷・障害」などのスポーツ医学の知識です。基礎技術は、テープの扱い方をはじめとして基本となるテープの巻き方や役割の理解です。さらには、代表的な各種コンディショニング法も必要でしょう。また、部位別や外傷・障害別のテーピングも同様に基礎技術と考えます。なぜなら、本書で紹介した方法や順番は最も一般的な方法であり、あくまで一例です。これを土台として、状況に合わせて臨機応変に対応しなければなりません。

　具体的には、足関節内反捻挫予防のテーピングを巻くにあたり、用いる制限やテープの順番は同じでも、足（選手）の状態によって内容は異なります。細い足もあれば、大きい足もあります。関節が極端にゆるい場合もあります。選手の好みやリクエストも当然あります。細かく見ると、その足に合わせてアンカーの位置を微妙に変えたり、巻き加減を調節したりするわけです。その選手のオリジナルの巻き方が出来上がれば完成となります。

本書は、このように「応用につながる基礎を学ぶ」という観点で編成しました。基礎理論では、「機能解剖」「スポーツ外傷・障害」をまとめて解説しました。基礎技術では、2章に基本となるテープの扱い方と巻き方をなるべく詳細に説明をしました。2章はテーピングを初めて学ぶ方はもちろんのこと、上級者の方も基礎をもう一度見直すという点で役に立つと思います。

　また、テーピングに関連する知識や技術を理解・習得することも、応用の幅を広げるという点で必要なことと考えます。具体的には、4章に弾性包帯や筋肉サポートテープの活用法を紹介しました。弾性包帯も筋肉サポートテープも、テーピングと併用される機会が多いものなので、基礎技術としました。特に、従来のテーピングでは対応しにくい筋肉の動きの改善や各種症状の緩和に有効な筋肉サポートテープは広く普及しているため、詳しく取り上げました。

　このような「基礎」をマスターして、みなさんなりの「応用」をアレンジしてください。テーピングの面白さはここにあると感じています。

　著者一同、本書が、みなさんのテーピングの基礎を学ぶテキストとして少しでもお役に立てることを願っています。また、さらなる希望として、「応用のテキスト」はみなさんがスポーツ現場などでテープを巻きながら編集してください。その編集したテキストが「みなさんの型」になると思います。

　最後になりましたが、本書を出版するにあたり、ご協力いただいた関係者のみなさん、本書のモデルを務め、長時間の撮影に付き合っていただいた学生のみなさん、ありがとうございました。この場を借りて厚くお礼申し上げます。

2019 年 8 月
著者を代表して　高橋 仁

CONTENTS

目次

本書は2009年に発行された書籍『基礎から学ぶ！　スポーツテーピング』（小社刊）の内容に、経年によるスポーツ科学理論の進歩に応じた内容改訂を加えるとともに、全ページをリデザイン、カラー化したものです

デザイン　サンゴグラフ
写真撮影　馬場高志、福地和男
イラスト　石川正順
編　　集　田中智沙

第1章

知っておきたい ケガの仕組みと 身体の構造

テーピングは、ケガの予防や再発予防のために、
テープを身体に貼ったり巻いたりするもの。
テーピングを学ぶためには、まずは、ケガがなぜ起こるのかを知り、
ケガの手当てとしての応急処置を身につけ、
身体の仕組みを理解することが大切です。

1 スポーツ外傷・障害を知ろう

1 スポーツ外傷と障害の違い

ケガか使いすぎか

スポーツ外傷とは、タックル、衝突、転倒など1回の大きな外力が身体に生じることで発生します。骨折、脱臼、靱帯損傷など、いわゆるケガのことをいいます。

スポーツ障害とは、スポーツ動作が繰り返されることによって身体の一部に過剰な負荷が生じて発生します。テニス肘、ジャンパー膝、疲労骨折などがこれにあたります。使い過ぎ症候群ともいいます。

2 発生機転

身体にかかる負荷

身体にはさまざまな負荷が加わり、スポーツ外傷・障害が発生します。身体に生じる負荷は、「回旋」「伸張」「圧迫」「剪断」に分類できます（図1-1）。

膝関節内側側副靱帯損傷（膝MCL損傷）を例に挙げてみます。内側側副靱帯は、膝関節の外反を防ぎます。よって外反を強制されると内側側副靱帯が緊張します。さらに外反が強まると靱帯が「伸張」され、靱帯損傷が起きます（図1-2）。このように、外傷・障害の発生機転は、身体への負荷の加わり方とその部位の機能解剖とを合わせて考えることによって理解できます。

3 発生要因

身体的特徴

身体的特徴も外傷・障害の発生原因となります。

大腿四頭筋の柔軟性低下がジャンパー膝の原因となる「筋柔軟性の低下」、扁平足が足底筋膜炎やシンスプリントの原因となる「骨格のアライメント（配列）異常」、関節外傷を起こしやすい「関節弛緩性（関節の緩み）」、体幹の筋力低下が腰痛の原因となる「筋力低下」などが挙げられます。

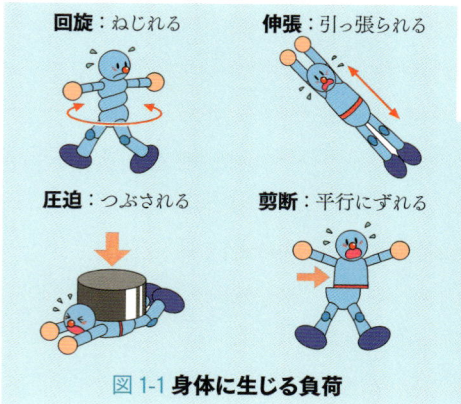

図1-1 **身体に生じる負荷**

図1-2 **膝関節外反強制による靱帯損傷の発生**

競技特性

陸上競技長距離種目では、ランニングが原因で下肢障害（アキレス腱炎、疲労骨折など）が好発します。コンタクトが競技の中心となるラグビーや格闘技などは、外傷（捻挫、打撲、脱臼など）が発生しやすい競技です。ジャンプを繰り返すバレーボールやバスケットボールは足関節や膝関節の障害が多い競技です。このように、競技の特徴となる動作と外傷・障害発生は深く関連しています。

その他

天候（雨天、気温など）、用具（不良な防具、ソールのすり減ったシューズなど）、グラウンドの状態（硬い、柔らかい、整備不良のために凸凹しているなど）などが発生要因として挙げられます。

スポーツ外傷・障害の発生要因は上記以外にも多数あります。実際にはいくつもの要因が重なり合って発生しています。

［関節弛緩性の評価］

関節弛緩性は、標準的な関節可動域からさらに関節が過剰に動く場合をいいます。先天的な要素が強く、関節不安定性（多くは外傷の後遺症など）とは区別されます。

評価は、「関節弛緩性テスト（ルーズネステスト）」（中嶋 1984 年）で行われます。整形外科的メディカルチェックにおいては必修の検査事項になっています。

テストは、全身 7 関節（下の写真参照）を行います。

実施可能（陽性：＋）な項目を 1 ポイントとします。左右がある関節は、左右それぞれ 0.5 ポイントとして計算します。

4 ポイント以上は、全身的に関節が緩い、すなわち「関節弛緩性あり」と評価します。関節弛緩性が認められると、関節外傷の発生が高くなる傾向があるといわれています。

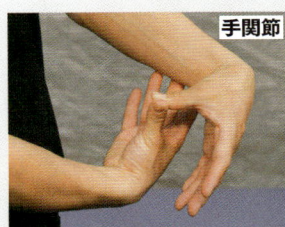

手関節
掌屈して母指が前腕につけば陽性。写真はついていないので陰性（0 点）

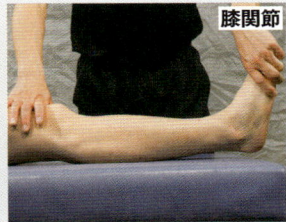

膝関節
10 度以上の過伸展で陽性。写真は陰性

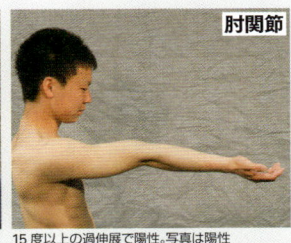

肘関節
15 度以上の過伸展で陽性。写真は陽性

足関節
背屈 45 度以上で陽性。写真は陽性

脊柱
前屈して手掌が床につけば陽性。写真は陽性

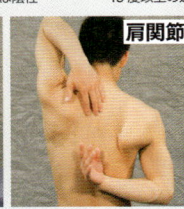

肩関節
背中で指ががっちり組めれば陽性。写真は陰性

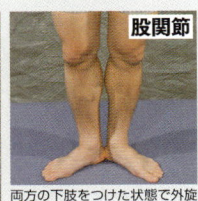

股関節
両方の下肢をつけた状態で外旋して両足趾が一直線となれば陽性。写真は陰性

≪2 知っておきたいケガの応急処置

|RICE 処置の概要と目的

|RICE 処置とは

安静・冷却・圧迫・挙上

　スポーツ現場で発生しやすい、捻挫、打撲、突き指などのケガをスポーツ外傷といいます。スポーツ外傷に対する応急処置は、RICE 処置を行います。RICE 処置とは、R：Rest（安静）、I：Ice（冷却）、C：Compression（圧迫）、E：Elevation（挙上）の頭文字を合わせたものです。

R：Rest（安静）

　ケガが発生したらプレーを中止します。ケガをした箇所（受傷部位）を安静に保ち、動かすことによって起こるさらなる悪化を防ぎます。

I：Ice（冷却）

　冷やすことによって、受傷部位の血液循環を低下させ、内出血による腫れを和らげます。また、冷やすと感覚が鈍ることから、痛みが軽くなります。

C：Compression（圧迫）

　受傷部位を適度に圧迫することによって、内出血を抑え、腫れを和らげます。

E：Elevation(挙上)

　受傷部位を心臓より高い位置に置き、内出血によってたまった血液が流れやすいようにするとともに、腫れを和らげます。

2 RICE 処置の目的

回復を早める

　捻挫や打撲を起こすと、人体の柔らかい組織（靱帯や筋肉など）が壊れて内出血が起こります。そして「腫れ」「痛み」「熱感」などの症状が現れます。これらの症状をそのままにしておくと、症状はさらに悪化して回復も遅れてしまいます。

　したがって、RICE 処置は、内出血による腫れや痛みなどを抑え、回復を早めるために行います。腫れや痛みがひどくなる前に、受傷後できるだけすぐに行うことが大切です。入浴で温めたり、マッサージをしたりしてはいけません。

図 1-3 **RICE 処置の目的**

2 RICE 処置の方法

1 処置の流れと用品

日頃から準備しておく

RICE 処置は、①安静にする⇒②アイスパックを作る⇒③アイスパックを患部に固定し冷却・圧迫する⇒④挙上する、という一連の流れで進めていきます。

用意するものは、氷、ビニール袋か氷のう、弾性包帯、毛布やクッションです。これらの物は、スポーツ外傷が発生したときにすぐに使えるように、あらかじめ用意しておくことが大切です。

練習や試合をする場所には、日頃から氷を入れたアイスボックスと、RICE 処置で使用する用具用品を納めたバッグ（トレーナーバッグ）を必ず備えておきましょう。

[RICE 処置のやり方 足関節内反捻挫の例]

❶安静にする

ケガが発生したらプレーを中止します。受傷部位に力が加わらないようにします。

足関節捻挫の場合はあお向けで寝かせます。

❷アイスパックを作る

製氷機で作られた氷を使用します。市販のロックアイスを使うときは、砕いて小さくしてから用いるといいでしょう。

A4 サイズ程度のビニール袋に氷を半分くらい入れ、氷を平らに整えます（写真 1-1）。

中の空気を吸い出して抜き取ります。そうすることで表面が平らになり、広範囲にわたって氷が患部に当たります（写真 1-2）。ビニール袋の口をしばって完成。ビニール袋の代わりに氷のうを使ってもかまいません。

❸アイスパックを固定し圧迫・冷却する

アイスパックを受傷部位に固定して冷却と圧迫を行います（写真 1-3）。弾性包帯を使用してアイスパック全体を適度な圧迫をかけながら固定します（写真 1-4、1-5）。

弾性包帯はなるべく幅の広いものを使用します。弾性包帯の代わりにアイシング用ラップやアンダーラップを用いても構いません。

アイスパックを固定する前に、3 章で紹介する「足関節内反捻挫の応急処置：オープンバスケット法」を行うと効果的です。

❹挙上する

毛布やクッションなどに脚をのせて、受傷部位を心臓より高くします（写真 1-6）

❺冷却時間

冷却は、感覚がなくなるまで（約 20 分）行います。その後、約 10 分冷却を一時中止します。その際、U字パッドは外さないで弾性包帯で圧迫しておきます。ケガの直後は、この手順を 2 ～ 3 回繰り返します。

❻帰宅してから

帰宅後は、1 ～ 2 時間おきに冷却を続けます。就寝時は冷却は行わず圧迫だけにします。翌日も、RICE 処置を再開し、医療機関を受診します。

写真 1-1　氷を平らに整える

写真 1-2　中の空気を吸い出す

写真 1-3　アイスパックを受傷部に当てる

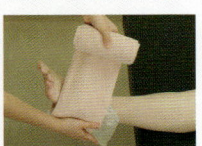

写真 1-4　弾性包帯で巻いて圧迫する

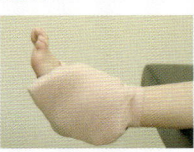

写真 1-5　圧迫・冷却する

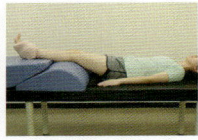

写真 1-6　挙上して安静する

≪3≫ 知っておきたい身体の構造

| 基本的な機能解剖と用語

1 身体の構造

機能解剖の知識の必要性

テーピングは、関節の動きの制限や関節周囲の靱帯などを保護する目的で行います。よって、関節の動きや、それに関与する筋肉や靱帯の位置といった、機能解剖について理解する必要があります。部位別の機能解剖は3章の部位別テーピングところで触れています。ここでは、基本的な機能解剖の知識について説明します。

2 解剖学的基本姿勢と方向用語

手のひらは正面に

直立して両足をそろえ、手のひらは前向きにした姿勢を解剖学的基本姿勢といいます。頭に近いほうを上、足に近いほうを下とします。身体の中心線を正中線といい、それに近いほうを内側、遠いほうを外側といいます（図1-4）。

3 動きの基本面と基本軸

3つの面と軸

身体には、矢状面、前額面、水平面の3つの基本面があります。すべての関節はいずれかの基本面に沿って動きます。

ある面で運動が起こると、関節はその面に対して90度の位置関係にある軸を中心に動きます。これを基本軸といいます（図1-5）。

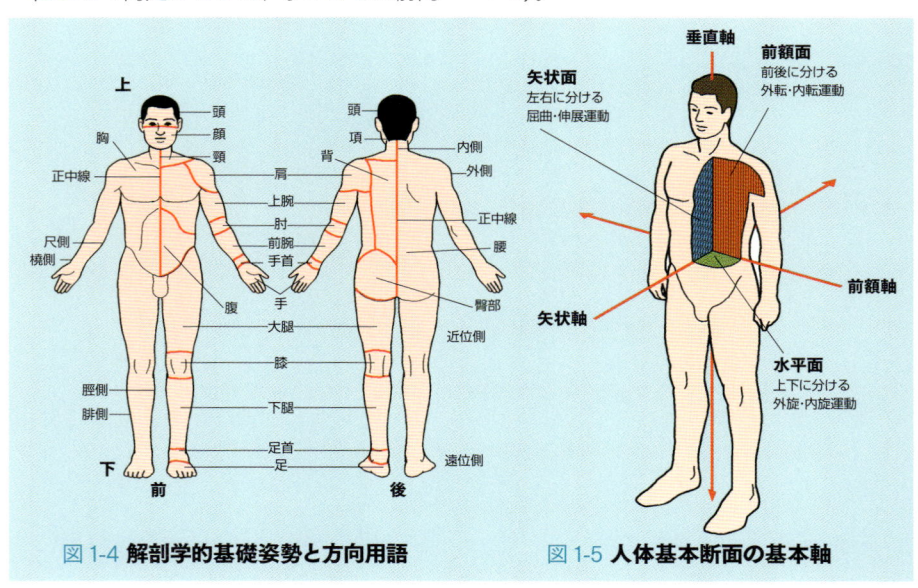

図 1-4 解剖学的基礎姿勢と方向用語   図 1-5 人体基本断面の基本軸

4 全身の筋肉

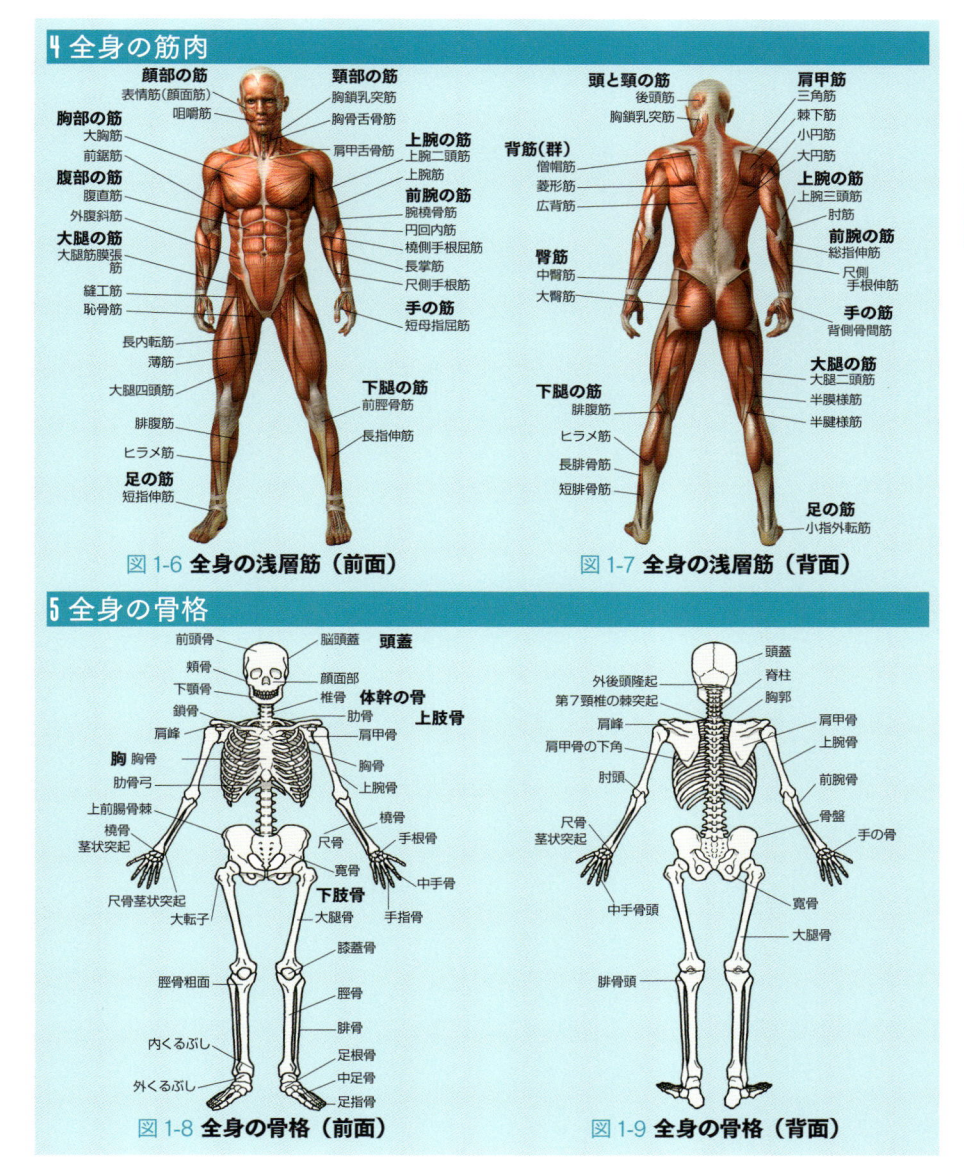

顔部の筋
表情筋（顔面筋）
咀嚼筋

胸部の筋
大胸筋
前鋸筋

腹部の筋
腹直筋
外腹斜筋

大腿の筋
大腿筋膜張筋
縫工筋
恥骨筋
長内転筋
薄筋
大腿四頭筋
腓腹筋
ヒラメ筋

足の筋
短指伸筋

頸部の筋
胸鎖乳突筋
胸骨舌骨筋
肩甲舌骨筋

上腕の筋
上腕二頭筋
上腕筋

前腕の筋
腕橈骨筋
円回内筋
橈側手根屈筋
長掌筋
尺側手根筋

手の筋
短母指屈筋

下腿の筋
前脛骨筋
長指伸筋

図 1-6 **全身の浅層筋（前面）**

頭と頸の筋
後頭筋
胸鎖乳突筋

背筋（群）
僧帽筋
菱形筋
広背筋

臀筋
中臀筋
大臀筋

下腿の筋
腓腹筋
ヒラメ筋
長腓骨筋
短腓骨筋

肩甲筋
三角筋
棘下筋
小円筋
大円筋

上腕の筋
上腕三頭筋
肘筋

前腕の筋
総指伸筋
尺側手根伸筋

手の筋
背側骨間筋

大腿の筋
大腿二頭筋
半膜様筋
半腱様筋

足の筋
小指外転筋

図 1-7 **全身の浅層筋（背面）**

5 全身の骨格

前頭骨
頬骨
下顎骨
椎骨
鎖骨
肩峰
胸
胸骨
肋骨弓
上前腸骨棘
橈骨茎状突起
尺骨茎状突起
大転子

脳頭蓋　**頭蓋**
顔面部　**体幹の骨**
肋骨　**上肢骨**
肩甲骨
胸骨
上腕骨
橈骨
手根骨
尺骨
寛骨　中手骨
下肢骨
大腿骨　手指骨
膝蓋骨
脛骨粗面
脛骨
腓骨
内くるぶし　足根骨
外くるぶし　中足骨
足指骨

図 1-8 **全身の骨格（前面）**

外後頭隆起
第7頸椎の棘突起
肩峰
肩甲骨の下角
肘頭
尺骨茎状突起
中手骨頭
腓骨頭

頭蓋
脊柱
胸郭
肩甲骨
上腕骨
前腕骨
骨盤
手の骨
寛骨
大腿骨

図 1-9 **全身の骨格（背面）**

≪4 テーピングの前にやっておきたいこと

1 筋力評価

1 機能評価の重要性

機能低下が生じていないか

テーピングをする部位に対して、身体の機能評価を定期的に行います。特に、外傷・障害の再発予防や関節の保護を目的としてテーピングを行う場合は、知らず知らずのうちに身体機能が低下している場合があるので、日頃の評価は欠かせません。

テーピングの際、順番待ちの選手がいるとすぐに巻いてしまいがちですが、慣れてくると短時間で評価できるので、ぜひテーピング前に行いましょう。

機能評価では、筋力や筋柔軟性を確認します。左右差や各々の項目の評価基準を目安とします。機能低下が認められた場合は、コンディショニングを行います。コンディショニングは筋力トレーニングやストレッチングが中心となります。詳しくは、5章のセルフコンディショニングを参考にしてください。

2 筋力の評価の必要性

徒手抵抗での確認

テーピングを続ける場合には、関節周囲筋の筋力を評価します。筋肉は、関節運動のほか、関節を安定させるためにも働いています。テーピングを長期間続けると、テープが筋肉の代わりをすることによって、筋力低下を起こす場合があります。

筋力評価は、手（徒手）で行います。方法は手で力を加える徒手抵抗とし、運動最終域で力を加えても、その位置を保つことができれば問題ありません。ここではテーピングを行う機会の多い、足関節と膝関節について説明します。

3 テーピングの前に行う筋力評価

足関節のテーピングの場合

底屈・背屈、内がえし・外がえし（p53参照）の4方向を行います。特に、足関節内反捻挫を予防する外がえしと背屈の筋力評価がポイントです。

例えば次ページに掲載した外がえしの筋力評価の方法では、評価を受ける人は、足関節を外がえしの位置にします。評価をする人が足部外側に最大の抵抗を加えても、その位置を保つことができれば問題ありません。

膝関節のテーピングの場合

膝関節の屈曲・伸展を行います。膝関節靱帯損傷のテーピングを行っている場合は、膝伸展（大腿四頭筋）の筋力評価がポイントです。

例えば次ページに掲載した膝伸展の筋力評価の方法は、評価を受ける人は、膝関節を伸展位をとります。評価する人が最大の抵抗を加えても、伸展位を保つことができれば問題ありません。

4 足関節のテーピングの前に行う筋力評価

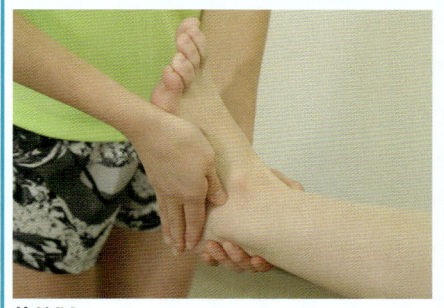

外がえし
腓骨筋などのチェック。足部外側に抵抗を加える

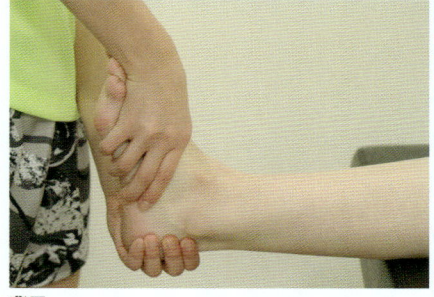

背屈
前脛骨筋などのチェック。足部前面に抵抗を加える

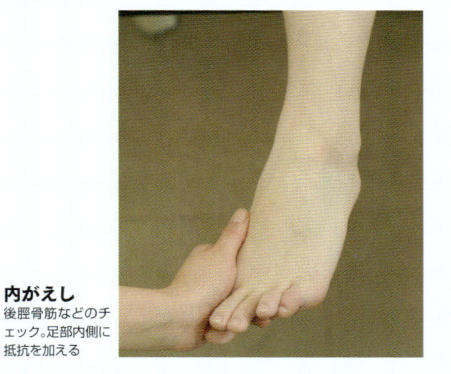

内がえし
後脛骨筋などのチェック。足部内側に抵抗を加える

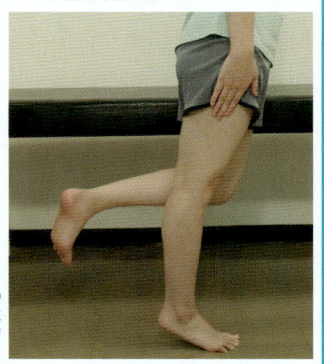

底屈
下腿三頭筋などのチェック。つま先立ちが20回以上できれば問題ない

5 膝関節のテーピングの前に行う筋力評価

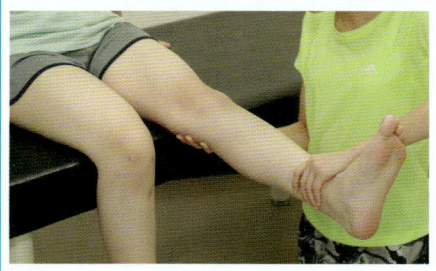

伸展
大腿四頭筋のチェック。下腿末梢(足首前面)に抵抗を加える

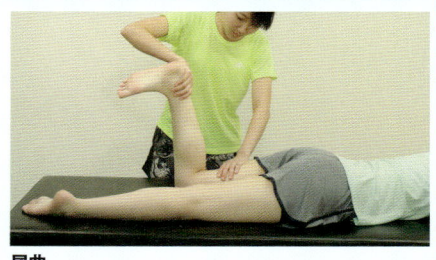

屈曲
ハムストリングスのチェック。膝関節屈曲90度を保つようにする。抵抗は踵付近に膝を伸展するようにかける

≪4 テーピングの前にやっておきたいこと

2 柔軟性の評価

1 柔軟性評価の必要性

二次的なスポーツ外傷・障害を防ぐ

テーピングを行っている部位は、ストレッチング不足になり、筋の柔軟性低下を招きやすくなります。

スポーツ外傷・障害の再発を予防するテーピングの場合、関節に不安定性が残っていると関節周囲の筋肉に筋疲労が生じ、柔軟性低下の原因となります。

例えば、膝内側側副靱帯損傷によって膝関節に不安定性があると、不安定な膝関節を安定させようとして大腿四頭筋の働きが増します。すると大腿四頭筋に筋疲労が生じ、それが原因で筋柔軟性の低下が起こりやすくなります。

筋柔軟性の低下は、二次的なスポーツ外傷・障害の原因になりかねません。予防には、定期的な評価を行います。

柔軟性の低下が認められる場合は、テーピングを行う前に、ストレッチングを行います。

2 筋柔軟性の評価方法

膝関節と足関節のテーピングの場合

膝関節のテーピングを行っている場合には、ハムストリングスと大腿四頭筋の筋柔軟性を評価します。足関節のテーピングを行っている場合には、下腿三頭筋の筋柔軟性を評価します。

ハムストリングスの評価

下肢伸展挙上テスト（SLR：Straight Leg Raising teat）を行います。あお向け（背臥位）の状態で、評価する下肢を膝を伸ばしたままで挙上し、股関節屈曲の関節可動域を評価します。評価基準は、おおむね90度屈曲していれば、ハムストリングスの筋柔軟性が保たれていると判断します。テスト時には、膝関節が屈曲していないか、反対側の脚が浮いていないかなど代償動作に注意します（p19の注意1，2）。

大腿四頭筋の評価

うつ伏せ（腹臥位）から膝関節を屈曲させていき、踵と臀部とが最も近づいた位置での距離（踵臀距離）を測ります。踵を臀部に近づけていくうちに臀部が上がってくる尻上がり現象が見られる場合、あるいは踵が臀部につかない場合は、柔軟性が低下していると判断します。

下腿三頭筋の評価

立った姿勢で、評価する側の下肢を後方にします。膝伸展位を保ったまま、足関節の背屈角度を測定します。ストレッチをするように背屈していき、踵が床から離れない位置で測定します。中間位（足関節90度）を起点0度とし、背屈10度以下では柔軟性が低下していると判断します。

❸ 膝関節のテーピングの前に行う筋柔軟性の評

ハムストリングス SLR（右足）

正常：膝関節伸展位で股関節が90度屈曲している。柔軟性が保たれている例

注意1：膝関節が屈曲している

注意2：反対側の脚が浮いている

大腿四頭筋 踵臀距離（右足）

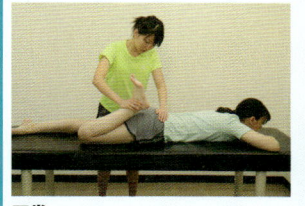
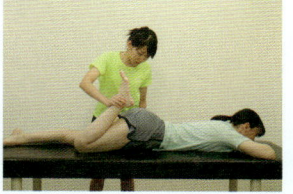
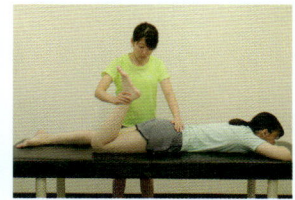

正常：踵が臀部についている。柔軟性が保たれている例

尻上がり現象：尻上がり現象が見られる場合は、柔軟性が低下していると判断する

踵が臀部につかない：柔軟性が低下していると踵が臀部につかない

❹ 足関節のテーピングの前に行う筋柔軟性の評

下腿三頭筋 足関節背屈（右足）

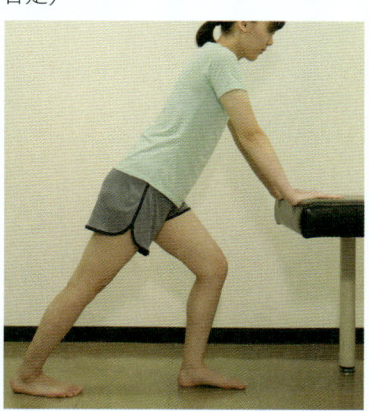

脛骨と第5中足骨からなる角度を、90度から引いた数値が背屈角度。目視の場合はつま先より膝が出るくらいを目安とし、柔軟性が保たれていると判断する

3 ストレッチング

1 ストレッチングの重要性

スポーツ外傷・障害予防のために

テーピングは、スポーツ外傷・障害の予防及び再発予防を目的として行うものです。しかし、スポーツ外傷・障害はテーピングだけで防げるものではありません。日常のセルフコンディショニングはもちろんのこと、テーピング前には、テープを巻く部位をよりよい状態にするためのコンディショニングも必要です。

例えば、テーピングを行うと関節の運動制限が起こるため、テーピング部位の周囲筋を十分にストレッチすることができません。ストレッチング不足のままで練習や試合に参加すると、パフォーマンスの発揮に悪影響を及ぼすばかりか、スポーツ外傷・障害の発生原因にもなります。そこで、テーピングをする前には、テープを巻く部位の周囲筋のストレッチングを行います。

ここでは、足関節のテーピングの場合と膝関節のテーピングの場合を例に挙げ、テーピングの前にやっておきたいストレッチングについて、いくつかを紹介します。やり方の詳細やそのほか部位、及びバリエーションについては、ストレッチングの専門書を参考にしてください。

なお、テーピング前のストレッチングは、テーピングの順番待ちの時間をうまく利用して行うとよいでしょう。

2 テーピングの前に行うストレッチング

足関節のテーピングの場合

下腿三頭筋のストレッチングは、腓腹筋とヒラメ筋とに分けて行います。

腓腹筋は足関節底屈と膝関節屈曲に作用する二関節筋（2つの関節をまたぐ筋肉）なので、膝関節伸展位で足関節を背屈します。ヒラメ筋は、足関節底屈のみに作用するので膝関節屈曲位で足関節を背屈します。ストレッチボードなどの専用の器具を使うと効果的にストレッチングできます。

足関節の背屈のほかに、足関節の底屈、内がえし、外がえしのストレッチングも行います。

膝関節のテーピングの場合

大腿四頭筋は、大腿直筋、外側広筋、内側広筋、中間広筋に分けられます。3つの広筋群は、膝関節伸展に関与しています。大腿直筋は、股関節と膝関節をまたぐ二関節筋なので、膝関節伸展と股関節屈曲に作用します。

よって、大腿直筋のストレッチングは、股関節伸展位と膝関節屈曲位を同時に行います。順番は、股関節伸展位と膝関節屈曲位で各々ストレッチしたのちに、両方同時に行うと、無理なく段階的に行えます。

これらのほかに、ハムストリングスや腓腹筋のストレッチングも行います。

3 足関節のテーピングの前に行うストレッチ

腓腹筋 膝関節伸展位での足関節背屈（右足）

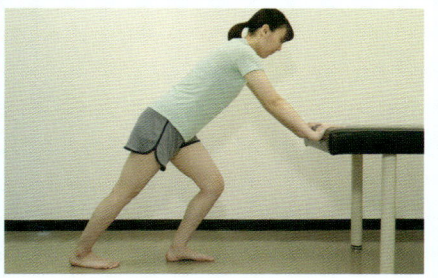

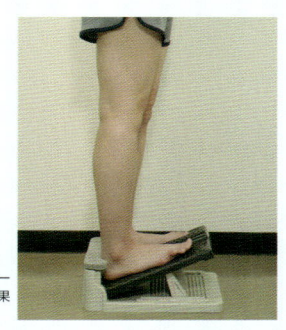

壁やベッドなどを押すようにして行うと効果的にストレッチできる。踵が上がらないように注意する

ストレッチボードを用いて効果的に伸ばす

ヒラメ筋 膝関節屈曲位での足関節背屈（右足）※このほかに底屈、内がえし、外がえしのストレッチングを行う

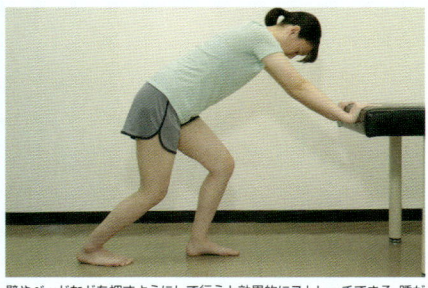

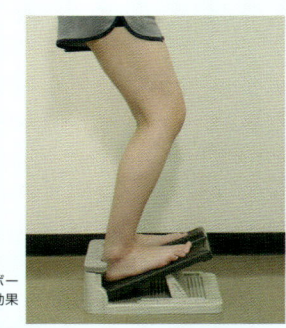

壁やベッドなどを押すようにして行うと効果的にストレッチできる。踵が上がらないように注意する

ストレッチボードを用いて効果的に伸ばす

4 膝関節のテーピングの前に行うストレッチング

大腿四頭筋 股関節伸展位

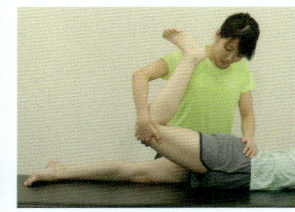

胸を張ると股関節が伸展しやすい

ベッドなどに大腿部を乗せると効果的にストレッチできる

腹臥位となり、パートナーは脚をゆっくりと持ち上げ股関節を伸展する。臀部を押さえて腰部が伸展しないようにする

膝関節屈曲位

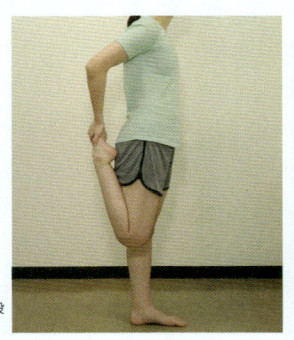

立位で膝関節を屈曲する。股関節は中間位でよい

腹臥位でパートナーが膝関節を屈曲させ臀部に近づける

股関節伸展位・膝関節屈曲位

 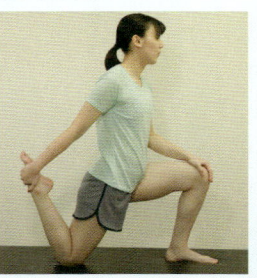

膝関節を屈曲した状態で股関節を伸展させる。体幹が前屈しないようにする

膝を床につけると、立位（左の写真）よりも効果的に股関節を伸展させることができる

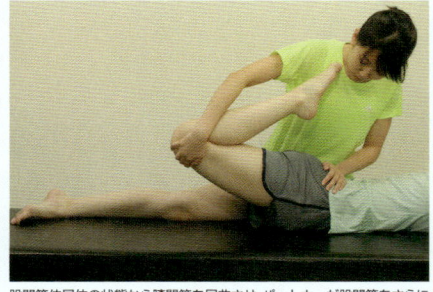

股関節伸展位の状態から膝関節を屈曲させ、パートナーが股関節をさらに伸展させる

ベッドなどに大腿部を乗せる。足部をつかんで臀部へ引き寄せると、より効果的に股関節を伸展できる

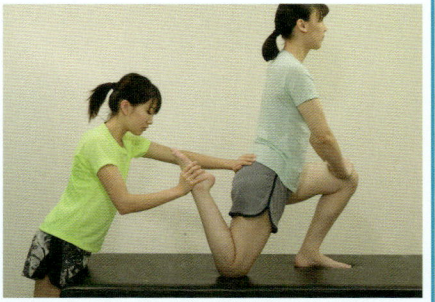

パートナーが膝関節を屈曲させるとともに臀部を押すことで、セルフ（左の写真）よりも効果的に股関節を伸展させることができる

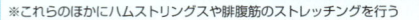

※これらのほかにハムストリングスや腓腹筋のストレッチングを行う

第2章

テーピングの基礎知識と基本の巻き方

テーピングで使うテープにはどんな種類があるのか、どんなグッズが必要なのか、テープをどのように扱えばよいのかなど、テーピングに関する基礎知識と、テーピングの際によく使うテープの巻き方について紹介します。

≪1 テーピングの基礎知識

1 テーピングの歴史、目的、効果

1 テーピングとは

関節の動きを制限する

　テーピングとは、スポーツ外傷・障害の予防や再発予防などを目的として、接着性を備えた専用のテープを用いて、関節の動きを制限したり、関節周囲の靱帯・腱・筋肉をサポートしたりするものをいいます。その一方で、スポーツ動作に必要な関節の動きを、最大限確保することも可能です。

　このようにテーピングは、「外傷・障害の発生原因となる動きは制限するが、スポーツ動作は極力制限しない」という点が大きな特徴です。

2 テーピングの歴史

アメリカンフットボールで普及・発展

　テーピングは、1880 年代にアメリカの軍隊で負傷した兵士に対して用いられたのが始まりといわれています。

　軍隊で用いられ始めたころとちょうど同じ時期にアメリカのスポーツ現場でも行われるようになり、アメリカンフットボールを中心にスポーツテーピングとして普及・発展していきました。

　その際、テーピングの担い手になったのがアスレティックトレーナー（Athletic Trainer）といわれています。アスレティックトレーナーは、スポーツ現場で選手がケ

ガをしたときに応急処置や競技復帰までのサポート、外傷・障害の予防や再発予防のために活動するスタッフのことです。

　現在、アスレティックトレーナーにとってテーピングは、欠かせない重要なテクニックの 1 つになっています。

　その後、テーピングは日本に持ち込まれ、1975 年に本格的な普及活動が始まりました。テーピングテープの販売会社やアメリカで活動されたアスレティックトレーナーなどによって、全国各地でテーピング講習会が開催されるようになりました。

　その結果、競技スポーツの現場だけではなく、医療現場や一般のスポーツ愛好者の間にも、広く普及してきています。

3 テーピングの目的

スポーツ外傷・障害の予防、再発予防

スポーツでは、その特徴（競技特性）によってスポーツ外傷・障害を起こしやすい部位があります。

例えば、広いグラウンドを走り回るサッカーやラグビーなどでは足関節や膝関節が、ボールを打ったり投げたりするテニスや野球では肩関節や肘関節が、ボールを手で受けるバレーボールでは手指などが、スポーツ外傷・障害を起こしやすい部位です。こうした部位にあらかじめテーピングを行って、スポーツ外傷・障害を予防します。

また、一度ケガや故障をしてしまった部位は、機能が低下して再損傷を起こしやすい状態になっています。スポーツ復帰までのリハビリテーションの期間や復帰して間もないころは、再受傷しないように再発予防のテーピングを行います。

関節の保護

生まれつき関節が極端に緩い（関節弛緩性がある）場合や、受傷後の治療やリハビリテーションが不十分だったために関節をつないでいる靱帯が伸びて関節が緩く（関節不安定性がある）なってしまった場合は、スポーツ外傷・障害を起こしやすいため、関節の安定性を高めて保護するためにテーピングを行います。

皮膚・筋肉の保護

皮膚や筋肉を保護する目的でテーピングが行われるスポーツがあります。バレーボールでは、素手でボールを扱うことが原因で起こる皮膚の荒れを、指先にテープを貼ることによって予防します。

ラグビーやアメリカンフットボールでは、転倒などによる擦り傷の予防や打撲で損傷した部位（筋肉）を保護する目的として、テーピングを行います。

応急処置の手段

スポーツ活動中に発生した外傷の処置はRICE処置が基本です。テーピングは、RICE処置の安静と圧迫、処置後に移動するときの患部の安静・保護に使用します。

安静では、受傷部位の固定に用います。圧迫では、患部の腫脹（腫れ）を抑えて損傷を最小限にします。ただし、腫脹が激しい場合は、テーピングをすることによって循環障害が起こる場合があるため、注意をする必要があります。また、冷却時のアイスパックや氷のうの固定にも用いる場合があります。

外傷が極めて軽度の場合には、受傷直後にテーピングを行い、受傷部位を一時的に固定・保護して直ちにスポーツを再開させることがあります。しかし、この場合は専門家による判断を必要とします。

4 テーピングの効果

関節運動の制限

捻挫や脱臼は、関節に可動範囲を超える力が作用して発生します。テーピングをすることによって、過度に関節が動くことを制限することができます。

また、運動時に関節に痛みを感じる場合、痛みが出てくる関節角度まで動かないように、可動範囲を制限することができます。

靱帯・腱・筋肉のサポート

スポーツ外傷・障害などが原因で機能が低下した靱帯や腱に、走行に合わせてテーピングを行い、外的にその機能をサポートします。

受傷部位の固定・圧迫

受傷した部位の固定は、患部の安静を保ち、痛みを緩和し、悪化を防ぎます。また、受傷した部位の圧迫は、患部の腫脹を抑え、損傷を最小限にします。

精神的な安心感

ケガに対する不安が大きいと、動きが悪くなり、パフォーマンスが低下してしまいます。テーピングによって関節などを安定させると、ケガに対する不安が軽減し、精神的な安心感をもたらします。その結果、プレーへの集中も高まり、パフォーマンスを最大限まで発揮することにつながります。

5 テーピングの際の注意点

テープの準備

テーピングを実施する部位や目的に応じて、さまざまな種類のテープを使用します。種類やサイズをなるべく多くそろえておき、状況に応じたテーピングを行えるように準備しておきます。

実施部位の状態の把握

テーピング実施部位の問題点（どの方向に動かすと違和感があるか、不安感があるかなど）を把握します。また、外傷・障害後のテーピングの際は、スポーツドクターの診断を受けておく必要があります。そうすることで、テーピング実施の可否判断や可能な際どのようなテーピング（方法・強度・使用テープなど）を行えばよいか明らかにします。

皮膚に対する留意点

テーピングを効果的なものにするために、実施部位の皮膚に対して、次のような点に配慮します。

❶実施部位を清潔にする

テープの粘着性が低下するため、汚れや汗、軟膏などはあらかじめ洗い落しておきます。また、体毛が濃い場合は、テープが浮き上がり、粘着性が低下するため、テープを貼る前に剃っておきます。

❷擦り傷や水疱（まめ）を保護する

傷口を事前に消毒し、ガーゼなどで覆った上で、テーピングを行います。

❸皮膚を保護する

粘着スプレーやテープの糊などで皮膚アレルギー反応を起こさないかを確認します。反応がある場合は使用を控えます。皮膚の弱い箇所（下腿や大腿内側、体幹側面など）に直接テープを貼る場合は、粘着スプレーを吹きかけ過ぎないようにし、テープをはがす際には皮膚の損傷に配慮します。

位置関係と姿勢

テーピングの際には、テープを巻く人と巻かれる人（選手）の位置関係や姿勢がとても重要です。位置関係が悪いとテープが巻きにくくなり、効果的なテーピングが行えません。また、巻く人が無理な姿勢をとると、テーピングをするときの身体的な負担が大きくなります。選手の姿勢では、実施部位周囲の筋を緊張させ、関節角度を保っておくことが重要です。

具体的な位置関係や姿勢は、3章の部位別テーピングにて紹介しています。

使用テープやテーピング法の選択

選手の体格、テーピング部位、外傷・障害の状態、競技特性（ポジション）、環境条件（グラウンドの状態や天候など）、選手の希望などの要素を考慮して適切な使用テープやテーピング法を選択します。

正確な技術

テープの「しわ」や「たるみ」、皮膚に食い込むような過度な圧迫が生じるような未熟なテーピング技術では、テーピング効果が期待できません。また、機能解剖学やスポーツ外傷・障害についての理解が不十分なままで行うことも同様です。目的にかなったテーピングが迅速に行えるように、十分な練習と基礎知識の理解が必要です。

巻いた後の効果や違和感の確認

巻き終えたら、目的とする制限が得られているかを確認します。その際、痛みや不安感のある関節運動を再現してチェックします。あわせて、過度な圧迫感や循環障害などによる違和感の有無も確認します。問題がある場合はすぐに巻き直します。

練習後には選手から運動中の感覚などを聞き、次に巻くときの参考とします。

使用後はすみやかに外す

皮膚かぶれの原因となるため、使用後（運動後）はすぐにテーピングを外します。皮膚面に粘着剤が残っている場合は、粘着除去（リムーバー）スプレーを使用することで簡単に除去できます。また、1日に複数回練習する場合は、その都度外して、次の練習前に再度テーピングします。

2 テーピングのテープと用具

1 テープの選び方

目的や用途によって選ぶ

市販のテーピングテープは、伸縮性のないホワイトテープと伸縮性のあるエラスティックテープの2種類に大きく分けることができます。また、それぞれの種類で、さまざまな幅のテープがあります。

テープは、テーピングをする目的や用途によって選びます。テープの選択はとても重要であり、選び方を誤ると、テーピングの効果が期待できないばかりか、スポーツパフォーマンスに悪影響を及ぼす場合もあります。

テープ幅を決める

テープを選ぶ際に大切なことは、テープ幅の選択です。テープ幅は、巻く部位の大きさに合わせて決定します。

例えば、足関節には通常38mm幅のテープを使用します。しかし、足が大きな選手には50mm幅のテープを使用しても構いません。

膝関節や肩関節には50mm幅のテープが、足底には25mm幅のテープがよく使用されますが、特に決まっているわけではありません。一人一人の体格に合わせて選びます。

目安は、最も長いひと巻きをシワができずに巻ける幅を選びます。

2 テープの種類

ホワイトテープ

●テープ幅:13、19、25、38、50mm

テーピングで使用するもっとも一般的なテープです。使用頻度が高く、手で切ることができます。コットンでできており、伸び縮みをしないため、固定力があります。関節の固定や圧迫に使用します。伸縮性がないため、シワやたるみができやすいという難点があります（写真2-1）。

エラスティックテープ（ハードタイプ）

●テープ幅:25、38、50、75mm

伸縮性があるテープです。可動域が大きい部位に使用します。テープに「のびしろ」があるため、貼るときの引っ張り具合によって固定力を変えられます。強く引っ張って貼ると固定力が高まります。切るときはハサミを使用します（写真2-2）。

エラスティックテープ（ソフトタイプ）

●テープ幅:38、50、75mm

伸縮性があるテープです。可動域が大きい部位に使用します。ハードタイプよりも固定力が低く、弾性包帯の代わりとして、テーピングの最後に全体をラッピングする際に用います。ハサミを使わないで、手で切ることができます（写真2-2）。

筋肉サポートテープ

●テープ幅:25、50、75mm

筋肉や腱の走行に沿って、皮膚に直接貼ります。筋肉の動きをサポートし、筋肉の疲労や痛みを軽減させるテープです。薄手で伸縮性があり、台紙をはがしながら貼って、ハサミを用いて切ります（写真 2-3）。

アンダーラップ

テープの下に巻いて、皮膚を保護するために使用します。皮膚の弱いかぶれやすい部位や脚や腕などの体毛がある部位に用います。粘着性がないため、粘着スプレーを皮膚にスプレーを吹きつけ、その上からアンダーラップを巻きます（写真 2-4）。

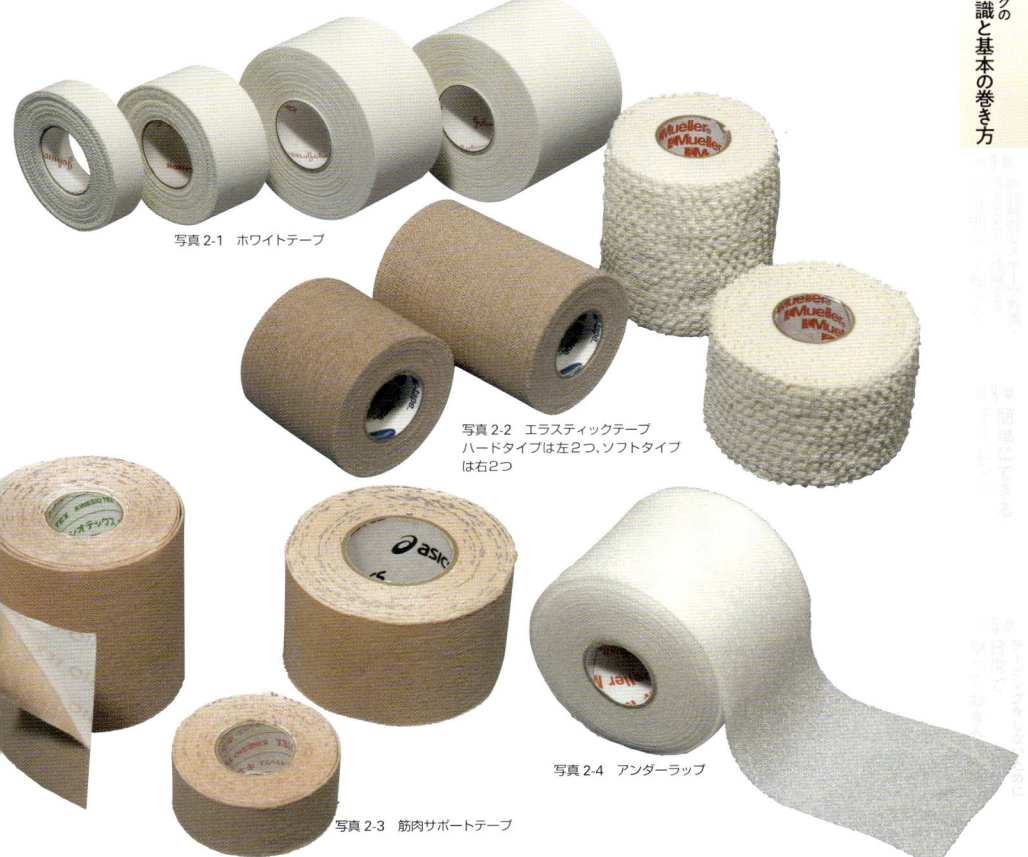

写真 2-1　ホワイトテープ

写真 2-2　エラスティックテープ
ハードタイプは左2つ、ソフトタイプは右2つ

写真 2-3　筋肉サポートテープ

写真 2-4　アンダーラップ

3 テープ類の保管方法

変形と湿気に注意

テープの管理では、変形と湿気に注意します。角がつぶれて変形したテープは、テープの引き出しが悪くなり、シワもつきやすくなります。ソフトケースや布袋に入れるのではなく、ハードケースに収めて保管します。

湿気には特に注意が必要です。テープが湿気ると粘着面がベタついて、テープの引き出しが悪くなり、作業効率が低下します。

また、地面や床に直接テープを置かないようにします。テープの側面に土やホコリがついて衛生的ではありません。皮膚に貼るものなので汚さないように心がけます。

4 テーピングの用具類

ヒール & レースパッドとワセリン

テープによる摩擦や圧迫から皮膚を保護するために、ヒールパッドやレースパッドを用います。パッドにワセリンを塗り、踵や膝窩（膝の裏側）、乳頭などに置いてテープを巻きます（写真 2-5）。

テープカッターとテープシザース

テープカッターは巻いたテープを切るための専用のカッターです。自分に巻いたテープを外す際に便利な用品です（写真 2-6）。

テープシザースはテープを切るための専用のハサミです。先端部分に丸みがつけてあり、貼ったテープをはがすときに皮膚を傷つけません（写真 2-6）。

パッド

患部の圧迫や保護に使用します。部位に合わせてパッドを U 字やドーナツ状に切って使用します（写真 2-7）。

テーピング用テーブル

テーピング時に選手が腰掛ける専用の台です。テープを巻きやすいように、やや高さがあります（写真 2-8）。

足置き

膝のテーピングの際、踵を乗せ下肢の筋を適度に緊張させるために用います。スプレーのキャップでも代用できます（写真 2-9）。

各種スプレー

●粘着スプレー

アンダーラップのズレ防止と、テープの粘着性向上のために、アンダーラップの上や皮膚に吹きかけます（写真 2-10）。

●リムーバースプレー

粘着スプレーやテープの糊を除去します。テープをはがす際に皮膚とテープの間に吹きかけます（写真 2-10）。

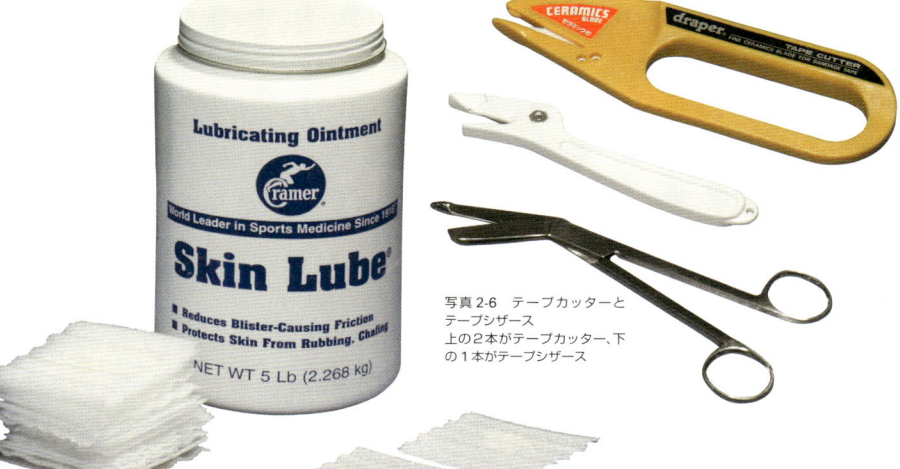

写真 2-6　テープカッターと
テープシザース
上の2本がテープカッター、下
の1本がテープシザース

写真 2-5　ヒール&レースパッドとワセリン

写真 2-7　パッド

写真 2-8　テーピング用テーブ
ル

写真 2-9　足置き

写真 2-10　各種スプレー

3 基本となるテープの扱い方

一連の流れをリズムよく！

テーピングは、「テープを引き出す→身体に貼る→切る」という順番で行います。限られた時間内で素早くテーピングを行うには、この一連の流れをリズムよく行うことがポイントです。

あらかじめテープを引き出しておくことで、皮膚の面に沿ったシワのないテープを貼ることができます。また、テープがきつくなることも防止できます。

テープは、身体の末梢（心臓より遠い位置）から中枢（心臓の方向）へ向けて貼っていきます。また、同じようなテープを複数本巻く際には、テープ幅の 1/2 ～ 1/3 くらいを重ね合わせて巻いていきます。

テープのカットは、手かテープシザースで行います。ホワイトテープとソフトタイプのエラスティックテープは手で切ることができます。ハードタイプのエラスティックテープは、テープシザースを使います。テープをたるませないように軽く引っ張りながら、切ります。

テープの引き出し方

人差し指あるいは中指をテープのロールの芯の中に入れ、もう一方の手でテープを引き出す。その際、テープがよじれないようにテープの端全体を持ち、まっすぐに引き出す

テープの切り方

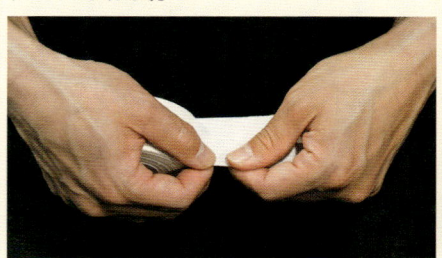

人差し指と親指でしっかりとテープの縁をつまむ

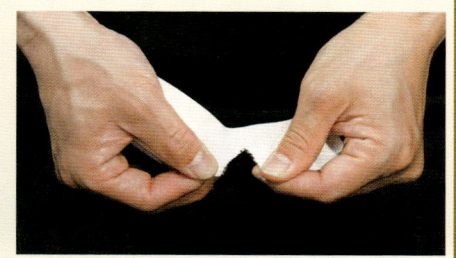

そのまま左右に一気に裂く。シワやたるみが生じるので、ひねりながら切らない

テープの貼り方

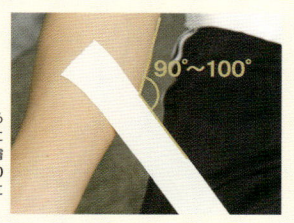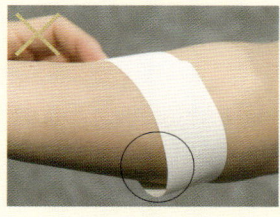

90°〜100°

シワやたるみがなく貼るには、テープを貼る角度に注意する。貼る部位の皮膚のラインに対して角度(90〜100度)をつけるようにして貼る

角度が合っていないとシワやたるみが生じやすい

シワなく貼る

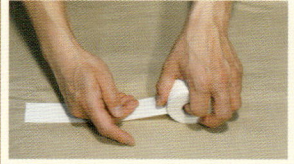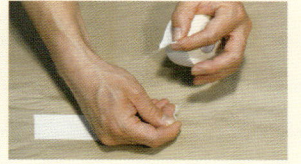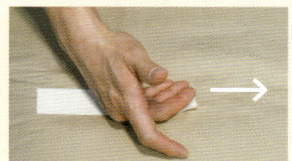

テープを貼ったら、ロールを持っていないほうの中指、薬指、小指でテープを押さえる

テープの縁を人差し指と親指でつまみ、ロールを持っている手を動かして切る。テープを押さえている3本の指は動かさないこと

テープを切ったら、ロールを持っていないほうの中指、薬指、小指でテープを押さえて端まで貼る

テープのはがし方

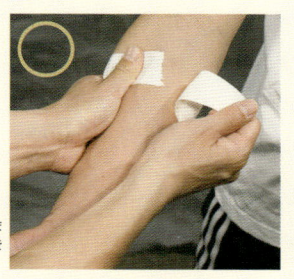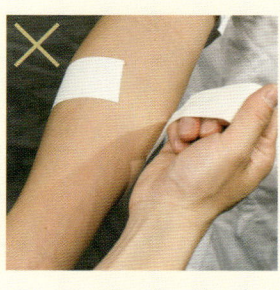

手ではがす
一方の手でテープをつまみ、もう一方の手で皮膚を押さえながらはがす

皮膚を傷めるため、テープのみを引っ張るようにはがさない。はがしにくいときはリムーバースプレーを皮膚とテープの間に吹きかけながらはがす

テープシザースで切る（例：足関節）

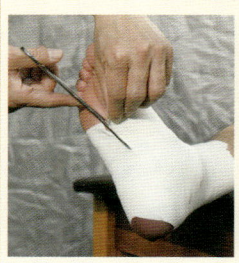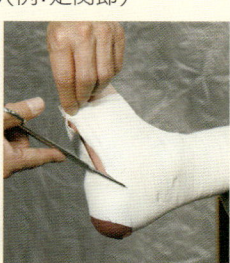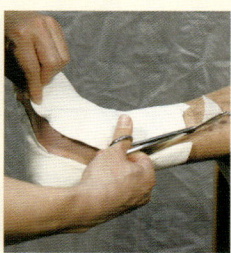

テープシザースが骨に当たらないように注意する。テープシザースの先端にワセリンを塗ると、スムーズに切れる。事務用ハサミは皮膚を傷めるので使わないこと。足底から始め、内くるぶしとアキレス腱の間のスペースを切り上げていく。切るときは、テープシザースを皮膚に垂直に当て、テープを引っ張りながら切る

≪ 2 基本となる巻き方

｜基本となるテーピングテクニック

｜基本の巻き方と役割

役割を理解して修得する

テーピングには基本となるテープの巻き方が複数あり、それぞれに役割があります。それらを理解して習得することが、テーピングをマスターする近道となります。

基本となる代表的な巻き方と役割は、表2-1の通りです。

そのほか、テープの巻き方ではありませんが、レースパッドやアンダーラップもテーピングを行う上で押さえておきたい重要なテクニックです。

次のページから、テーピングを行う機会が多い足関節を中心に例を挙げて、基本となるテーピングテクニックを説明します。

2 応用のテーピング

応用力を獲得するために

スポーツ現場では、選手の希望や身体の状態に応じてさまざまなテーピングが要求されます。このような「応用のテーピング」も、基本となる巻き方の組み合わせや順番を変えるなどして対応していきます。

例えば、足関節の基本となるテーピングは、アンカーを除くと、スターアップ→ホースシュー→ヒールロック→フィギュアエイトの順に巻いていきますが、制限を強くしたい場合は、スターアップ→ヒールロック→ホースシューのパターンに変えてみるとよいでしょう。そうすると、固定力はさらに強固なものとなります。

また、テープを巻く回数を増やせば固定力が強くなります。幅の広いテープを用いても、固定力が高まります。テープの種類に変化をもたせることでも、固定力を調整することができます。

このように、「基本のテーピング」を基礎として、現場での柔軟な対応（応用のテーピング）が可能となります。

表 2-1 **基本の巻き方と役割**

巻き方	役割
アンカー	テーピングの土台や止めとなる
スターアップ	内がえしや外がえしの動きを制限する
ホースシュー	スターアップを固定する
ヒールロック	踵骨（かかとの骨）を固定し、安定させる
フィギュアエイト	底屈（つま先を下げる）の動きを制限する
スプリットテープ	テープの片側や両側を半分に裂いて用い、動きを制限する
X サポート	テープを X に貼り、靭帯や腱などを保護・補強する

2 レースパッド

レースパッド（p31、写真2-5）は、テープによる摩擦や圧迫から皮膚を保護するために使います。足関節では足背部とアキレス腱の上、膝関節では膝窩の腱の上、肘関節では肘窩の腱の上に、レースパッドを当ててから、アンダーラップを巻きます。レースパッドはアンダーラップを折りたたんだもので代用できます。通常のレースパッドと同様に、ワセリンを塗って使用します。

作り方

❶レースパッドはアンダーラップを
　折りたたんだもので代用できる
❷通常のレースパッドと同様に、ワ
　セリンを塗って使用する

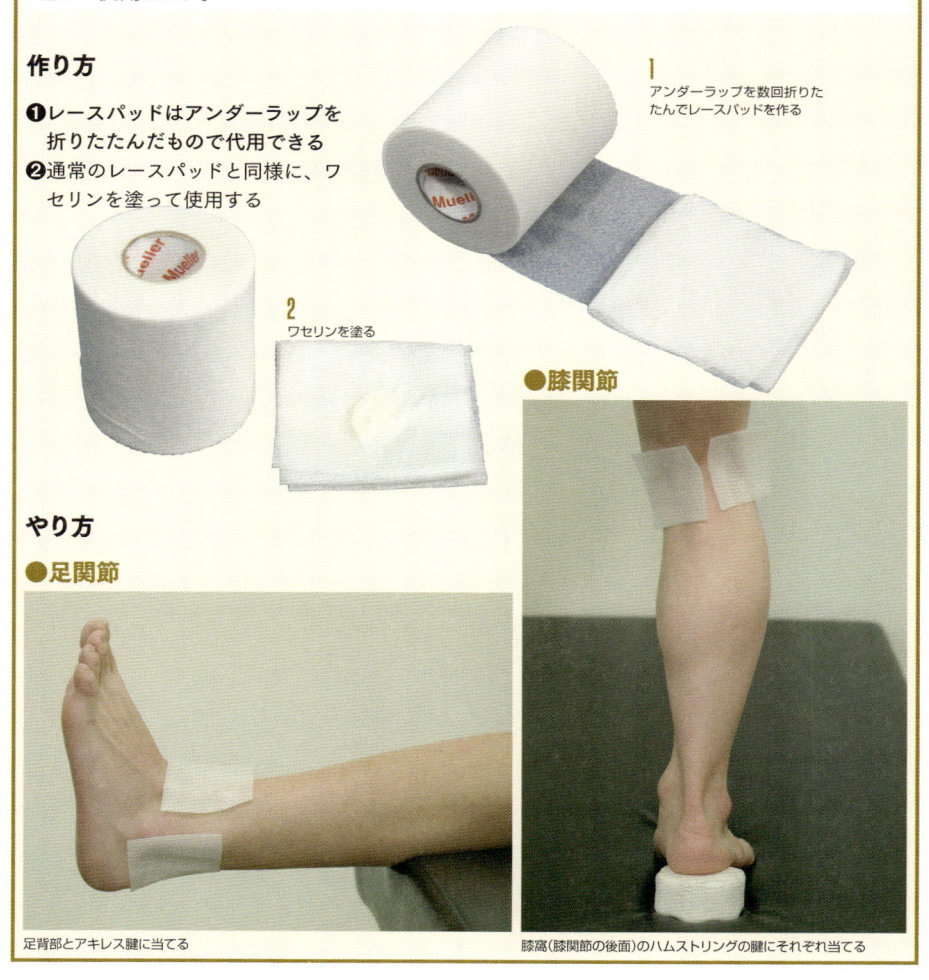

1　アンダーラップを数回折りた
　たんでレースパッドを作る

2
ワセリンを塗る

●膝関節

やり方

●足関節

足背部とアキレス腱に当てる

膝窩（膝関節の後面）のハムストリングの腱にそれぞれ当てる

3 アンダーラップ

アンダーラップは、皮膚を保護するとともに、テーピングのベースとなるものです。たるんだり、縁がめくれて丸まったりしていると、その上に巻くテープが緩んだり、浮いたりする原因となり、テーピングの効果が期待できません。

アンダーラップもテーピングと同様に、きれいに正確に巻く必要があります。アンダーラップを巻くコツを挙げておきます。

持ち方

アンダーラップは、ロールが上にくるようにして持つと、引き出しが滑らかになり、巻きやすくなる

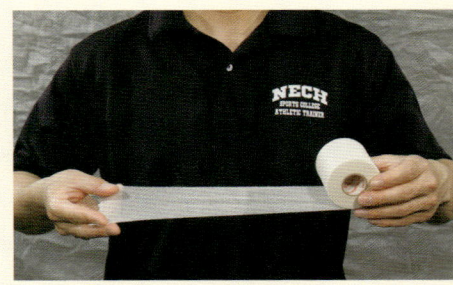

アンダーラップはロールが上にくるように持つ

丸まった縁の処理

アンダーラップを強く引っ張って巻くと、縁がめくれて丸まってしまうことがある。この状態の上からテープを巻くと、シワの原因となってしまう

丸まった場合はその部分を一気に引きちぎり平らにしておくこと。引きちぎったあとの見た目の悪さはテーピングには何ら問題ない

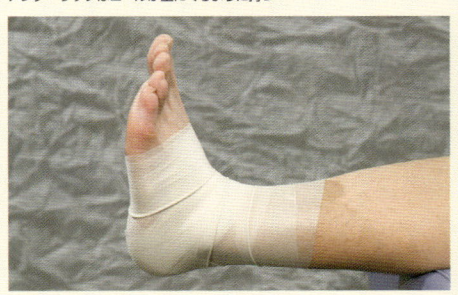

縁が丸まったアンダーラップ

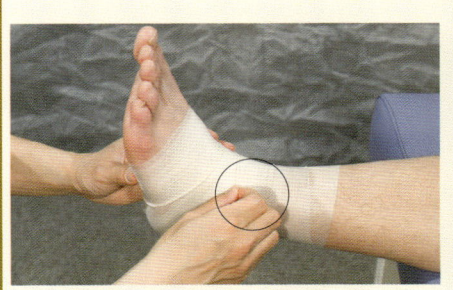

丸まったところを手で一気に引きちぎる

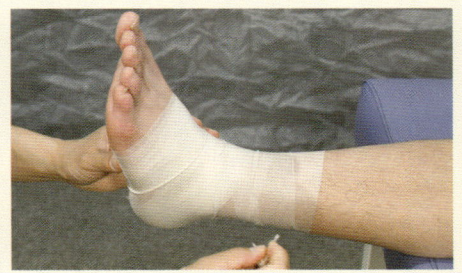

やり方

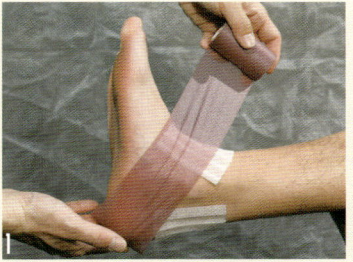

1 足関節を中間位（p53、写真 3-1 参照）に保ち、踵から巻いていく。粘着性がないため、巻き始めは 1 周して固定する

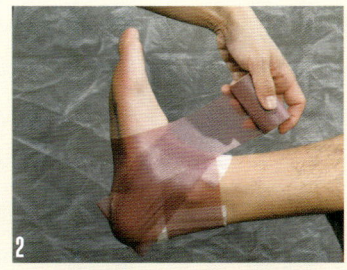

2 フィギュアエイト（p46-47 参照）

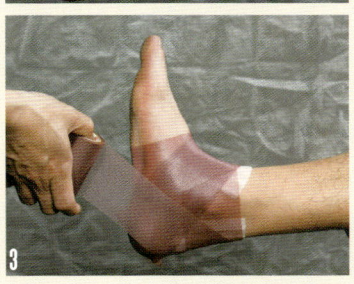

3 ヒールロック（p44-45 参照）を左右に入れて、踵から足首全体を包む

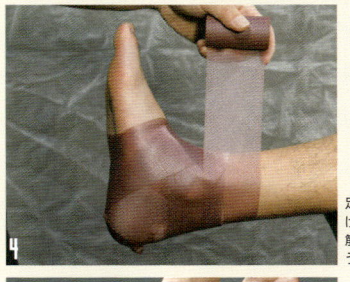

4 足首から巻き上げていく。腓腹筋にかけないように

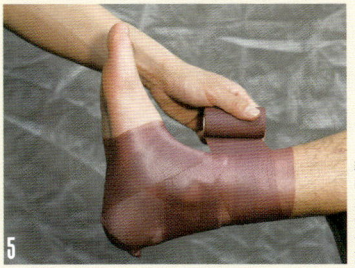

5 終了するときは、足首のアンカー部分を薄くしたいので、やや足首のほうに戻り切る

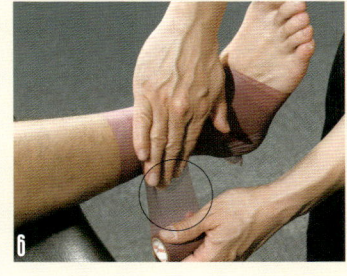

6 切るときは、手で押さえてロールを動かす。切った箇所が上向きだと重力ではがれてしまうため、必ず下向きで（ロールを下にして）切る

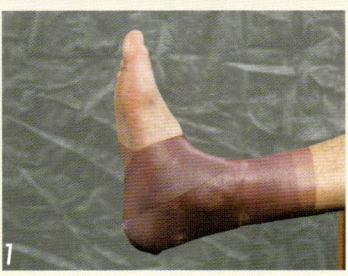

7 完成

注意点

● アンダーラップには粘着性がないため、使用する前後には粘着スプレーを使用する
● 巻く範囲は、上に巻くテープの範囲よりやや小さくする。ただし、皮膚に問題がある場合は除く
● なるべく薄く巻く。厚く巻いてしまうと上に巻くテープが緩みやすくなる
● 細いところから太いところへ巻いていくとシワになりにくい

4 アンカー

アンカーはテーピングの最初と最後に巻きます。最初のアンカーは、これから巻くテープの土台となり、テーピングの範囲の目安となります。最後のアンカーは、それまでのテープがはがれないように固定の役割があります。テープがきつくならないように、アンカーを巻く部位の筋肉に力を入れて（筋を太くして）巻きます。

やり方
●足関節

下腿部のアンカーは内くるぶしのやや上方から巻き始め、腓腹筋にテープをかけないようにする。下腿部のアンカーはスターアップの土台になるため、内くるぶしのやや上から腓腹筋までの範囲で2～3本巻く。テープの幅の半分くらいを重ねながら貼っていく

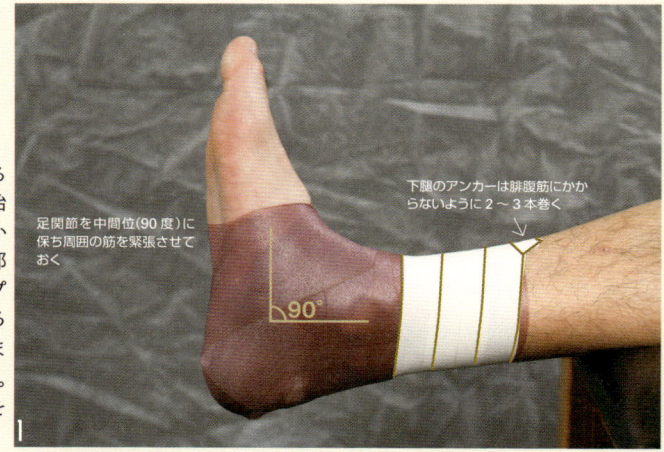

足関節を中間位(90度)に保ち周囲の筋を緊張させておく

下腿のアンカーは腓腹筋にかからないように2～3本巻く

足部のアンカーは、巻く人から見て足背部（足の甲）のほぼ中央に1本巻く。下腿部のアンカーはしっかり巻くが、足部のアンカーは荷重すると足幅が広がることを見越して、やや緩めに巻くこと

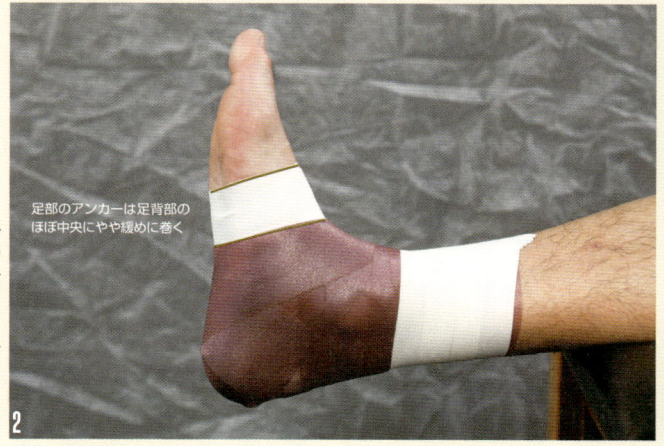

足部のアンカーは足背部のほぼ中央にやや緩めに巻く

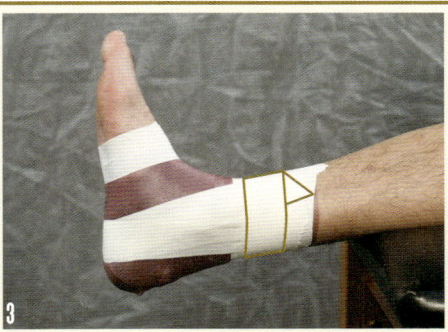

スターアップ（p40-41）を巻いたあとに、テープがはがれないようにアンカーを巻く

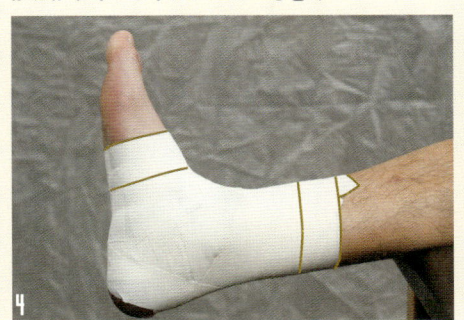

フィギュアエイト（p46-47）を巻いたあとにもテープがはがれないように、最後のアンカーを下腿と足部に巻く

やり方　●膝関節

大腿部の中央と下腿にエラスティックテープで巻く。膝蓋骨からの、大腿部まで位置と下腿部までの位置が同じ距離になるように貼る。大腿部と下腿の筋肉を緊張させた状態で行う

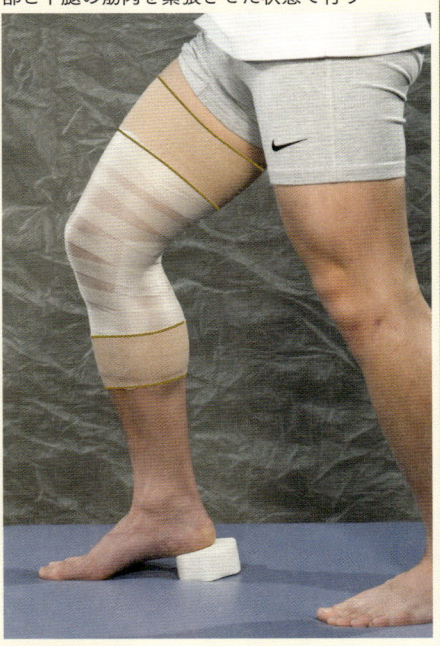

アンカーのポイント

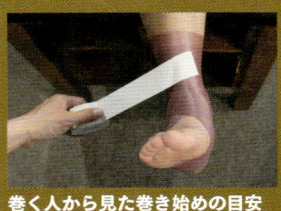

巻く人から見た巻き始めの目安
内くるぶしのやや上方から巻き始める

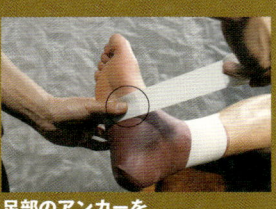

足部のアンカーを緩めに巻くコツ
足底部のテープを母指で押さえながらシワのよらない程度に緩く巻く

注意点

●テープのずれを防止するため、アンダーラップを使用する際は、最後のアンカーテープの約半分の幅を、皮膚に直接貼る。ただし、皮膚に問題がある場合は除く

5 スターアップ

関節の動きを制限するサポートテープの1つです。足関節のテーピングではポイントになるテクニックです。巻く方向によって内がえしと外がえしを制限します。テープを引っ張って「制限」を入れるようにします。内反捻挫で内がえしの制限を入れるときは内くるぶしから外くるぶし方向に巻きます。外反捻挫で外がえしの制限を入れるときは左右均等に引き上げるように巻きます。

やり方
●内がえしの制限

スターアップは3本を標準とする。1本目は、下腿部のアンカーの内側から内くるぶし、かかと（踵骨）、外くるぶしを通り、下腿部のアンカーの外側で止める。踵骨の動きを制限するテープなので、踵骨を通るようにする。内くるぶしの半分からアキレス腱寄りを目安にするとよい

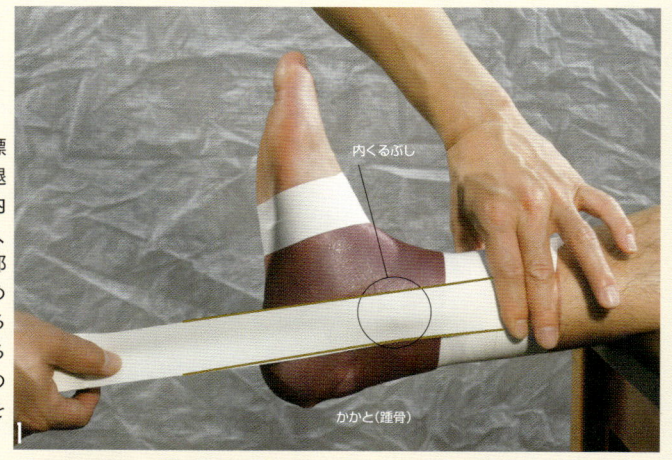

内くるぶし

かかと（踵骨）

2本目は脛骨側に少しずらした位置から貼り始める。踵骨を通る位置は1本目と同じだが、外側ではアキレス腱側に少しずらしたところで止める

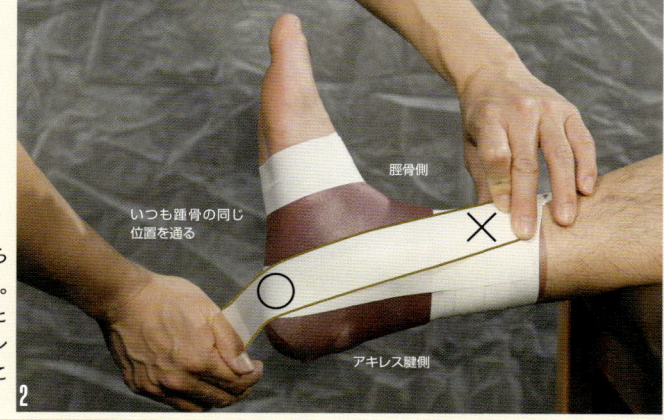

いつも踵骨の同じ位置を通る

脛骨側

アキレス腱側

3本目はアキレス腱側に少しずらした位置から貼り始める。踵骨を通る位置は1、2本目と同じだが、外側では脛骨側に少しずらしたところで止める。このあとアンカーへ

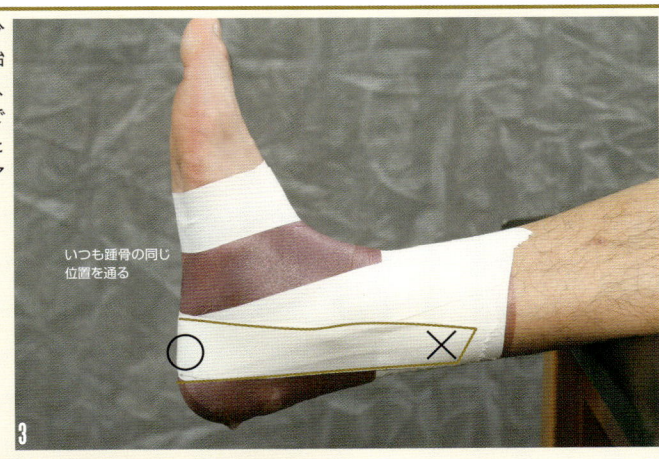

いつも踵骨の同じ位置を通る

平行スターアップ

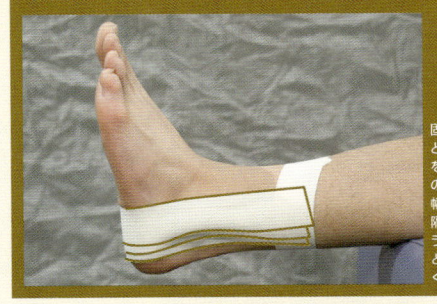

固定力を強くしたいときは3本のテープを平行に巻く。1本目のテープから、テープ幅1／3くらいの間隔で足指の方向ヘズラしていく。内がえしと底屈の制限が大きくなる

注意点

●通常のスターアップの2本目からの貼り始めの位置はアキレス腱側、脛骨側どちらでも構わないが、終了位置は貼り始めと逆の位置に貼る（例えば、貼り始めが脛骨側なら、止めはアキレス腱側というように）

スターアップのポイント

引っ張り方（2段階で行う）

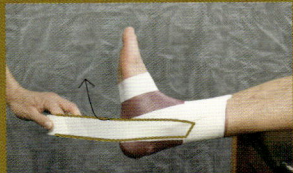
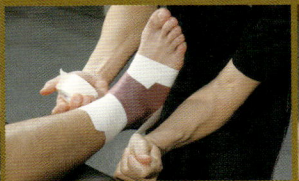

第1段階：外側に引っ張る

第2段階：アンカーに向けて上に引っ張る

貼り方

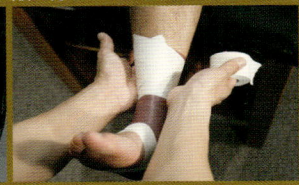

引っ張って制限を入れているスターアップははがれやすいため、1本ごとに両手でアンカーに貼りつける

41

6 ホースシュー＆サーキュラー

　足部に馬蹄形（U字型）にテープを巻くところから、ホースシューと呼ばれています。スターアップはくるぶし周囲を通るため、テープが浮いてしまうことがあります。ホースシューの目的は、浮いてしまいがちなスターアップの固定力を高め、テーピングを足部にフィットさせることにあります。

　また、足部を適度に圧迫することによって、安定感を生み出します

やり方
●ホースシュー

足部のアンカーの外側から貼り始める。外くるぶしを通るようにして外側から内側に巻く。スターアップを覆うようにしながら、両側から足部を圧迫する

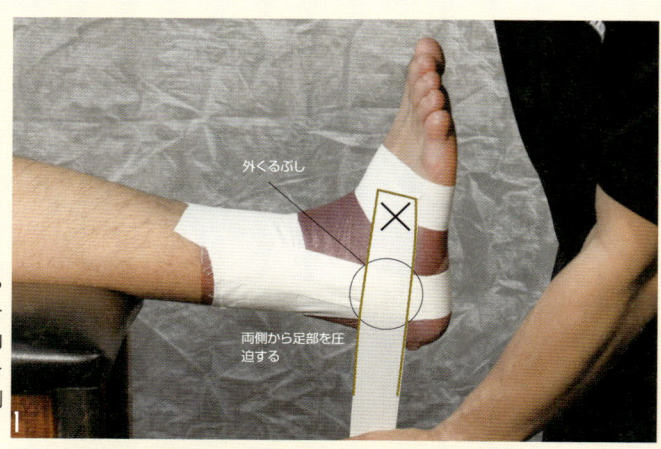

外くるぶし

両側から足部を圧迫する

2本目以降はテープを1／3～1／2ずらして、くるぶしの上方（足首付近）まで巻いていく。このとき、足関節前面は開けておく。この部分を閉じると足関節背屈が制限されてしまう

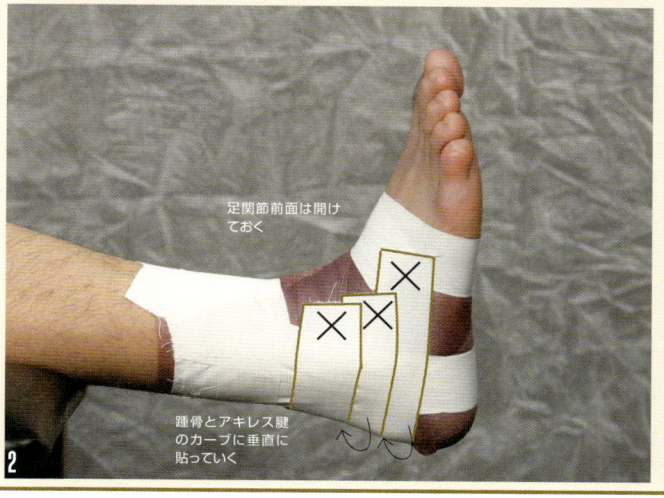

足関節前面は開けておく

踵骨とアキレス腱のカーブに垂直に貼っていく

やり方

●サーキュラー

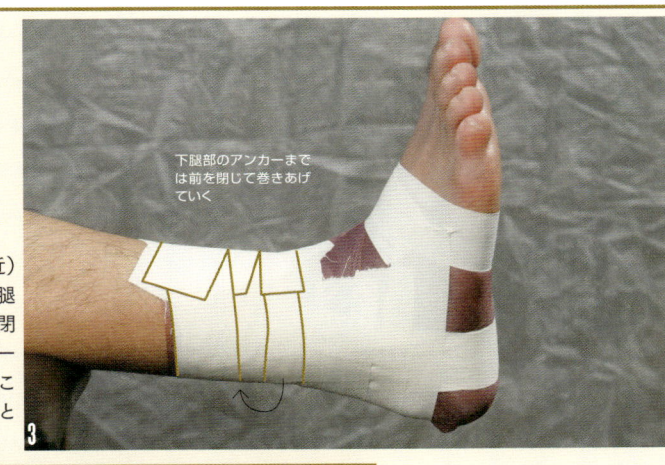

下腿部のアンカーまでは前を閉じて巻きあげていく

くるぶしの上方（足首付近）までできたら、そこから下腿部のアンカーまでは前を閉じて巻き上げていく。ホースシューに引き続き行うこのテープをサーキュラーという

3

ホースシューのポイント テープの走行

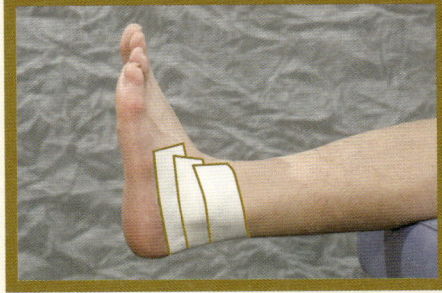

テープは踵骨とアキレス腱のカーブに対して垂直に貼っていくため、足の形状からいってテープは足部のアンカーに向かって斜めになる

サーキュラーのポイント 貼り方

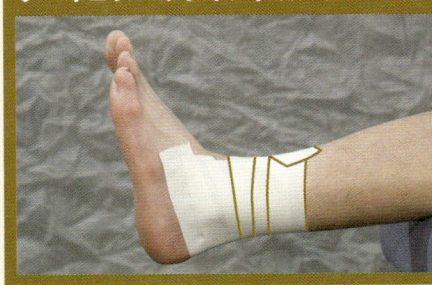

足首を1周させる。足首に密着するように1本ずつ切って貼りつける。アンカーの位置まで数本巻いていく

1 ヒールロック

　関節の動きを制限するサポートテープの1つです。足関節捻挫の原因となる踵骨の動きを安定させます。ヒールロックによって内がえしや外がえしの可動域は制限されますが、底屈や背屈はほとんど制限されません。

　ヒールロックは、テープを折り返す箇所が多いため、テープがきつくなりやすい傾向があります。テープを十分に引き出してから巻くように心がけましょう。

やり方

●外側ヒールロック

下腿部のアンカーの外側から巻き始め、内くるぶしに向けてテープを斜めに貼る。テープを十分に引き出しておいて、折り返す

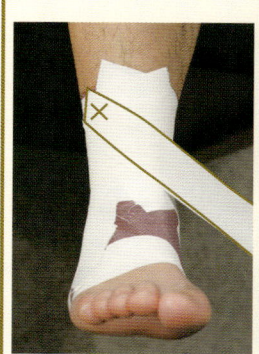

巻く人から見たテープの角度

1

アキレス腱で折り返し、踵骨の外側を通す。踵骨を安定させるために踵骨の外側にテープ全体を引っかけるように巻く

2

アキレス腱を押さえて巻く

足底を通り、足関節前面まで巻く。外側ヒールロックの完成

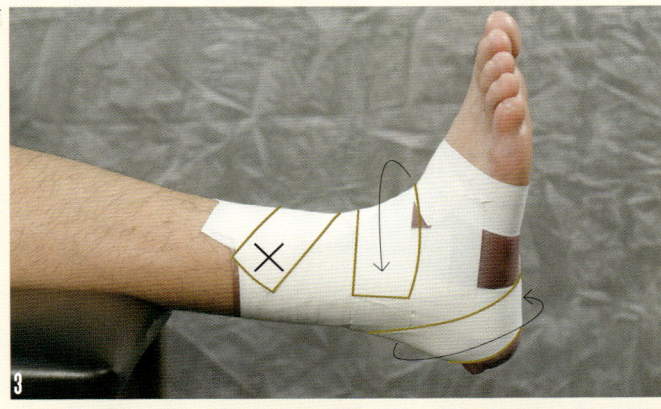

やり方
●内側ヒールロック

下腿部のアンカーの内側から巻き始め、外くるぶしに向けてテープを斜めに貼る。巻き始めの角度は、外側ヒールロックのテープと対称になるように

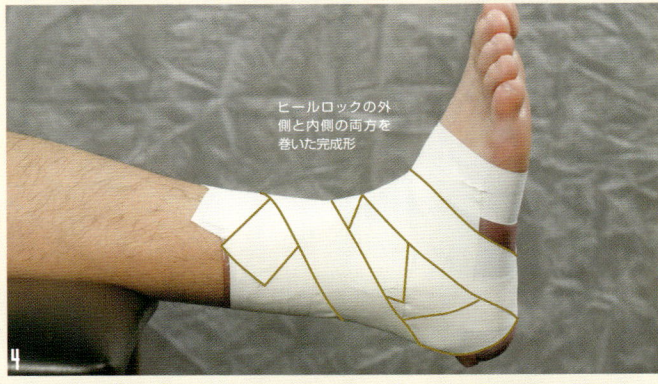

ヒールロックの外側と内側の両方を巻いた完成形

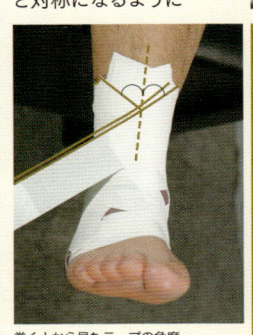

巻く人から見たテープの角度

ヒールロックのポイント 踵骨への制限の入れ方

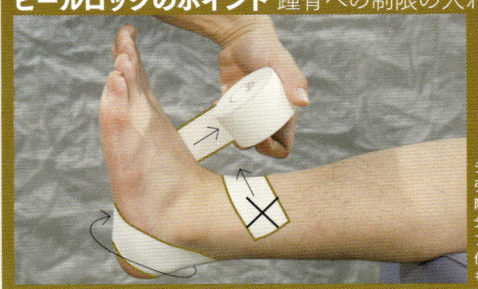

テープをやや引っ張りながら、引っかけるように巻く。その際、②のようにアキレス腱の部分を手で押さえて行うとテープがきつくならない。写真は外側ヒールロックのやり方。内側も同様に行う

8 フィギュアエイト

フィギュアエイトの名前の通り、8の字を描くようにテープを巻きます。関節の動きを制限するサポートテープの1つで、足関節以外にも手関節・肘関節などさまざま部位に活用できます。足関節では、底屈と内がえしを制限します。

テープを折り返す箇所が多いため、テープがきつくなりやすい傾向があります。テープを十分に引き出してから巻くように心がけましょう。

やり方

外くるぶしのやや上から貼り始め、内側縦アーチ（土踏まず）の中央を目指して巻いていく。この2点を決めれば、②以降でテープが自然と戻ってくる

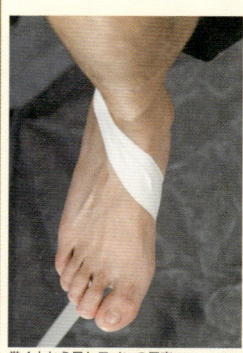

巻く人から見たラインの目安

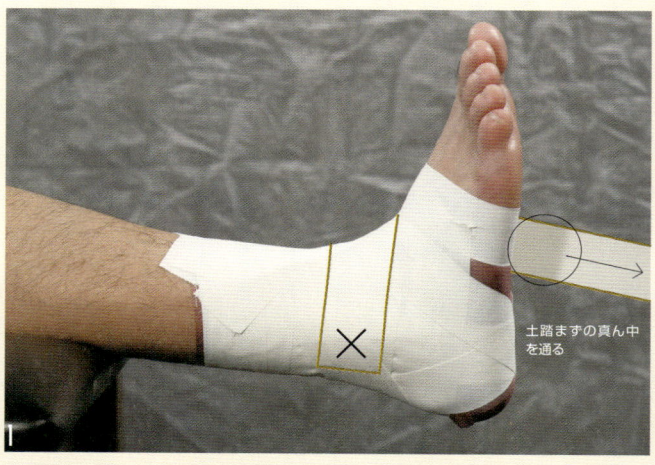

土踏まずの真ん中を通る

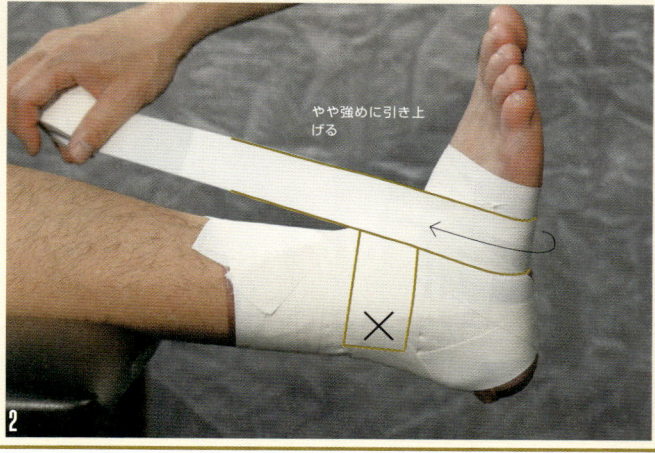

やや強めに引き上げる

足底を通り足部外側から内くるぶしに向けて巻いていく

足首を1周して止める。
この際、アキレス腱を圧
迫しないように注意する。
最後に、下腿と足部にア
ンカーを巻いて完成（p39
の❹参照）

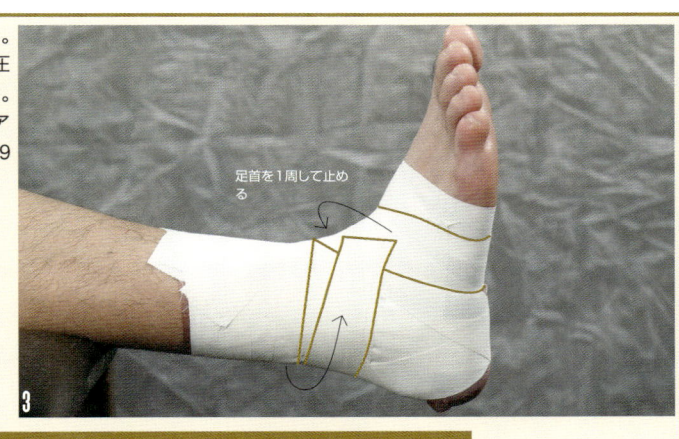

足首を1周して止める

フィギュアエイトのポイント テープは垂直になるように心がける

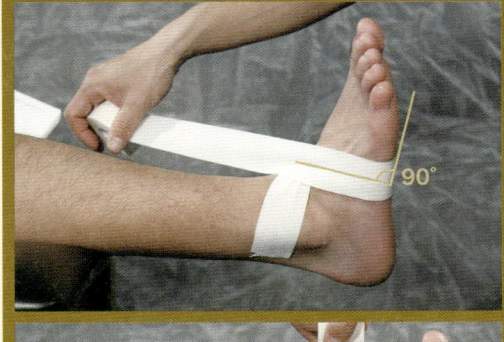

90°

正しく巻けていると、足部の
テープは足底に対してほぼ垂
直になる

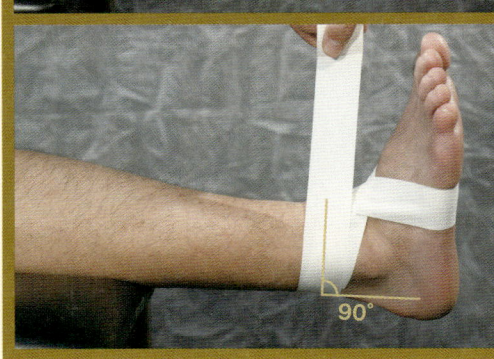

90°

同様に、足首のテープはアキ
レス腱に対してほぼ垂直にな
る

47

9 スプリットテープ

エラスティックテープ（75mm）の一部（片側あるいは両側）を裂いて巻くテープのことをいいます。足関節では、底屈・背屈の制限のテープとして使用します。膝関節では、Xサポートテープやスパイラルテープを安定させる役目のほかに、膝蓋骨に圧迫を加える役目もあります。

ここでは、膝関節と足関節のスプリットテープを例に挙げて説明します。

やり方
●膝関節

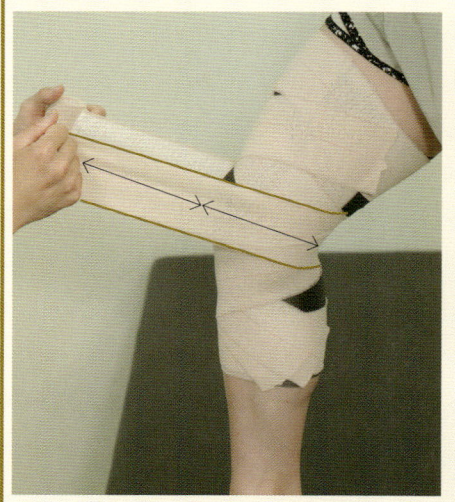

膝関節内側の幅と同じぐらいの長さを目安に、膝窩にテープを当てて引き出す

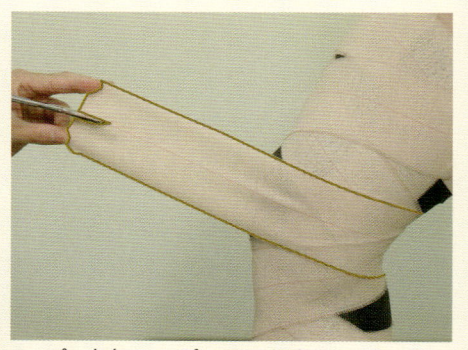

テープの中央にテープシザーズで切り込みを入れる

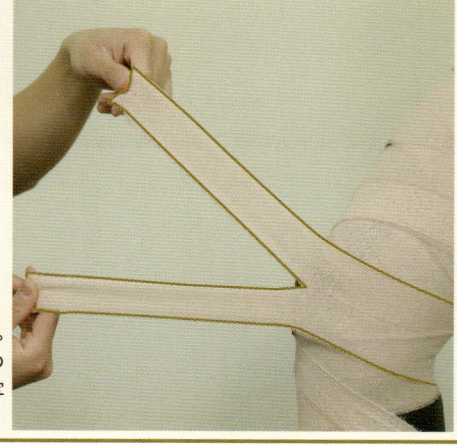

切り込みから左右に裂く。長さは大腿部と下腿部のアンカーに届くくらい（写真はアンカーを省略）

裂いた上のテープは大腿部アンカーに、下のテープは下腿部のアンカーに向かって巻く。やや引っ張りながら膝蓋骨周囲に圧迫を入れて、下に巻いてあるサポートテープを覆うように膝蓋骨周囲を巻く。膝蓋骨にテープをかけない

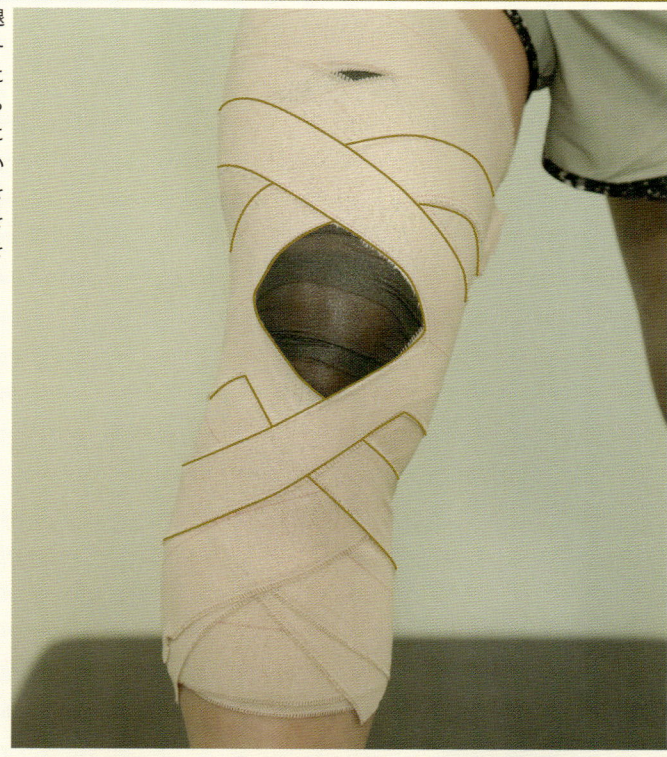

やり方
●足関節

足関節の底屈制限（写真）や背屈制限にもスプリットテープを使う。エラスティックテープの両端を割き、下腿部のアンカーと、足部のアンカーに巻き付ける

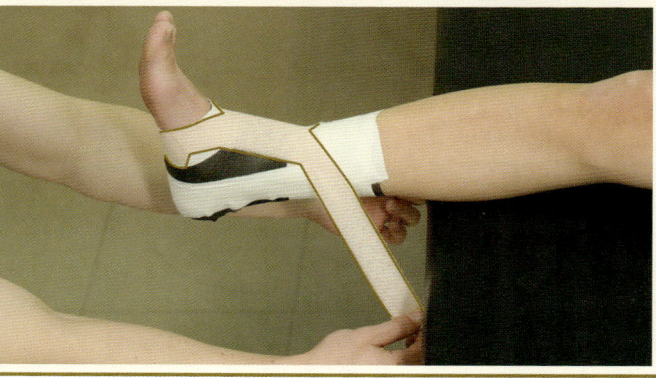

10 X サポート

　関節の動きの制限や筋肉を圧迫するサポートテープの1つです。2本のテープをX状にして、その交差する部分を制限を加えたい部位に貼ります。膝関節や肘関節では縦方向のサポートテープと組み合わせて使います。

やり方
●膝関節内側

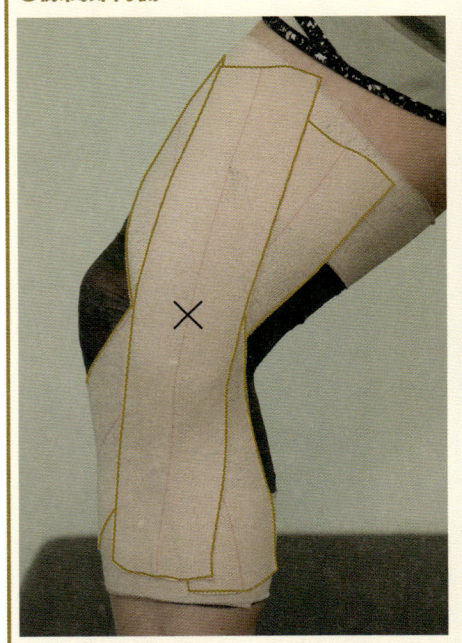

関節の動きを制限する。3本のテープは関節面の靱帯上（×印）で交差させる

関節の動きを制限する。3本のテープは肘関節の中央で交差させる

●ハムストリングス

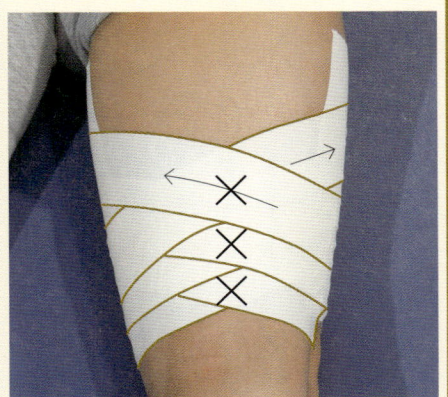

筋肉を圧迫する。2本のテープは患部で交差させる

●肘関節

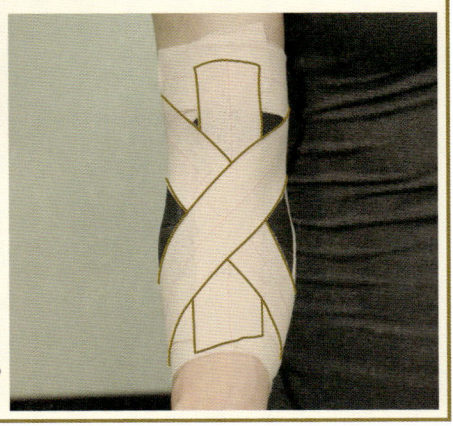

第3章

機能解剖＆スポーツ外傷・障害とともに理解する 部位別テーピング

身体の各部位の構造はそれぞれ異なり、起こりやすいスポーツ外傷・障害も違います。効果的なテーピングのために知っておきたい各部位の特徴（機能解剖）を踏まえた上で、部位別に外傷・障害別のテーピングのやり方を詳しく紹介していきます。

《1足関節・下腿

足関節・下腿の機能解剖とスポーツ外傷・障害

1 足関節の機能解剖

骨格と靱帯

　下腿には、内側に脛骨、外側に腓骨があ
ります。その末端は、足部の距骨とともに
足関節（距腿関節）を構成しています（図
3-1）。内くるぶしは脛骨に、外くるぶし
は腓骨にあります。

　足関節の主な靱帯には、脛骨と腓骨をつ
なぐ前脛腓靱帯と後脛腓靱帯、足関節の外
側にある前距腓靱帯、踵腓靱帯、後距腓靱
帯からなる外側靱帯、内側にある前脛距靱
帯、脛舟靱帯、脛踵靱帯、後脛距靱帯から
なる三角靱帯があります。これらの靱帯が
足関節の安定性を保っています（図3-1）。

関節の動き

　足関節の動きは、底屈と背屈、内がえし
と外がえしになります。底屈はつま先を下
げる動き、背屈はつま先を上げる動きです。
内がえしは底屈・内転・回外の動き、外が
えしは背屈・外転・回内の動きです。内が
えし、外がえしはほかの関節の運動を伴う
ため、正確には足部の複合運動ですが、こ
こでは足関節の運動として示します（写真
3-1）。

2 アキレス腱の機能解剖

構造と機能

　腱は筋の両端にあり、骨との付着部位の

ことです。

　アキレス腱は、下腿後面にある下腿三頭
筋の腱であり、踵の骨である踵骨に付着し
ています。下腿三頭筋は、腓腹筋とヒラメ
筋で構成されています（図3-2）。

　運動としては、足関節底屈に作用します。
アキレス腱は人体のなかで最大の腱です。
スポーツ活動などによって疲労すると、柔
軟性の低下や血行不良を起こしやすい部位
です。

3 足関節・下腿のスポーツ外傷・障害

代表的な足関節・下腿のスポーツ外傷・障害

　足関節の代表的なスポーツ外傷・障害に
は、内反捻挫、フットボーラーズアンクル、
腓骨筋腱脱臼などがあります。

　下腿では、アキレス腱断裂、アキレス腱
炎、腱周囲炎、肉ばなれ、コンパートメン
ト症候群、シンスプリント、疲労骨折など
が挙げられます。

足関節内反捻挫

　足関節で最も多いスポーツ外傷です。
ジャンプの着地や方向転換、ストップ動作
などに過度の足関節内がえしを強制され発
生します。足関節外側の靱帯を損傷します。
損傷の程度はⅠ～Ⅲ段階に分類されます
（表3-1）。重症例となったり、捻挫を繰り
返したりすることにより、関節不安定性を
生じます。

アキレス腱炎

アキレス腱周囲の運動時痛が主な症状です。アキレス腱そのものに炎症が起こるアキレス腱炎と腱周囲の膜が炎症を起こすアキレス腱周囲炎とに大別されます。ジャンプやランニング時の腱への伸張ストレスや下腿三頭筋の柔軟性低下が主な原因です。

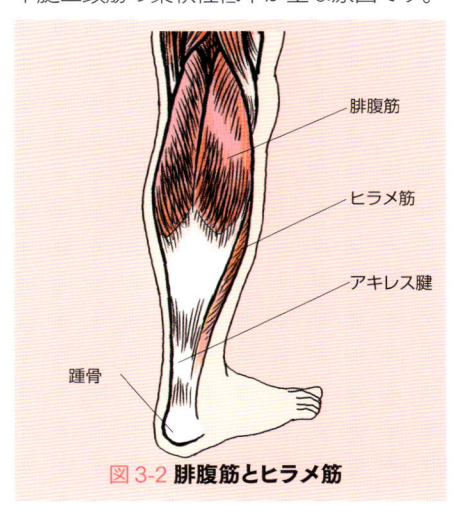

図 3-1 足関節の解剖図（外側）

脛骨 / 腓骨 / 前脛腓靱帯 / 後脛腓靱帯 / 前距腓靱帯 / 後距腓靱帯 / 距骨 / 舟状骨 / 踵骨 / 立方骨 / 外側距踵靱帯 / 踵腓靱帯

図 3-2 腓腹筋とヒラメ筋

腓腹筋 / ヒラメ筋 / アキレス腱 / 踵骨

写真 3-1 足関節の動き

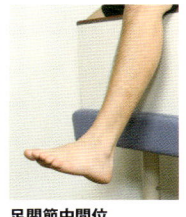 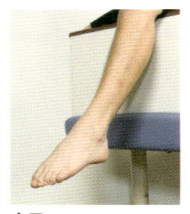 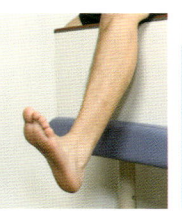 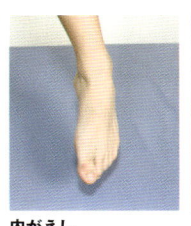 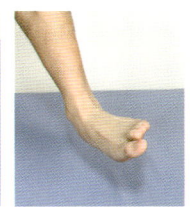

足関節中間位
この位置が起点（0度）となる

底屈
中間位から、つま先を脛骨から遠ざける動き

背屈
中間位から、つま先を脛骨前面に向かう動き

内がえし
底屈位から足部を内側にひねる動き

外がえし
背屈位から足部を外側にひねる動き

表 3-1 足関節内反捻挫の重症度

重症度	症状
Ⅰ度（軽症）	不安定性や腫脹はなく、圧痛のみ
Ⅱ度（中等症）	軽度の不安定性や腫脹がある
Ⅲ度（重症）	著しい不安定性や腫脹が受傷直後からある

2 足関節内反捻挫予防のテーピング

1 内反捻挫の予防とテーピング

足関節のぐらつきを抑える

　足首を内側に捻る足関節内反捻挫は、足関節のスポーツ外傷・障害のなかで最もよく発生しています。

　内反捻挫を繰り返すと、足関節の外側の靱帯、特に外くるぶし周囲の前距腓靱帯や踵腓靱帯が伸びた状態となります。

　靱帯が伸びて緩むと、プレー中に関節がぐらつく感じがします。この状態を関節不安定性があるといい、このぐらつきをテープの力によって抑えて、関節を安定させます。

　テーピングは、スポーツ外傷・障害の予防はもとより、関節不安定性にも有効です。

2 テーピングの流れとポイント

基本の巻き方から展開

　足関節内反捻挫予防のテーピングは、2章で紹介した基本の巻き方(レースパッド、アンダーラップ、アンカー、スターアップ、ホースシュー、ヒールロック、フィギュアエイト)を用います。

　テーピングの基本の流れの順番を変更して、スターアップから、ヒールロックを行い、それからホースシューを行うと、固定を強めることができます。内がえしを制限するテープを、フィギュアエイトのあとに入れると、固定がさらに強まります。

　強めの固定は、アメリカンフットボールやラグビーのような、身体と身体とのぶつかり合いがある、激しいスポーツで起こりがちな内反捻挫の予防とともに、関節不安定性が原因で起こる足関節に痛みにも、有効です。

　最後のラッピング(p59 〜 61 の軽めの固定を参照)でエラスティックテープを使いることによって、固定力を調整します。

　強めの固定で行う内がえしの制限は、ホワイトテープで行います。重ねて何本か行います。

テーピングのポイント

1. レースパッドから始まる基本となるテーピングテクニックを習得し、テーピングの流れの通りに行って、テープでしっかりと固定する。

2. 固定力を持続させ、緩みを防止するために、最後にエラスティックテープでラッピングをする。エラスティックテープは、テープの引っ張り具合によって、固定力を調整する。

3. 固定力をさらに高めたい場合には、フィギュアエイトのあとに、内がえしの制限を用いる。内がえしの制限は、テープを巻く本数を増やしたり、足部を外がえしさせた状態で巻いたりすることにより、強度を調節する。

❸ 足関節内反捻挫予防のテーピング

最も行う機会が多いテーピングです。詳しいテクニックは、2章の2を参照していただくことにして、ここでは、足関節内反捻挫予防のテーピングの一連の流れを押さえておきましょう。

使用テープ ● アンダーラップ、ホワイトテープ 38mm

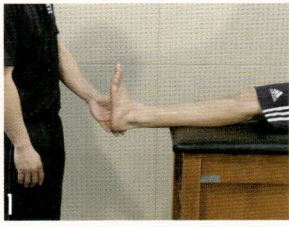

❶ ポジショニング
巻かれる人は足関節を中間位に保ち、巻く人は足の正面に位置する

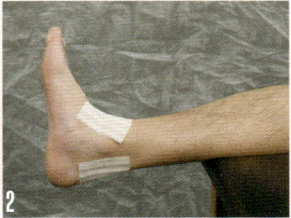

❷ レースパッド
足背部とアキレス腱の上にレースパッドを当てる（p 35 参照）

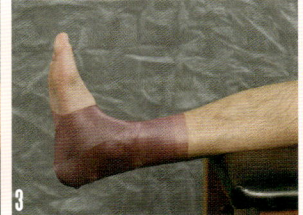

❸ アンダーラップ
テープを巻こうとする部位全体にアンダーラップを巻く（p 36 ～ 37 参照）

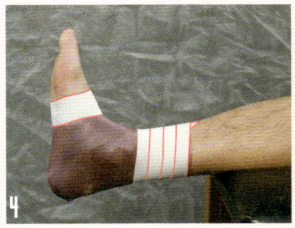

❹ アンカー
下腿部と足部にアンカーを巻く（p 38 ～ 39 参照）

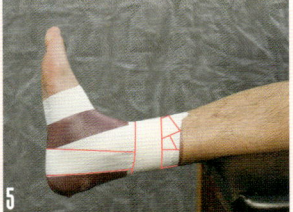

❺ スターアップ
スターアップを3本し、アンカーで止める（p 40 ～ 41 参照）

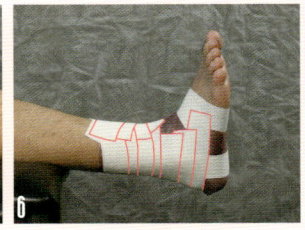

❻ ホースシュー＋サーキュラー
ホースシューとサーキュラーを巻く（p 42 ～ 43 参照）

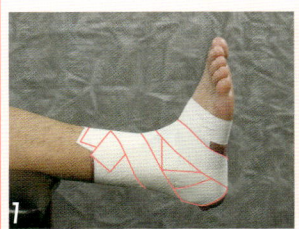

❼ ヒールロック
内側ヒールロックと外側ヒールロックを巻く（p 44 ～ 45 参照）

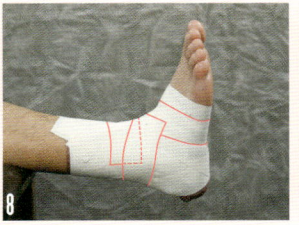

❽ フィギュアエイト
フィギュアエイトを巻く（p 46 ～ 47 参照）

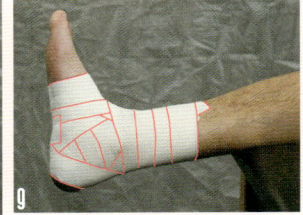

❾ アンカー
最後にアンカーで止める

第3章

機能解剖＆スポーツ外傷・障害とともに理解する

部位別テーピング

❹足関節内反捻挫予防の強めの固定（内がえしの制限とラッピング）

スターアップから、ヒールロック、ホースシュー、フィギュアエイトと進め、ラッピングのテープを巻くと強めの固定になります。内がえしの制限を入れるとより強い固定が可能です。

使用テープ●アンダーラップ、ホワイトテープ38mm、エラスティックテープ50mm（ハードタイプ）

ヒールロック

スターアップのあとに、（外側・内側）ヒールロックを入れる。このあと、ホースシュー、フィギュアエイトに進む

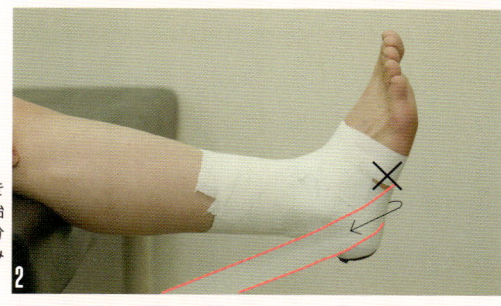

外側ヒールロック

内側ヒールロック

内がえしの制限1

内がえしと底屈を制限したいときに用いる巻き方。足底から貼り始める。第5中足骨の茎状突起部分（×印）にテープがかかると、痛みが出る

内がえしの制限2

より強く制限したい場合は、テープは引っ張らず、足部をやや外がえしにて巻くとよい

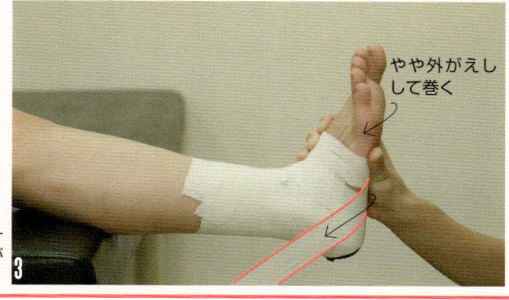

やや外がえしして巻く

※省略した巻き方は、基本となる巻き方のページを参照してください

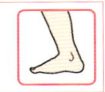

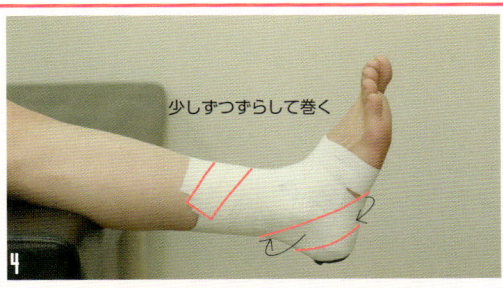

内がえしの制限3

少しずつずらして巻く

少しずつずらしながら、2～3回重ねて巻いていく。巻く回数で強度が調整できる

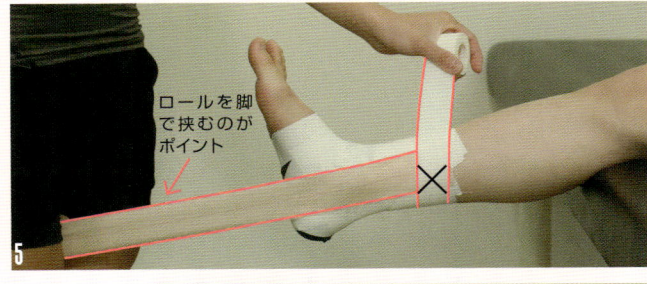

ラッピングのポイント1

ロールを脚で挟むのがポイント

スターアップを強く引っ張る必要があるので、まずスタート地点をホワイトテープで固定する。エラスティックテープのロールを脚の間にはさんでおく

ラッピングのポイント2

押さえながら巻く

土踏まずのほぼ中央

フィギュアエイト系は土踏まずのほぼ中央を通り、内側から外側へと巻いていく。荷重したときに足部の圧迫がないよう、★印を押さえながら巻く

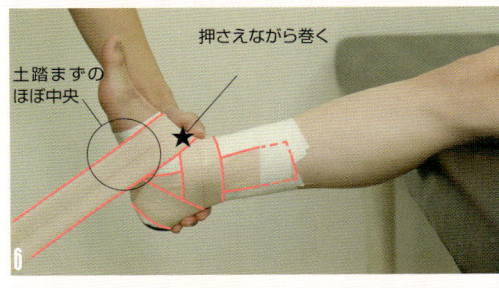

ラッピングのポイント3

足部をやや外がえしする

足底を通り、フィギュアエイト系を巻く。内がえしを制限するために、足部をやや外がえしした状態でアンカーまで巻いていく

3 足関節内反捻挫予防の軽めの固定

1 内がえしだけの制限

底屈・背屈は制限しない

　足関節内反捻挫予防の軽めの固定は、エラスティックテープを使用します。サッカーやアメリカンフットボールのキッカーなど、ボールを蹴るプレーがあるスポーツやポジションでは、足関節の底屈・背屈の動きまで制限してしまうと、プレーに影響が及びます。底屈・背屈への制限はなるべくすることなく、内反捻挫を起こす内がえしだけを制限したい場合に、軽めの固定を行います。

1人で巻く場合にお勧め

　また、レクリエーションレベルのスポーツを行うときに、捻挫予防として最低限の制限を望む場合や、1人でテープを巻く場合などにも、軽めの固定はお勧めです。

　タイトルでは軽めの固定としていますが、エラスティックテープを引っ張るときの力加減を変化させることによって、固定力を増すことも可能です。

テープを試してみる

　エラスティックテープは薄手のタイプでも構いませんが、その場合、ハードタイプよりも固定力は弱くなります。また、自着式（特殊なテープの織りによってテープがくっつくタイプ）のテープを使用しても構いません。エラスティックテープには、さまざまなタイプのものがあるので、いろいろと試してみるとよいでしょう。

2 テーピングの流れとポイント

内がえしを制限する

　足関節捻挫予防の軽めの固定では、2章で紹介した基本の巻き方（レースパッド、アンダーラップ、アンカー、スターアップ）を用います。テーピングの流れは、ポジショニング→レースパッド→アンダーラップ→アンカー→スターアップ→アンカー→ラッピングになります。

　アンカー、スターアップはホワイトテープを用います。ラッピングではエラスティックテープを用い、スターアップ、ホースシュー、ヒールロック、フィギュアエイトの役割を果たす巻き方で行います。エラスティックテープの引っ張り具合によって、固定力を高めることもできます。

テーピングのポイント

1. エラスティックテープによるラッピングは応用範囲が広いので覚える。

2. エラスティックテープはテープがたるまないように、「やや引っ張って」巻く。慣れてくると、引っ張り具合で固定力を調整できるようになる。

3. アキレス腱にかけるときは、テープを押さえる。

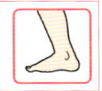

3 エラスティックテープによる軽めの固定（ラッピング）

軽めの固定は、ホワイトテープで、アンカー、スターアップ、アンカーを巻き、その上に、エラスティックテープ（スターアップ、ヒールロックとフィギュアエイトの役割を果たす巻き方）でラッピングします。

使用テープ●アンダーラップ、ホワイトテープ 38mm、エラスティックテープ 50mm

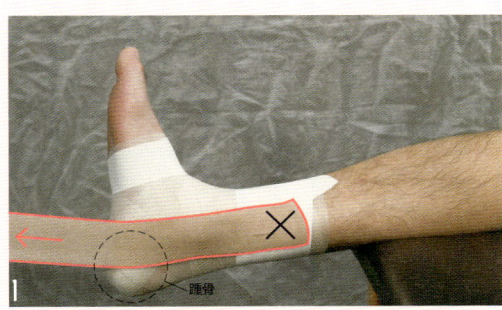

スターアップ系

スターアップの上から貼っていく。踵骨を目指して普通の力加減（テープがたるまない程度）で引っ張りながら貼る

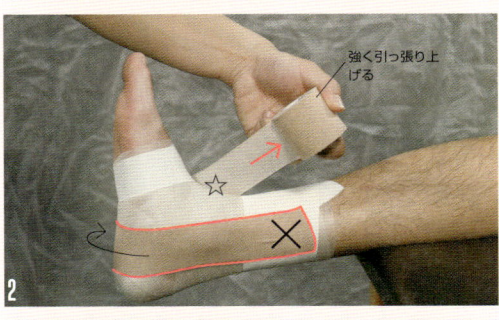

ヒールロック系

強く引っ張り上げる

テープを踵骨から足の外側に回し、足背部（☆印）を目標にしながら、テープを強く引っ張り上げる

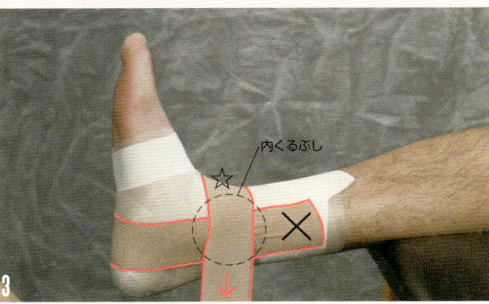

ヒールロック系

内くるぶし

足背部（☆印）でテープを折り返し、内くるぶしの上を通り、足首を一周して足背部（☆印）に戻る。引っ張る力加減は普通

第3章
機能解剖＆スポーツ外傷・
障害とともに理解する
部位別テーピング

ヒールロック系

戻したテープをアキレス腱で折り返し、外側ヒールロックへ。引っ張る力加減は普通。強めに巻きたい場合は、アキレス腱を押さえて折り返す

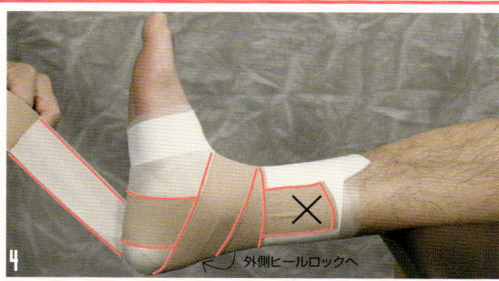

外側ヒールロックへ

ヒールロック系

アキレス腱から踵骨の外側を通り、かかとにしっかりと引っかけるイメージで巻いていく。足底から足背部(☆印)を目指しながらテープを戻す。引っ張る力加減は普通

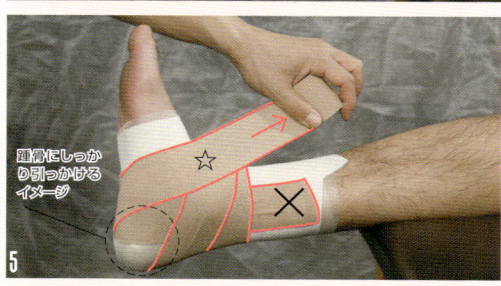

踵骨にしっかり引っかけるイメージ

ヒールロック系

足背部で折り返して内側のヒールロックへ。引っ張る力加減は普通

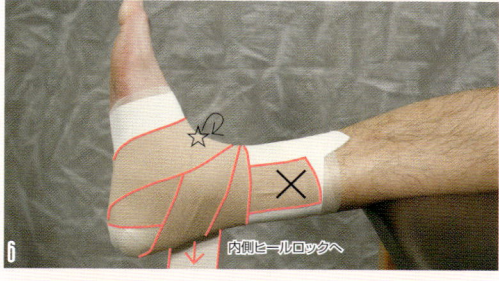

内側ヒールロックへ

ヒールロック系

アキレス腱で折り返し、フィギュアエイトへ。テープを強めに引っ張る場合は、アキレス腱(☆印)を押さえて巻くと、テープをきつく感じることなく痛みを予防できる

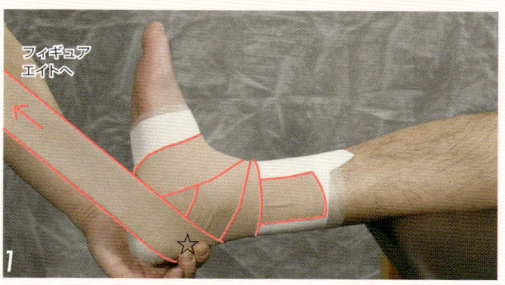

フィギュアエイトへ

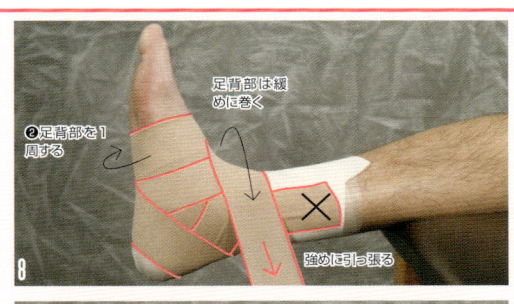

フィギュアエイト系

足底を通り、土踏まずのほぼ中央を通って足背部を1周する。1周したのち、内くるぶし方向へテープを引っ張るが、力加減は強め

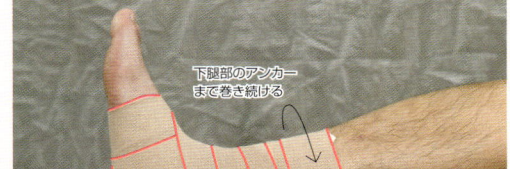

フィギュアエイト系

普通の力加減でテープを引っ張りながら、足首を1周する。続けて下腿部のアンカーまで巻き続ける

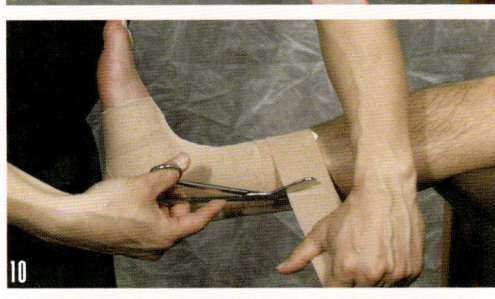
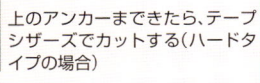

カット

上のアンカーまできたら、テープシザーズでカットする（ハードタイプの場合）

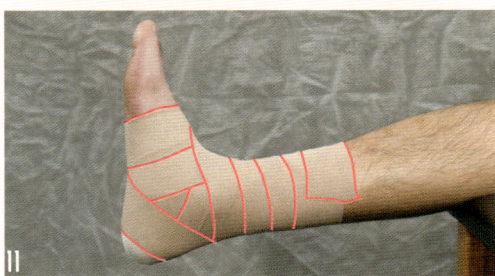

完成

エラスティックテープによる軽い固定の完成

4 足関節の底屈・背屈制限

1 背屈・底屈による痛み

足関節に角度をつける

　足関節には、足関節内反捻挫以外にもさまざまなスポーツ外傷・障害が見られます。それらの主な症状は、運動時痛（運動すると痛む）や圧痛（押すと痛む）です。

　例えば、外くるぶしの前側にある前距腓靱帯を損傷した場合、足関節を底屈（つま先を下げる運動）すると、損傷靱帯に伸張性のストレスが加わって、痛みや不安感が現れます。このような場合には、症状が出ないように、底屈を制限するテーピングが有効です。

　また、アキレス腱炎では、足関節を背屈（つま先を上げる運動）してアキレス腱を伸展したときに痛みがあります。フットボーラーズアンクル（衝突性外骨腫）も背屈すると痛みが生じます。このような場合には、背屈制限のテーピングをします。

2 テーピングの流れとポイント

スプリットテープを利用

　底屈制限、背屈制限のテーピングではスプリットテープを用います。背屈制限も底屈制限も 75mm のエラスティックテープをスプリットテープに加工します。

テーピングのポイント

1. 制限の調節は、スプリットテープの引っ張り具合よりも、足関節に角度をつけて調整する。例えば、底屈の制限を強くしたい場合は、背屈位にしてスプリットテープを貼る。

2. 背屈制限を行う場合、制限を強くすると（底屈位にすると）足関節が内がえししやすくなるため、最後に巻くエラスティックテープによるラッピングは、内がえしの制限（内側ヒールロック、フィギュアエイト）をやや強めにする。

［スプリットテープの作り方］

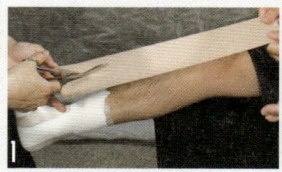

カット1
中央部に向かってテープに切れ目を入れる

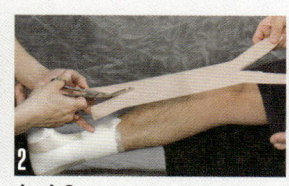

カット2
反対側も同じように切れ目を入れる

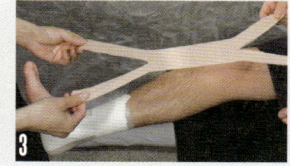

完成
スプリットテープの完成。スプリットテープの長さの目安は、底屈制限は足部アンカーから下腿中央くらい、背屈制限は足部アンカーから膝関節の下部くらい

3 底屈制限のテーピング

スターアップまではホワイトテープで行い、底屈制限は 75mm のエラスティックテープ（スプリットテープ）、フィギュアエイトはホワイトテープ、最後のラッピングは 50mm か 75mm のエラスティックテープを用います。

使用テープ ● アンダーラップ、ホワイトテープ 38mm、エラスティックテープ 50mm、75mm

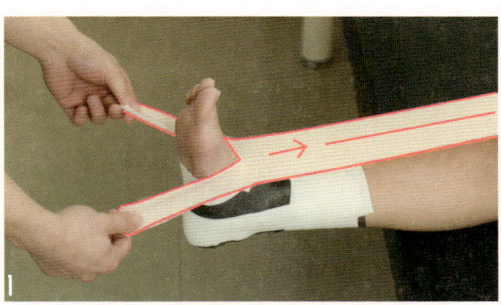

底屈制限1

スプリットテープの一方の端を、足部のアンカーに、足背から足底に向かって巻いていく。このときにもう一方の端を持ってもらい、テープを張った状態にするとやりやすい

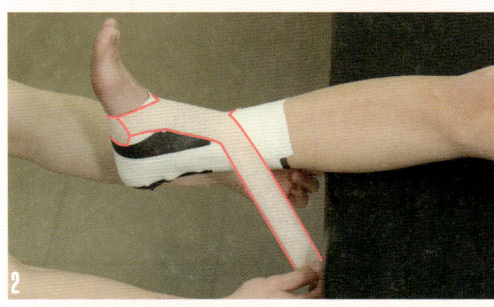

底屈制限2

痛みが出る寸前の角度までつま先を上げる。持ってもらっていた端の切れ目を、下腿部のアンカーに巻けるくらいまで割く

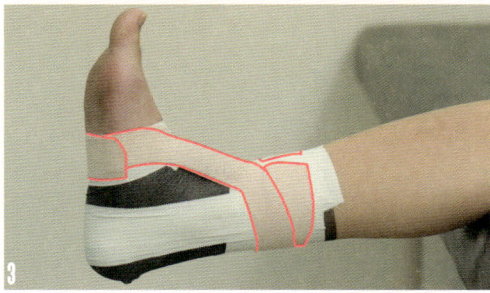

底屈制限3

下腿部のアンカーに巻き付けて止めて、底屈制限の完成。このあとフィギュアエイトとラッピングをする

4 背屈制限のテーピング

スターアップまではホワイトテープで行い、背屈制限は 75mm のエラスティックテープ
（スプリットテープ）、最後のラッピングは 50mm か 75mm のエラスティックテープを
用います。フィギュアエイトは入れません。

使用テープ●アンダーラップ、ホワイトテープ 38mm、エラスティックテープ 50mm、
75mm

背屈制限1

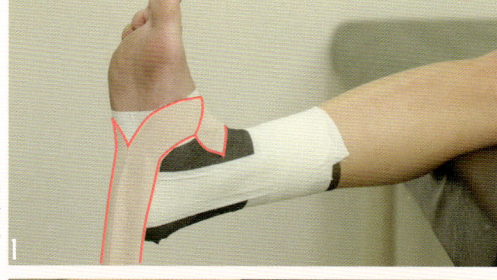

スターアップのあとに背屈制限を
入れる。スプリットテープの一方
の端を、足部のアンカーに、足底か
ら足背に向かって巻いていく

背屈制限2

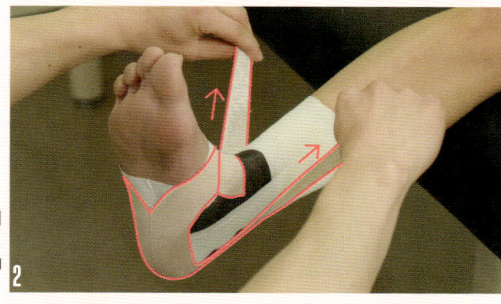

もう一方のテープの端の切れ目
を、下腿部のアンカーに巻けるく
らいの長さまで割る。このとき角
度を決めておく

背屈制限3

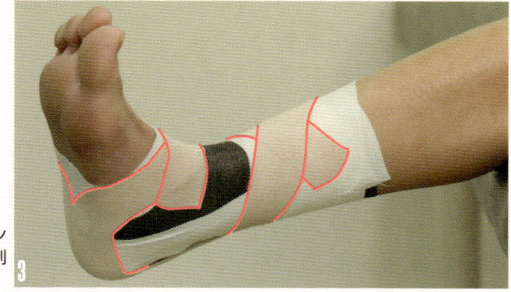

底屈位の状態で、下腿部のアン
カーに巻き付けて止めて、背屈制
限の完成。このあとラッピングへ

5 足関節内反捻挫の応急処置

1 RICE 処置とテーピング

テーピングをプラス

　足関節の捻挫を放置しておくと、疼痛(痛み)、腫脹、発赤(皮膚の一部が赤くなった状態)などの症状が現れてきます。上記の症状が見られた場合は、自己判断せずに、応急処置を行ったあと、医療機関を受診しましょう。

　応急処置の基本は RICE 処置です。RICE 処置にテーピングをプラスすると、患部を固定する力、圧迫する力などがより強くなります。

　具体的には、アンカー、スターアップ、ホースシューを巻きながら患部を圧迫し、アイスパックや氷のうなどで冷却します。さらには、患部を挙上して安静な状態を維持します。

2 テーピングの流れとポイント

ホースシューに注目

　応急処置のテーピングでは、「ホースシュー」の巻き方がポイントになります。ここでのホースシューは患部を圧迫する役割を果たします。

　テーピングの流れは、ポジショニング→アンカー→スターアップ→ホースシューになります。このあと氷のうを当てて弾性包帯で固定し、安静にします。テーピングはホワイトテープで行います。

テーピングのポイント

1. ホースシューは足関節前面をあけた状態で行う。前面をあけることで腫れの「逃げ場」を確保し、腫れが激しくなった場合に考えられる神経障害(痛み)などを防ぐ。

2. 内反捻挫の場合、ホースシューは必ず外側からスタートし、外くるぶし周囲に圧迫を加えながら内側へ巻いてく。圧迫を加えることで損傷部の腫れを軽減させる。外反捻挫の場合は内側から巻き始め、外側で止めるが、内反捻挫同様、足関節の前面はあけておく。

［応急処置の手順］

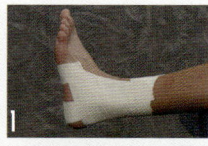

圧迫
応急処置のテーピング

冷却
氷のうを当てて患部を冷やす

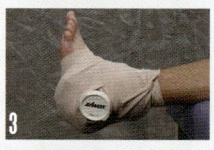

固定
氷のうを弾性包帯で固定する。キャップの部分は覆わない

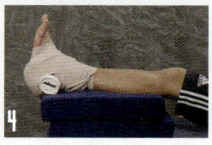

挙上
患部をマットや毛布の上に乗せ、心臓より高い位置にする

　応急処置のテーピングではアンダーラップは巻きません。アンカー、スターアップ、ホースシューはホワイトテープで、氷のうの固定は弾性包帯で行います。

使用テープ●ホワイトテープ 38mm、弾性包帯

アンカー

アンダーラップで足関節を覆ってしまうと損傷部の変化がわかりにくいため、アンダーラップは巻かずに、アンカーからスタートする

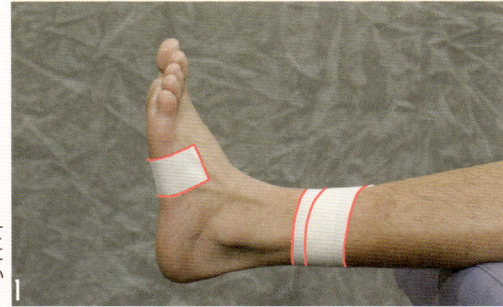

スターアップ

内がえしの動きを制限するために、下腿部のアンカーの内側からスタートして外側で止める。かかとは常に同じ位置を通る。最後は下腿部にアンカーを巻いて固定する

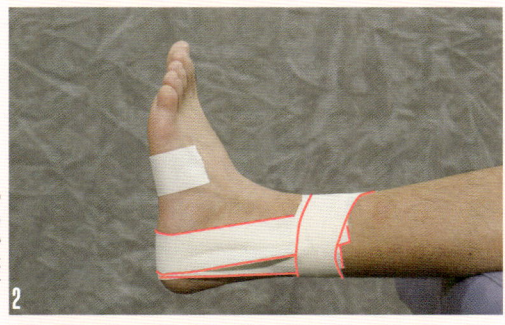

ホースシュー1

ホースシューでスターアップをより強固にする。内反捻挫の場合は外側から巻き始める。このとき、外くるぶし周囲に圧迫を加えながら巻くことで、損傷部位の腫れを軽減することができる

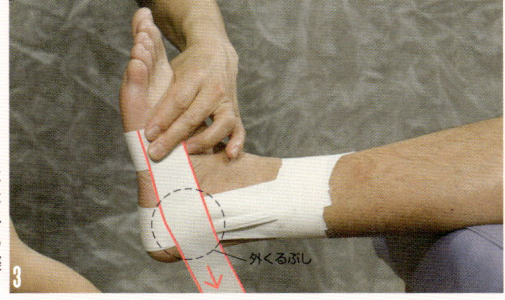

外くるぶし

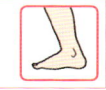

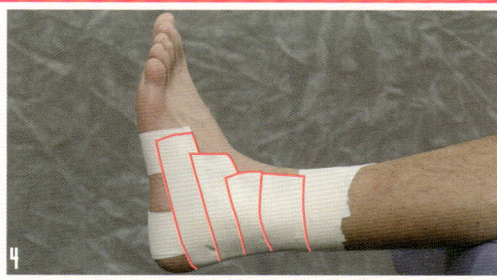

ホースシュー2

2本目は1本目に半分重ね、3本目は2本目に半分重ねながら下腿のアンカーまで巻いていく。足関節の前面は腫脹の逃げ場としてあけておく

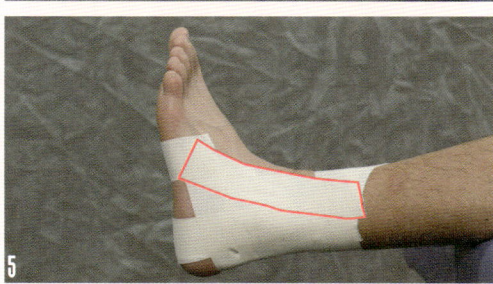

アンカー

ホースシューがはがれないように、内側と外側に1本ずつ貼る

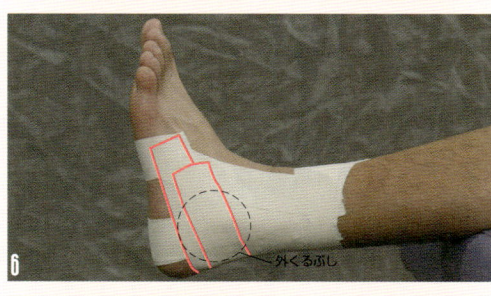

ホースシュー4

外くるぶしへの圧迫をより強くするために、ホースシューを2本貼る。足関節前面を覆わずに開けているのがわかる

外くるぶし

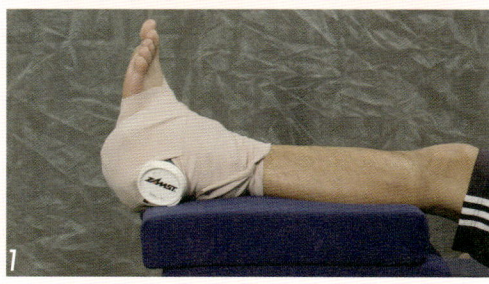

RICE処置

圧迫後、冷却、固定、挙上へと続く

6 アキレス腱のテーピング

1 アキレス腱への負担

下腿三頭筋→アキレス腱

　下腿三頭筋は腓腹筋とヒラメ筋からなり両筋がアキレス腱となって踵骨についています。したがってアキレス腱は下腿三頭筋の収縮や柔軟性の低下による影響を受けます。

　アキレス腱を伸展したときに痛みや違和感を覚える場合は、アキレス腱炎が考えられます。アキレス腱炎は、ジャンプやダッシュなど腱に強い負荷がかかり生じる場合と、加齢による腱の柔軟性低下を原因とする場合とに大別されます。痛みや違和感があるにもかかわらずプレーを続けているとアキレス腱断裂のきっかけとなる恐れがあります。アキレス腱は非常に強靭な組織ですが、断裂した場合、再生に時間がかかるため一定期間の固定が必要になります。

2 テーピングの流れとポイント

伸展制限のテーピング

　足関節底屈制限のテーピングを行うことによって、アキレス腱に過度の伸張性ストレスが加わることを防ぎます。

テーピングのポイント

1. 足関節底屈位の角度やエラスティックテープの引っ張り具合によって、制限の度合いを調節する。

2. アキレス腱の伸展制限として足関節を底屈位にするため、内がえし傾向が強くなる。そこで、内反捻挫を予防する意味で、外側のサポートテープで足関節の位置を中間位に調整する。

3. 下腿部のアンカーは、アキレス腱近位（筋腱移行部付近）に痛みや違和感がある場合、膝関節の下方に巻く。遠位部（踵骨のアキレス腱停止部付近）に痛みや違和感がある場合は、筋腱移行部付近に巻く。どちらの場合も、下腿三頭筋の筋腹部には、テープをなるべくかけないようにする。また、アンカーを巻く場合は下腿の筋を収縮させた状態で行う。

［アンカーの位置］

※指で示した箇所が痛みや違和感があるところ

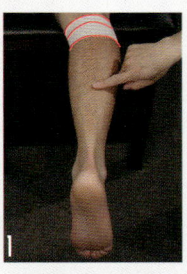

アキレス腱 遠位の痛み
アンカーを膝関節の下側に巻く

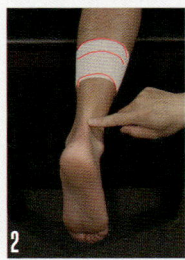

アキレス腱 近位の痛み
アンカーを下腿中央の筋腱移行部付近に巻く

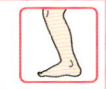

3 アキレス腱伸展制限のテーピング

アンカーをホワイトテープで巻いたあと、伸展制限のサポートテープをエラスティックテープの 50mm で巻きます。

使用テープ●ホワイトテープ 38mm、エラスティックテープ 50mm（ハードタイプ、ソフトタイプ）

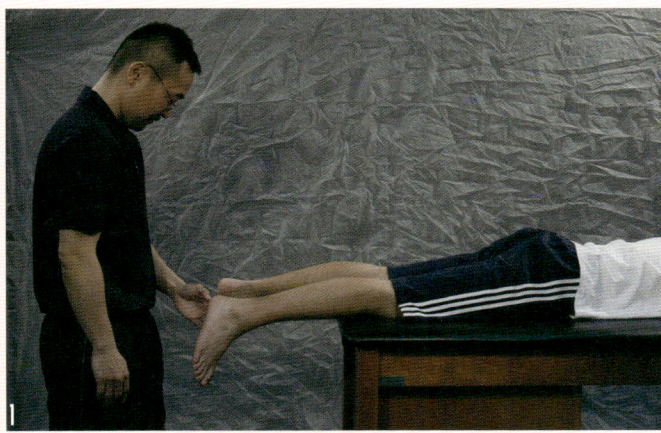

ポジショニング

巻かれる人はうつぶせになり、巻く人は足の正面に位置する

アンダーラップ＆アンカー

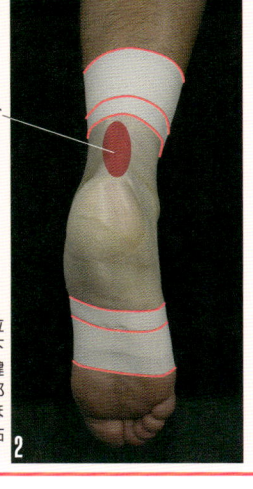

痛みを感じる末梢部分

痛みをアキレス腱遠位に感じるケースでは、下腿部のアンカーは筋腱移行部付近に貼る。足部のアンカーは、足底のほぼ中央を通るように貼る

外側のサポートテープ

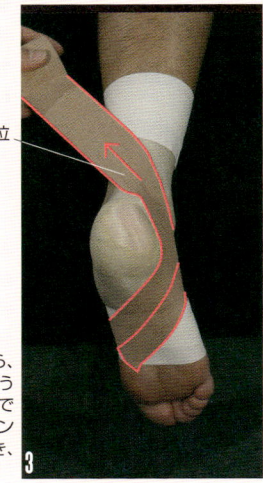

足関節は底屈位

足部のアンカーから、外くるぶしの下のほうを通って、アキレス腱で折り返し、下腿部のアンカーで止める。このとき、足関節は底屈位をとる

内側の
サポートテープ

足部のアンカーから、内くるぶし下のほうを通って、アキレス腱で折り返し、下腿部のアンカーで止める。サポートテープの交差部分が、きつく感じる場合は、ヒール＆レースパッドを使用して巻くと圧迫感が和らぐ

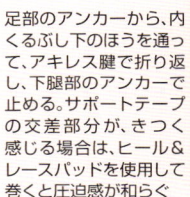
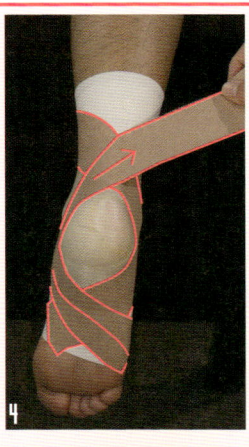
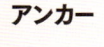

外側の
サポートテープ

底屈位でサポートテープを巻いているために、足関節は内がえし傾向になる。内がえし傾向を防ぐために、外側のサポートテープをもう1本貼り、足関節を中間位にする

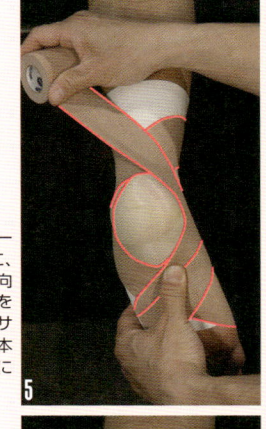

サポートテープ
完成

外側・内側・外側と3本のサポートテープを巻いたところ

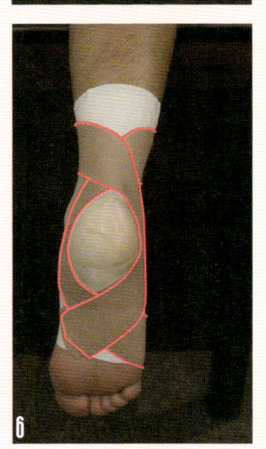
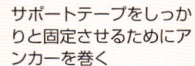

アンカー

サポートテープをしっかりと固定させるためにアンカーを巻く

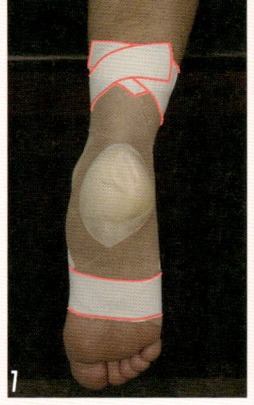

ラッピング

ソフトタイプのエラスティックテープでラッピングをして完成。全体を覆いサポートテープを固定する

［足関節内反捻挫の対処法］

ケガ人が発生したら、RICE 処置の前に、ケガの状態を評価します。グラウンドとサイドラインの 2 ヵ所で評価を行います。グラウンドでは、そのまま動かしてよいかどうかを判断します。サイドラインでは、病院へ運ぶかどうか、軽症ならば試合や練習へ戻すかどうかを判断します。現場に医師がいる場合は、医師の指示に従います。足関節内反捻挫の場合を例に挙げて、実際の対応の仕方を学びましょう。

グラウンドでの対応

●選手の観察

ケガ人が発生したらトレーナーは、その選手のもとへ急行します。そのとき、走りながら、選手をよく観察することが大切です。人間は痛みのある部位に本能的に手がいくものです。手で押さえている部位イコール受傷部位である可能性が高いです。

●問診

受傷状況を把握することは非常に重要です。選手に「何が起きたか？」「どこが痛むか？」「音がしたか？」などを聞きます。音（バキッやボキッ）が聞こえていれば、骨折や靭帯損傷が考えられます。

●視診

シューズを履いたままの状態で、脱臼や骨折による変形がないか、出血がないかを確認します。このとき、視診しやすいように、選手を長座位、あるいはあお向けにして寝かせます。

●触診

同じくシューズを履いたままで、下腿の内側や外側、内くるぶし、外くるぶし周囲の靭帯や骨を触診します。内反捻挫が疑われる場合は、外くるぶし前方の前距腓靭帯、直下の踵腓靭帯をシューズの上から押して、受傷靭帯を確認します。

●固定と搬送

触診を行って骨折や脱臼が考えられる場合には、むやみに動かさず、器具を使って固定した上で、担架で搬送します。

●運び方

問題がない場合は、2 人のトレーナーの肩につかまらせて運び出します。このとき、ケガをしたほうの足に体重をかけない（足をつかない）ように指示します。ゆっくりと慌てずに、選手の動きに合わせてサイドラインへ向います。

サイドラインでの対応

●患部への詳しい評価

サイドラインへ運んだら、もう一度、問診、視診、触診を繰り返します。視診と触診は、裸足にて行います。シューズとソックスを脱がすときには慎重に行います。1 人が足を固定し、1 人が脱がしていくとよいでしょう。

視診では、変形や腫脹を確認します。腫脹が認められる場合は靭帯が損傷していると予測され、ただちに RICE 処置を行います。腫脹や疼痛が激しい場合は RICE 処置をして病院へ送ります。また、触診で圧痛を確認することも損傷靭帯を予測するのに有効です。圧痛が確認できたら、その箇所を中心に RICE 処置を行います。もちろん、試合や練習の続行は不可です。

●運動痛のチェック

腫脹も圧痛も認められない場合は、ジャンプやダッシュの基本動作や競技動作をチェックして、痛み（運動痛）がなければ試合や練習に戻します。このときテーピングやサポーターをして戻すようにしましょう。

≪ 2 足部

┃足部の機能解剖とスポーツ外傷・障害

┃足部の機能解剖

骨格と足部のアーチ

　足部には、足根骨（距骨、踵骨、舟状骨、立方骨、内側・中間・外側楔状骨）、中足骨（5本）、趾骨（基節骨、中節骨、末節骨）があります（図3-3、3-4、3-5）。

　足部は、ショパール関節（横足根関節：距骨と舟状骨の関節と踵骨と立方骨の関節）とリスフラン関節（足根中足関節：3つの楔状骨と立方骨及び中足骨の間の関節）により、後足部、中足部、前足部の3つに分けられます。

　足部の骨は上方に向かうに従って軽くカーブしながら配列しています。この形状を足のアーチといい、外側縦アーチ、内側縦アーチ、中足骨アーチ、横アーチに分類できます（図3-6）。足のアーチには、足底への衝撃を吸収して荷重ストレスを分散する役割があります。

　アーチの保持には、骨、靱帯、筋が関係しています（図3-7、3-8）。

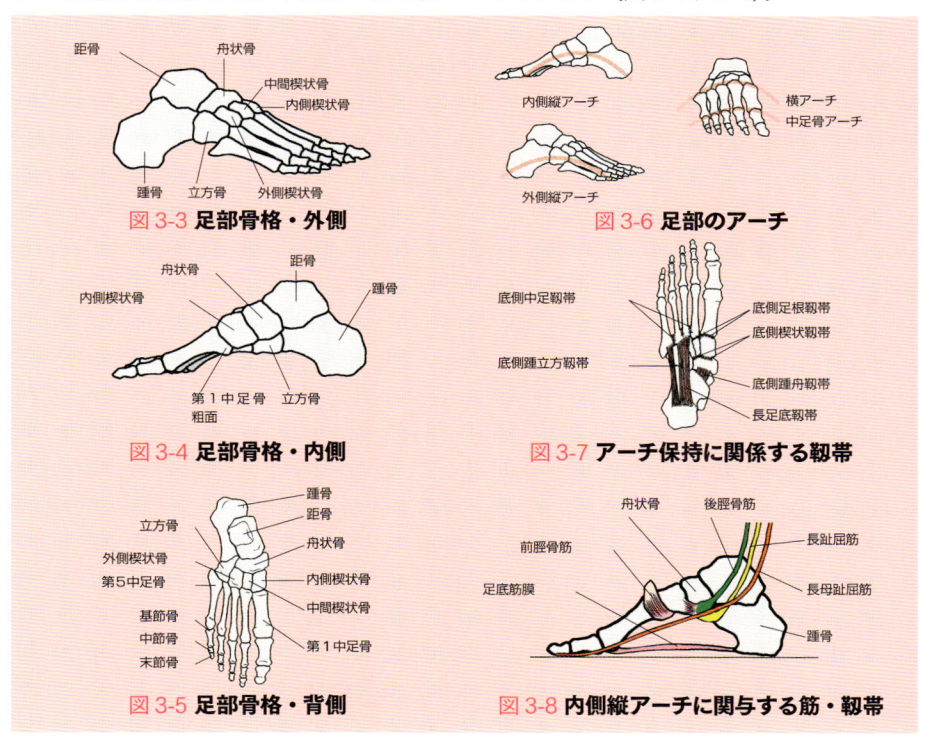

図 3-3 **足部骨格・外側**

図 3-6 **足部のアーチ**

図 3-4 **足部骨格・内側**

図 3-7 **アーチ保持に関係する靱帯**

図 3-5 **足部骨格・背側**

図 3-8 **内側縦アーチに関与する筋・靱帯**

2 足部のスポーツ外傷・障害

代表的な足部のスポーツ外傷・障害

　足部に見られる代表的なスポーツ外傷・障害には、中足骨疲労骨折、舟状骨疲労骨折、ジョーンズ骨折、外脛骨障害、リスフラン関節損傷、扁平足障害、足底筋膜炎、外反母趾、アキレス腱付着部炎などがあります。テーピングよって対応が可能な3つの外傷・障害について紹介します。

扁平足障害

　一般に内側縦アーチの低下した足部を扁平足といいます。原因は、足趾の運動性の低下（足趾が動かない）、アーチを支える底側踵舟靱帯の緩みや後脛骨筋、長母趾屈筋などの筋力低下など、さまざまです。

　扁平足になると運動時の衝撃吸収作用が低下するため、下腿から足部にかけての筋肉が疲労しやすくなり、足部の痛みやシンスプリント（過労が原因で起こる下腿の痛み）などの下肢のスポーツ障害を引き起こします。テーピングは、アーチの機能をサポートし、下腿から足部にかけての筋疲労の緩和や予防を目的としています。

足底筋膜炎

　足底筋膜のオーバーユースによる炎症です。足底筋膜は踵骨の内側前面から足底に広がり、前足部に付着して足部の筋や靱帯とともにアーチを保持しています（p77、図3-8）。荷重によりアーチが低下すると足底筋膜は伸長されます。また、歩行時の足底の接地から蹴り出し（つま先が床から離れるとき）の動きでさらに強く伸長されます。このように荷重や歩行（ランニング）を繰り返すことで足底筋膜は常に伸長され、それにより微細な断裂が起こり、足底筋膜炎となります。痛みは踵骨との付着部付近で起こりやすいのが特徴です。

　テーピングは、踵骨付近のアーチサポートを行い、足底筋膜の緊張を軽減させます。

外反母趾

　外反母趾とは、第1中足趾節関節（MP関節）で母趾が外反変形（小趾側に反る）している状態です。変形が進むと母趾が回内し、爪が内側に向いたようになります。

　症状としては、突出した箇所の皮下組織が肥厚し、炎症を起こして痛みを覚えます。関節機能障害などもあります。母趾球への異常な荷重が原因で生じる皮膚の肥厚や、母趾MP関節内側足底部の胼胝も見られます。

　スポーツ動作では、母趾への荷重ができなくなり、ランニング時に母趾の蹴りが利かなくなります。テーピングは軽度の変形に対して効果的です。母趾の基節骨と第1中足骨の位置関係を正常に近づけて、運動障害や痛みを改善します。

2 扁平足のテーピング

下肢に障害をもたらす

扁平足とは、一般的に内側縦アーチの低下をいいます。下肢に発生する障害には扁平足が原因となっているものが多く存在します。シンスプリント、足底筋膜炎、アキレス腱炎、有痛性外脛骨、鵞足炎などが扁平足がきっかけとなりうる主な障害です。

扁平足のテーピングはこれらの障害の対応策としても有効です。

また、扁平足の足部は全体に柔らかく、歩行時にテコの作用による推進力が低下しています。アーチサポートのテーピングは、足部を硬くして歩行をスムースにする効果もあります。

テーピング以外では、足底板（インソール）による調整が効果的です。医療機関や専門家に相談して、足とシューズに合ったインソールを試してみるとよいでしょう。

2 テーピングの流れとポイント

縦と横のサポートテープ

アーチの低下が原因で扁平足となった足に対して、アーチの機能をサポートし、下腿から足部にかけての筋疲労の緩和や予防を目的とするテーピングを紹介します。

テーピングの流れは、ポジショニング→アンカー→縦のサポートテープ→アンカー→横のサポートテープ→アンカー→ラッピングになります。

最初のアンカーから最後のアンカーまでホワイトテープで行い、ラッピングのみ、ソフトタイプのエラスティックテープを用います。

テーピングのポイント

1. 縦と横のサポートテープは、アーチを下から支えるように、足底を押し上げながら貼る。

2. 足部はシューズの摩擦によってテープズレが起こりやすいので、テープのシワが寄らないように注意する。

ポジショニング1
巻かれる人は長座になり、巻く人は足の正面に位置する

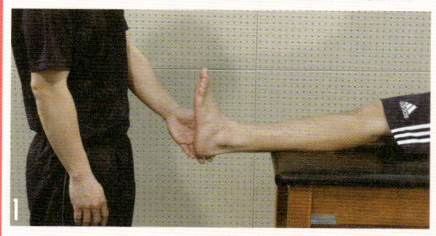

ポジショニング2

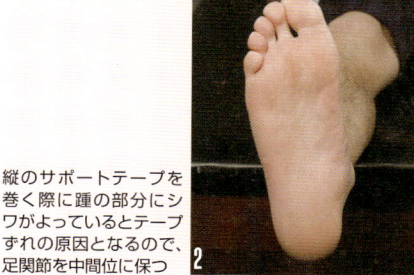

縦のサポートテープを巻く際に踵の部分にシワがよっているとテープずれの原因となるので、足関節を中間位に保つ

③ アーチを支えるテーピング

縦のサポートテープと横のサポートテープでアーチを支えます。ほとんどホワイトテープで行い、最後のラッピングのみエラスティックテープを用います。

使用テープ ● ホワイトテープ 25mm、エラスティックテープ 50mm（ソフトタイプ）

アンカー

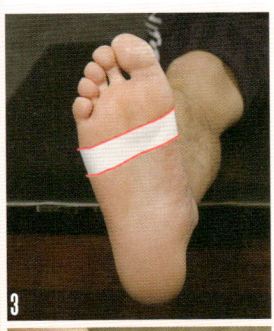

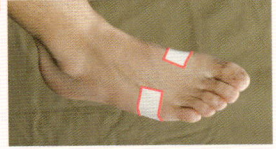

③ 母趾球（足の親指の付け根のふくらんでいるところ）と小趾球（足の小指の付け根のふくらんでいるところ）を結ぶようにアンカーテープを貼る。アンカーの両端を足背部に少しかける

縦のサポートテープ1

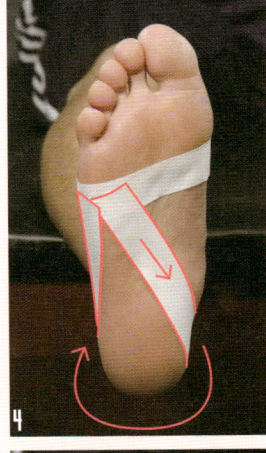

④ 小趾球のアンカーからスタートし、足底を斜めに通って踵を回り、スタート位置を目指して巻いていく。テープが浮かないように、また、アキレス腱にかからないように注意する

縦のサポートテープ2

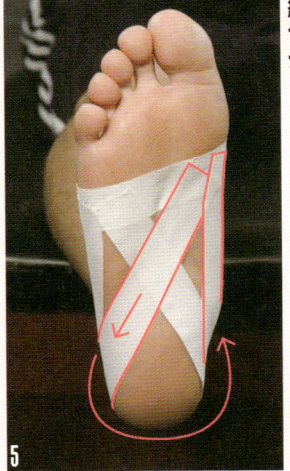

⑤ 母趾球側からスタートして巻いていく。手順は縦のサポートテープ1と同様

縦のサポートテープ3

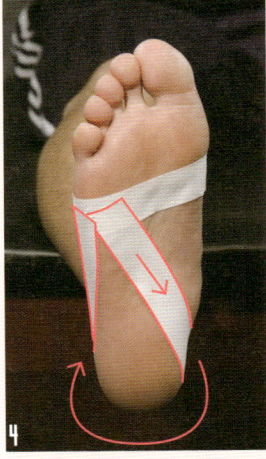

⑥ さらに数回、小趾球側、母趾球側と順番に巻いていく。上に重ね合わせるのではなく、足底中央に少しずつずらしながら、足底を覆うようにしていく

アンカー

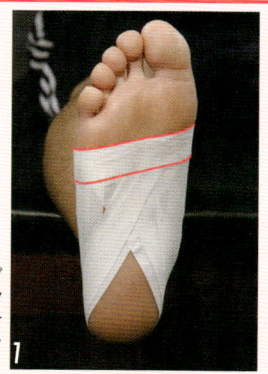

縦のサポートテープのスタート地点をアンカーで止める。アンカーの両端を足背部に少しかける

横のサポートテープ1

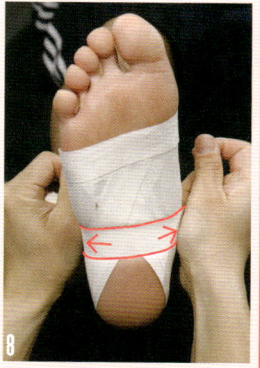

踵に近いところからスタートし、足底を押し上げることを意識して均等に貼っていく。アンカー同様、テープの両側を足背部に少しかける

横のサポートテープ2

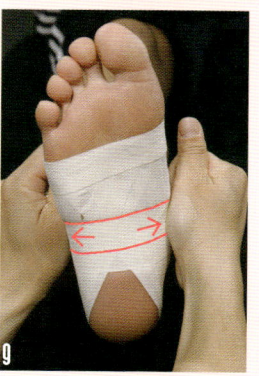

上のアンカーまで横のサポートテープを貼っていく。このとき、先に貼った横のサポートテープに半分重ねて貼る

横のサポートテープ3

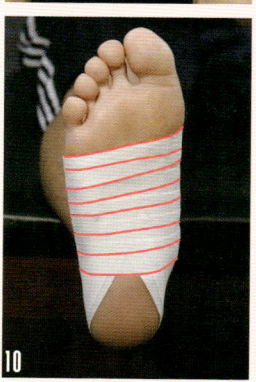

横のサポートテープの完成形。縦のサポートテープを覆った状態となる

アンカー

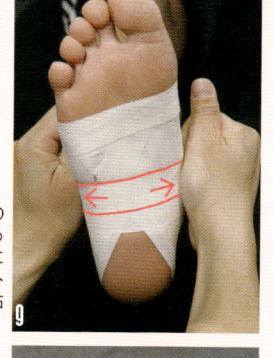

横のサポートテープのスタート地点から、縦にアンカーを貼る（両側）

ラッピング

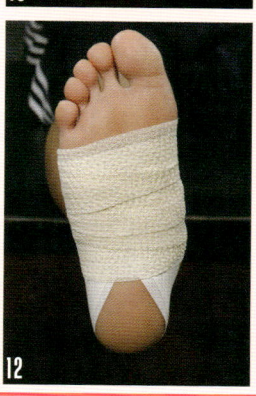

ソフトタイプのエラスティックテープ 50mm を用いてラッピングする

3 足底筋膜炎のテーピング

1 足底筋膜炎とアーチの低下

牽引性のストレスを軽減

足底筋膜は、アーチの低下により牽引性のストレスを受けやすく、それが足底筋膜炎の原因となります。

また、歩行における蹴り出し時（つま先が床から離れるとき）には、足趾の背屈動作が起こり、そのときにも足底筋膜は伸長します。マラソンランナーや長距離選手に足底筋膜炎が多く起こるのは、ランニングで足趾の背屈動作を繰り返すことで頻繁に足底筋膜を伸長しているからです。

痛みは踵骨内側の足底筋膜付着部に出やすいため、その周囲のアーチサポートを行います。

足底筋膜炎が発生するそのほかの原因としては、ハイアーチ（アーチが高い状態）、下腿三頭筋の柔軟性の低下、前足部の柔軟性に乏しいランニングシューズの使用などが考えられます。ハイアーチが原因の場合には、足底板を用いて内側縦アーチをサポートする方法が効果的です。

2 テーピングの流れとポイント

斜めのサポートテープ

足底筋膜へのストレスを解消するテーピングの流れは、ポジショニング→アンカー→斜めのサポートテープ→アンカー→ラッピングになります。サポートテープまでは

ホワイトテープ、ラッピングはソフトタイプのエラスティックテープを用います。

まずは、痛みのある箇所を触診で確認します。痛みのある箇所よりも足底筋膜の末梢部近くに貼る斜めのサポートテープは、やや強めにすることがポイントです。最後はサポートテープが荷重ではがれないように、エラスティックテープでラッピングします。

サポートを軽めにしたい場合や、足関節のテーピングとアーチのテーピングとを併用したい場合には、足底のフィギュアエイトを用いると便利です。

テーピングのポイント

1. 斜めのサポートテープはアーチを下から支えるように、足底をもち上げるようにして貼る。

2. 触診で痛みの箇所を確認したら、その箇所よりも足底筋膜の末梢部に貼る斜めのサポートテープは、やや強めに貼る。

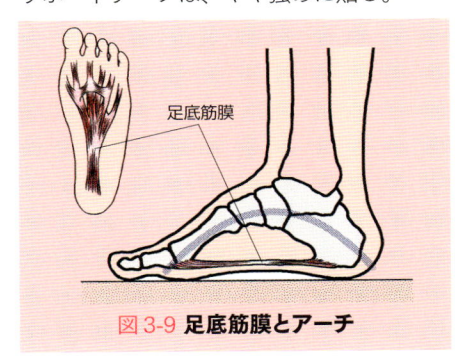

図 3-9 **足底筋膜とアーチ**

3 足底筋膜のストレスを解消するテーピング

斜めのサポートテープでアーチを支えます。牽引痛や圧痛があるところより足底筋膜の
末梢近くにはテープを強めに貼ります。最後のラッピングのみエラスティックテープを
用います。

使用テープ ●ホワイトテープ 25mm、エラスティックテープ 50mm（ソフトタイプ）

牽引痛・圧痛の確認

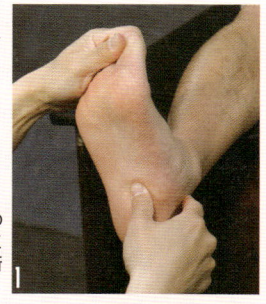

牽引痛や圧痛は踵骨の内側付近に見られることが多い。痛みの場所を触診で確認する

アンカー

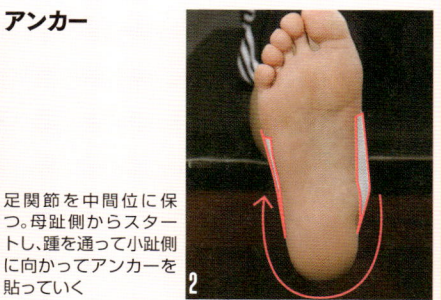

足関節を中間位に保つ。母趾側からスタートし、踵を通って小趾側に向かってアンカーを貼っていく

**斜めの
サポートテープ1**

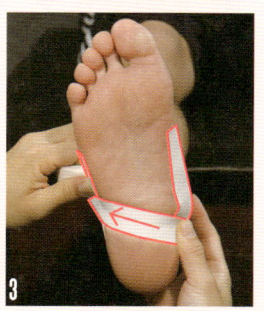

アンカーの内側（母趾側）から外側（小趾側）へ向かって、斜めにサポートテープを貼る

**斜めの
サポートテープ2**

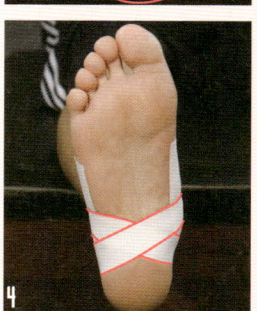

外側から内側へ向かって、斜めにサポートテープを貼る。サポートテープ1の足底の中央で交差するようにする

**斜めの
サポートテープ3**

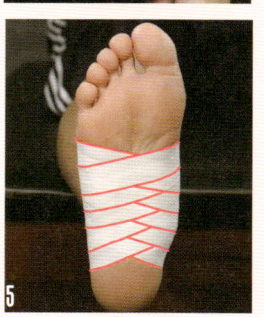

内側から外側へ、外側から内側へと、交互に重ねながら、サポートテープを貼る

アンカー

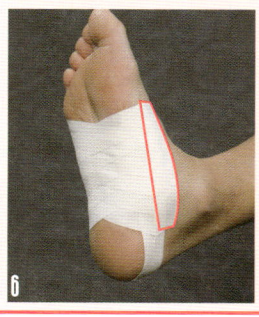

両側にアンカーを貼る。このあと、ソフトタイプのエラスティックテープでラッピングをする。足背部と踵骨はあけておく

4 軽めのサポートテープ（足底のフィギュアエイト）

サポートを軽めにしたい場合や、足関節のテーピングとアーチを支えるテーピングとを併用したい場合に用います。

使用テープ●エラスティックテープ 50mm（ソフトタイプ）

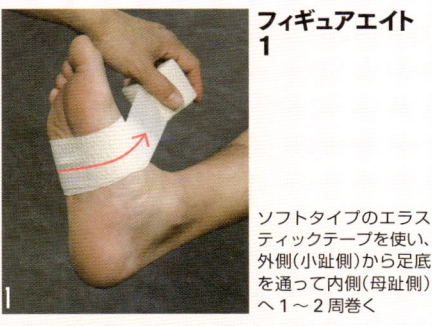

フィギュアエイト 1

ソフトタイプのエラスティックテープを使い、外側（小趾側）から足底を通って内側（母趾側）へ1～2周巻く

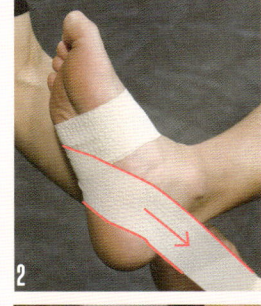

フィギュアエイト 2

足底を斜めに通って踵骨に向かって巻いていき、アキレス腱で折り返す

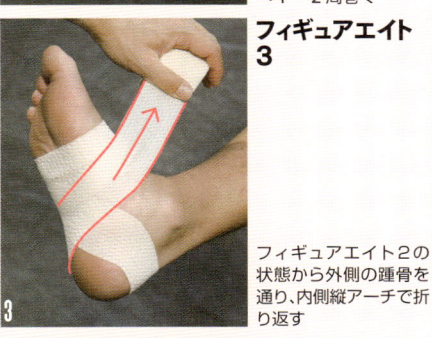

フィギュアエイト 3

フィギュアエイト2の状態から外側の踵骨を通り、内側縦アーチで折り返す

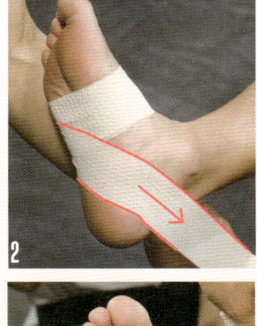

フィギュアエイト 3（足底から）

アキレス腱で折り返したテープが、足底の中央で反対側から巻いたテープと交差しているのがわかる

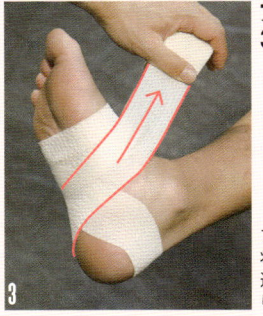

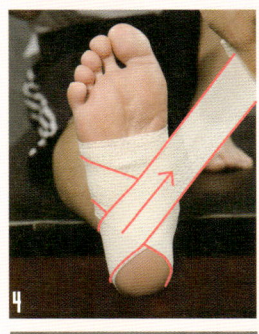

フィギュアエイト 4

フィギュアエイト3の状態から足背部を1周して2～3を繰り返す

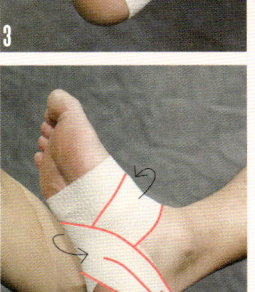

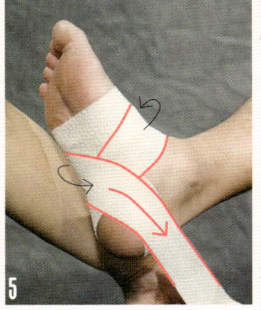

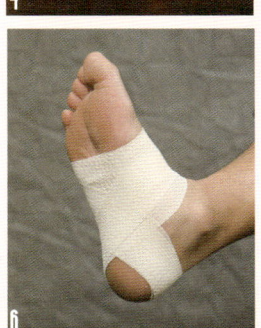

フィギュアエイト 5

軽めのサポートテープの完成

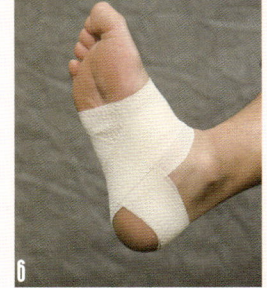

4 外反母趾のテーピング

1 外反母趾の原因

開張足から外反母趾へ

　開張足が原因で外反母趾になります（図3-10）。開張足とは、横アーチの低下から各中足骨の骨間が開き、足部が横に広がった状態です。その結果、シューズ内で足趾が圧迫され、母趾の外反が起こります。

　外反母趾の症状は、変形に伴うバニオンや、胼胝による局所の痛みや関節機能障害があります。バニオンとは、第1中足骨骨頭内側の皮下組織が肥厚することであり、その部分が靴による圧迫や摩擦で刺激を受けて炎症が発生して痛みを伴います。胼胝とは、異常な荷重が原因で生じる皮膚の肥厚です（p83参照）。胼胝は母趾MP関節内側足底部に見られます。

　関節機能障害はMP関節の変形によって起こり、母趾の底屈・背屈運動が困難になります。また、局所の痛みや変形が原因で母趾に力が入らなくなります。歩行やダッシュ時の母趾の「蹴り」が効かなくなり、パフォーマンスの低下を招きます。

2 テーピングの流れとポイント

縦のサポートテープとXサポート

　テーピングの流れは、ポジショニング→アンカー→縦のサポートテープ→Xサポート→アンカー→アンカーになります。最後のアンカーをエラスティックテープで巻きます。固定力を強めたい場合は、ホワイトテープを用います。

　テーピングが有効なのは、軽度の母趾外反によって母趾MP関節内側に運動痛がある場合です。母趾の外反を制限することによって運動時の局所の痛みを軽減させることが目的となります。

　関節の変形が著しい場合は、テーピングは適応外です。

テーピングのポイント

1. Xサポートによる母趾の外反制限は、母趾を内側に引っ張りながら貼るのではなく、あらかじめ内側に寄せておいた位置を維持した状態で貼っていく。

2. Xサポートは母趾MP関節面上で交差させ、関節部を小趾側へ押し込むように貼る。

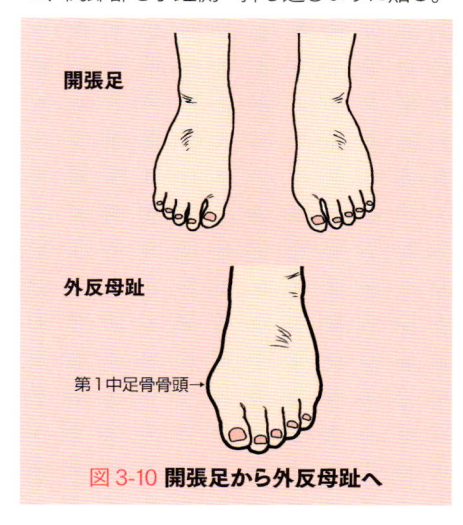

開張足

外反母趾

第1中足骨骨頭→

図 3-10 開張足から外反母趾へ

3 母趾に対する外反制限のテーピング

母趾を正しい位置にした上で、縦のサポートテープとXサポートを貼り、母趾の位置を維持します。最後のラッピングは固定力に応じてテープを使い分けます。

使用テープ●ホワイトテープ 19mm もしくは 25mm、エラスティックテープ 50mm（ソフトタイプ）

アンカー

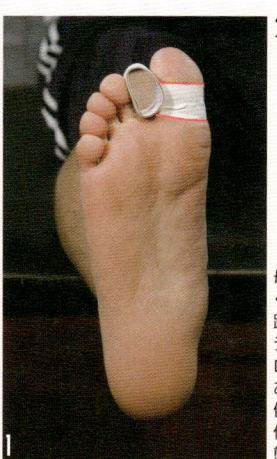

1 母趾にアンカーを巻く。このとき母趾と示趾（人差し指）の間にテーピングテープのロール芯などを挟み、あらかじめ母趾を内側に寄せておき、その位置をキープした状態で貼る

縦のサポートテープ（外反制限1）

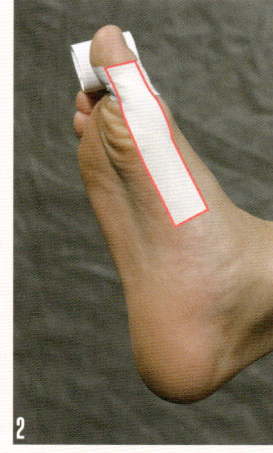

2 アンカーからまっすぐに外反制限のテープを貼る

Xサポート（外反制限2）

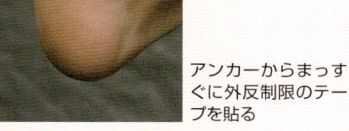

3 母趾の中足趾節関節付近（×印）で、外反制限1のテープと交差させ、突出した関節部を小趾側へ押し込むように貼る。
症状に応じて、外反制限を1〜2セット巻く

アンカー1

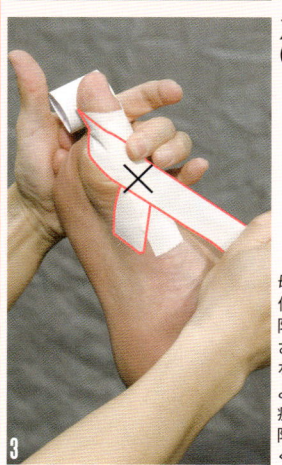

4 ロールを外して母趾にアンカーを巻く。このとき、外反制限のテープの端がアンカーからはみ出さないように注意する

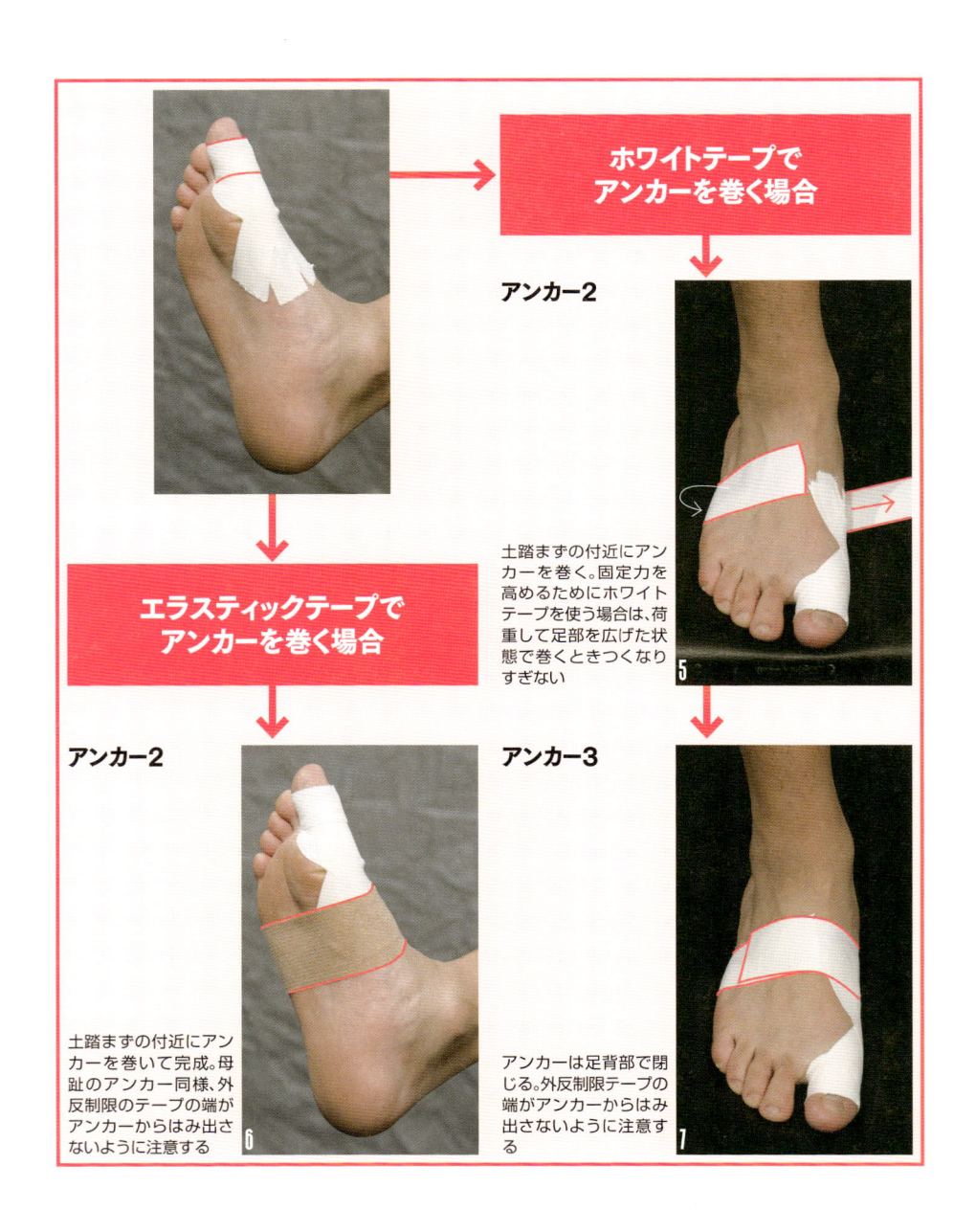

ホワイトテープで
アンカーを巻く場合

アンカー2

土踏まずの付近にアンカーを巻く。固定力を高めるためにホワイトテープを使う場合は、荷重して足部を広げた状態で巻くときつくなりすぎない **5**

エラスティックテープで
アンカーを巻く場合

アンカー2

土踏まずの付近にアンカーを巻いて完成。母趾のアンカー同様、外反制限のテープの端がアンカーからはみ出さないように注意する **6**

アンカー3

アンカーは足背部で閉じる。外反制限テープの端がアンカーからはみ出さないように注意する **7**

［スポーツ選手の足の皮膚の問題］

胼胝に対する処置

　胼胝（べんち）とは、スポーツ選手の足裏や足趾によくみられるタコのことです。胼胝は、骨と皮膚とに加わる摩擦や圧迫から皮膚を守ろうとする防衛反応が原因となって、皮膚の一部が角化して硬くなったものです。

　盛り上がっているものが胼胝であり、平らで魚の目のように見えるものを鶏眼（けいがん：俗にいう、うおのめ）です。足のほかには、野球・体操・ゴルフ選手などの手掌にも、同じ理由から生じます。

　胼胝ができることは刺激に対する正常の反応なので病気ではありませんが、大きくなると痛みや違和感を伴うので注意が必要です。痛みや違和感がある場合は、ドーナツパッドを当てて患部への刺激を軽減するという方法があります。胼胝による足底の痛みは日常生活に支障をきたす恐れがありますから、症状が改善しない場合には、皮膚科を受診して切除してもらいましょう。

第2、3趾間の胼胝とアーチ

　足の裏を見て第2趾と第3趾の間（人差し指と中指の間）に胼胝がある場合、横アーチが低下していると考えられます。外反母趾のテーピングのページでも少し触れましたが、横アーチが低下すると足趾が横に拡がり開張足となります。開張足になると第2、3趾間に歩行時の圧が集中して、有痛性の胼胝が出現するのです。

　このような場合には、ストレッチングと筋力トレーニングを行います（p178）。シューズも大切であり、前足部が広く足に合したものを選択します。縦アーチと横アーチが低下している場合には、足底板を装着します。胼胝など中足部痛を伴った例では、中足パッド付きの足底板にするとよいでしょう。

水疱に対する処置

　胼胝と並んで多い皮膚の問題に、水疱（マメ）が挙げられます。水疱は皮膚の摩擦が原因で表皮の内側に体液（滲出液）がたまった状態をいいます。新しいシューズやサイズの合わないシューズを履いたときに、踵や母趾、小趾などにできます。

　運動中にできた水疱は、水疱による痛みがないのであれば、そのままにしておきます。皮膚を切開して無理に体液を抜く必要はありません。つぶれたときのことを考えて、ガーゼを当てておき、摩擦を軽減するためにワセリンやパウダーなどつけておきます。

　水疱によって患部に痛みが生じ、競技中に支障をきたす場合は、体液を抜くことがあります。皮膚に滅菌した針を刺して体液を出し、患部を消毒して滅菌ガーゼやマメ用のパッドを貼り、その上からテープで固定します。そのままにして表皮が破れてしまった場合も同様です。ポイントは、破れた表皮は取り去らず、そのまま残しておくことです。破れた表皮が乾燥を防ぎ、表皮の再生に必要な湿潤環境を整えるためです。

　また、新しいシューズを履く場合は、水疱のできやすい部位にワセリンを塗るとか、ソックスを2枚重ねて履くなどして予防するとよいでしょう。

　外反母趾の場合は、母趾と第2趾との間に水疱ができる場合があります。そのときは、市販の趾間用パッドを用いるとよいでしょう。つけたまま靴を履くことができるので、長時間の装着が可能です。

≪3 膝関節

| 膝関節の機能解剖とスポーツ外傷・障害

1 膝関節の機能解剖

関節の特徴

膝関節は、膝蓋骨、大腿骨、脛骨から構成され（図3-11）、膝蓋骨と大腿骨からなる膝蓋大腿関節と、大腿骨と脛骨からなる脛骨大腿関節とに分類されます。

膝関節をたとえるなら、脛骨のテーブル上に大腿骨のボールを置いたような形状で、骨性の安定構造がありません。そのため半月板・靭帯・筋肉などによって関節が支持されています。

半月板は、球体が平面上で転がらないようにするための座布団のような役割をもち、脛骨と大腿骨の関節面の適合を良好にし、安定感を保持します。筋肉は、大腿四頭筋やハムストリングスなどが膝関節の安定性に関係しています。これらの筋肉は、外傷の原因となる膝関節にかかる外力を吸収し、靭帯損傷を防ぐ働きがあります。

靭帯

膝関節を安定させる主な靭帯は4つあります（図3-11）。内側側副靭帯（MCL：Medial Collateral Ligament）は、膝関節内側を支持して関節の外反を防ぎます。外側側副靭帯（LCL：Lateral Collateral Ligament）は、膝関節外側を支持して内反を防ぎます。外反は下腿が外側へ反ることをいい、内反は内側へ反ることです。

前十字靭帯（ACL：Anterior Cruciate Ligament）は脛骨の前方への移動を防ぎ、後十字靭帯（PCL：Posterior Cruciate Ligament）は後方への移動を防ぎます。また、両靭帯は膝関節の回旋も制限します。

関節の動きと筋肉

膝関節の動きは伸展と屈曲になります。伸展は膝を伸ばす動きであり、大腿四頭筋が作用します。屈曲は膝を曲げる動きであり、ハムストリングスの働きによって行われます。

2 膝関節のスポーツ外傷・障害

代表的な膝関節のスポーツ外傷・障害

膝関節のスポーツ外傷・障害には、内側側副靭帯損傷、前十字靭帯損傷、後十字靭帯損傷、半月板損傷、タナ障害、膝蓋腱炎、鵞足炎、腸脛靭帯炎、オスグッド病などが

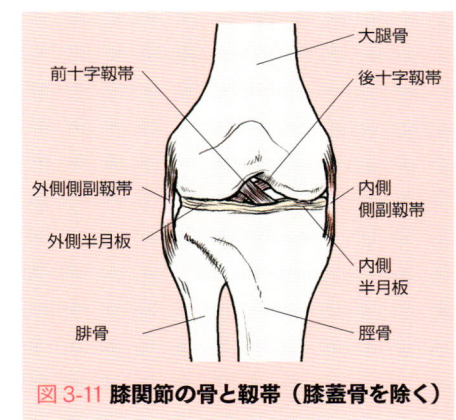

図3-11 **膝関節の骨と靭帯（膝蓋骨を除く）**

前十字靭帯 ／ 大腿骨 ／ 後十字靭帯 ／ 外側側副靭帯 ／ 外側半月板 ／ 腓骨 ／ 内側側副靭帯 ／ 内側半月板 ／ 脛骨

あります。

前十字靱帯（ACL）損傷

　症状は膝関節前方の不安定性です。膝伸展動作の際に脛骨が大腿骨に対して前方へ亜脱臼して、膝の力が抜ける"膝くずれ"（giving way）が現れます。受傷機転は、外力により膝関節が過伸展や外反して受傷する接触型損傷と、急激なストップやターンなどの動作で、下腿が前方に強く引き出される、過度な回旋を強制されることで受傷する非接触型損傷とがあります。非接触型損傷は、女子選手に多く発生します。

　治療法は、保存療法よりも、靱帯を再建する手術療法を行う場合がほとんどです。

内側側副靱帯（MCL）損傷

　症状は、膝関節内側の不安定性です。損傷の程度は3段階に分類されます（p53の表3-1参照）。受傷機転は、コンタクトスポーツ、非コンタクトスポーツにかかわらず、膝関節外反が強制されて損傷します。ほとんどが、筋力トレーニングや装具を用いた保存療法をとります。

後十字靱帯（PCL）損傷

　症状は、膝関節後面の不安定性です。特徴的な症状がなくプレーを続けているケースもあります。急性期には、膝窩部の圧痛が認められます。グラウンドに膝を突く形で膝を強打した場合や、前方からタックルを受けるなど、膝関節屈曲位で脛骨を後方へ押し込むような力が加わると受傷します。

　治療方法としては、筋力トレーニングや装具を用いた保存療法をとります。

ジャンパー膝（膝蓋靱帯炎）

　症状は、膝蓋骨と膝蓋靱帯周囲の運動痛と圧痛です。膝蓋骨下端と膝蓋靱帯の境界部に痛みが出やすいため、膝蓋靱帯炎とも呼ばれます。ジャンプと着地の繰り返しで大腿四頭筋が頻繁に収縮し、膝蓋靱帯に負担がかかることによって発生します。特に着地時に大腿四頭筋の収縮と膝関節の屈曲位が膝蓋靱帯に牽引性のストレスを与えます。

　治療方法は、ジャンプ動作を極力減らし、大腿四頭筋をストレッチします。テーピングやサポーターを用いて運動中に膝蓋靱帯への牽引ストレスを弱めるのも有効です。

膝蓋骨脱臼

　大腿骨と膝蓋骨との関節面が安定しない場合、大腿四頭筋の収縮をきっかけとして膝蓋骨が外側に引っ張られて発生します。受傷時に膝関節の自動・他動伸展によって自然に整復することが多く、脱臼の自覚がない場合もあります。

　脱臼予防として専用サポーターやテーピングを使用します。

2 前十字靭帯損傷のテーピング

前への動きを防ぐ

　前十字靭帯（ACL）は、膝関節の内部にある靭帯の1つです。膝関節の内部にある前十字靭帯と後十字靭帯は、膝関節の前後へのズレと回旋を防ぐ役割を担っています。前十字靭帯を損傷すると、膝関節前方と回旋動作が不安定になり、膝関節の不安定感を訴えます。

　受傷直後の新鮮例は、治療過程で膝用装具（ニーブレース）を用います。テーピングは、リハビリ段階や復帰の際に行います。また、装具をしていると動きにくい場合や競技ルールで装具の使用が制限されている場合にも使用します。

　陳旧例（過去のケガ）においてもテーピングが有効です。ただ、膝関節の不安定感が強く、膝くずれが頻発する場合は適応外となります。

2 テーピングの流れとポイント

Xサポートを活用

　前十字靭帯損傷のテーピングは、膝関節の外反と過伸展の制限、下腿の前方への引き出し、過度な回旋を制限することを目的に行います。

　テーピングの流れは、ポジショニング→レースパッド→アンダーラップ→アンカー→Xサポート→スパイラルテープ→スプリットテープ→アンカー→ラッピングになります。テーピングのほとんどはエラスティックテープで行いますが、Xサポートはホワイトテープかエラスティックテープで行います。ラッピングはソフトタイプのエラスティックテープを用います。

テーピングのポイント

1. 膝関節の過伸展と過度な回旋の制限にはスパイラルサポート、下腿の前方動揺性の制限にはXサポート、というように、サポートテープの目的を理解して用いる。

［膝とつま先の位置関係］

　膝関節のテーピングは、股関節中間位を保ち、膝蓋骨とつま先とが正面を向いた位置で行います。つま先が外を向いて下腿が回旋している状態でテーピングを行うと、下腿の回旋を維持するテーピングになってしまいます。

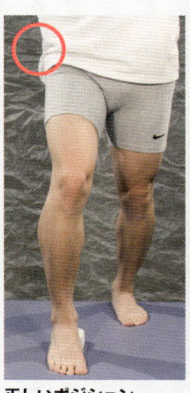

正しいポジション
膝蓋骨とつま先が正面を向いている

誤ったポジション
つま先が外を向いて下腿が回旋している

テーピングの流れ

ポジショニング → レースパッド → アンダーラップ → アンカー → Xサポート →
→ スパイラルテープ → スプリットテープ → アンカー → ラッピング

3 前十字靱帯損傷のテーピング

エラスティックテープで巻きます。Xサポートはホワイトテープを用いることもあります。ラッピングはソフトタイプのエラスティックテープを用います。

使用テープ●ホワイトテープ 50mm、エラスティックテープ 75mm（ソフトタイプ）

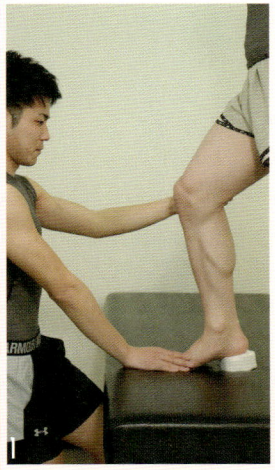

ポジショニング1

巻かれる人は膝関節を軽度屈曲位に保ち、巻く人は脚の正面に位置する

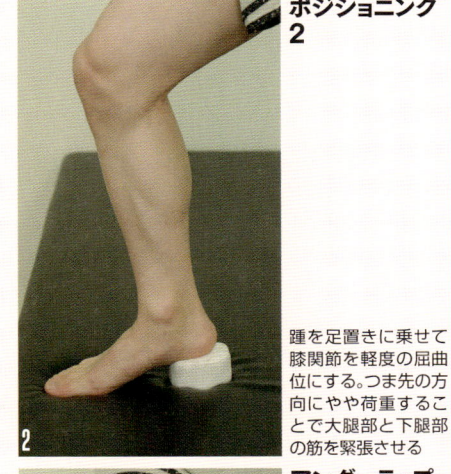

ポジショニング2

踵を足置きに乗せて膝関節を軽度の屈曲位にする。つま先の方向にやや荷重することで大腿部と下腿部の筋を緊張させる

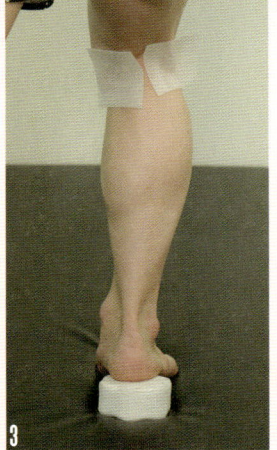
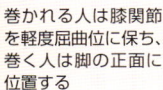
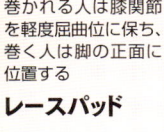

レースパッド

膝窩部にレースパッドを当て、ハムストリングスの腱を保護する

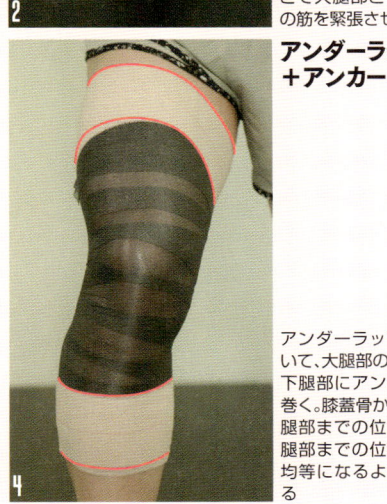

アンダーラップ ＋アンカー

アンダーラップを巻いて、大腿部の中央と下腿部にアンカーを巻く。膝蓋骨からの大腿部までの位置と下腿部までの位置とが均等になるように貼る

Xサポート（エラスティックテープの場合）

ホワイトテープだと圧迫感を感じる場合にはエラスティックテープを使用する。エラスティックテープを使用する場合は、折り返さなくてもよい

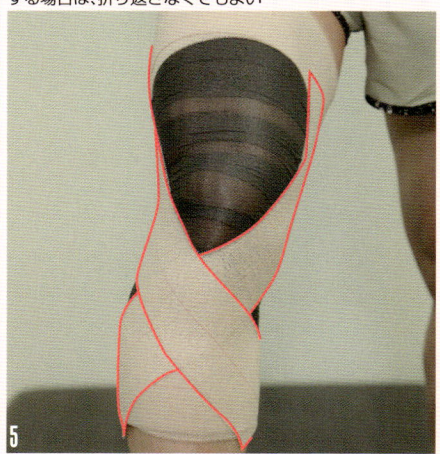

スパイラルテープ1

過伸展と回旋を制限するために内側から外側に向かって巻いていく

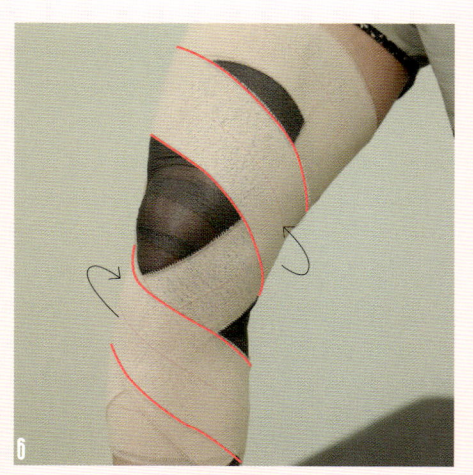

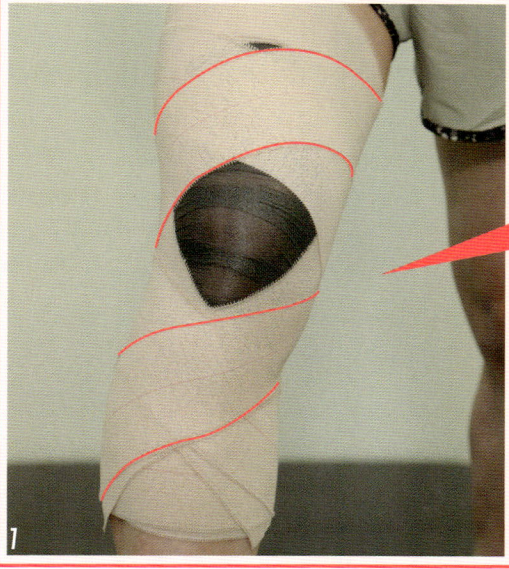

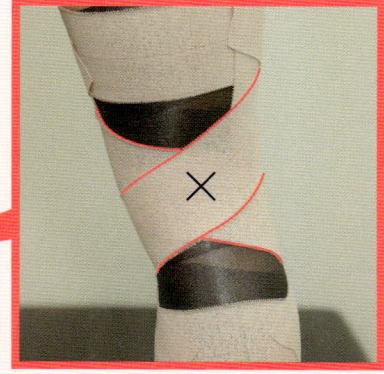

スパイラルテープを膝窩部（×印）で交差するように

スパイラルテープ2

過伸展と回旋を制限するために外側から内側に向かって巻いていく。スパイラルテープ1と膝窩部で交差するように巻く

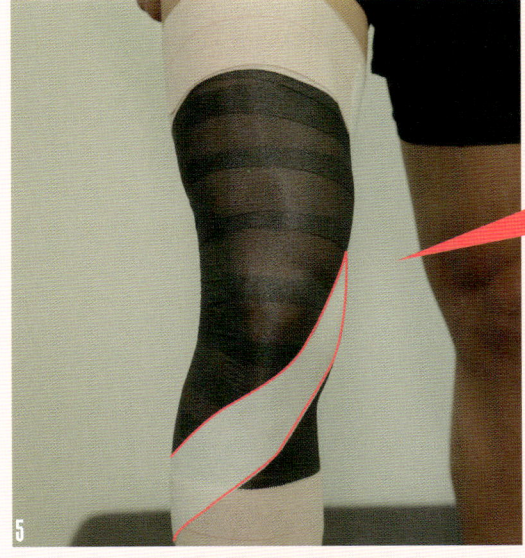

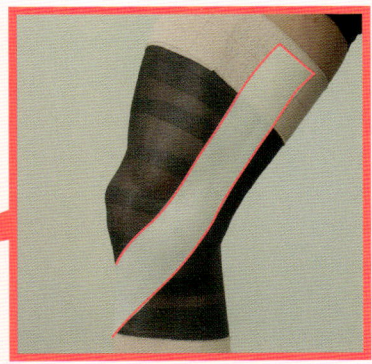

膝蓋骨にテープをかけない

Xサポート（ホワイトテープの場合）

下腿の前方への引き出しを制限するために脛骨を押し込むことが目的。下腿部から大腿部に巻く。膝蓋骨にテープをかけない

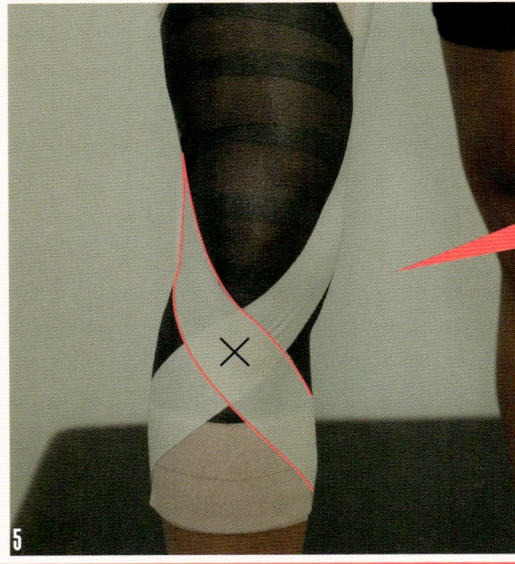

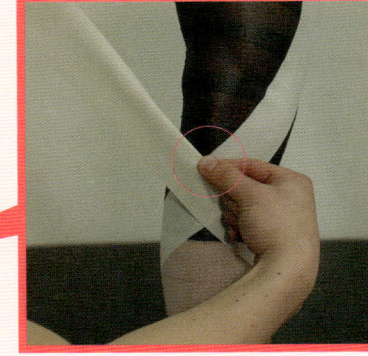

膝関節屈曲時にテープが切れてしまう可能性があるので、膝関節周囲はテープの縁を折り返して二重にする

Xサポート（ホワイトテープの場合）

脛骨粗面（×印）で交差させる。内側をサポートするこのテープは、外反制限の目的で強めるか、もしくは本数を多くする

スプリットテープ1

膝蓋骨周りの補強としてスプリットテープを行う。テープを引き出す

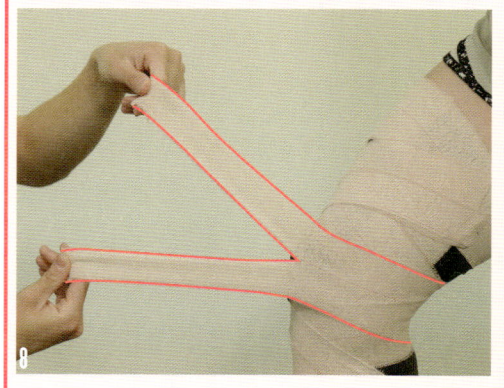

スプリットテープ2

スプリットテープの完成

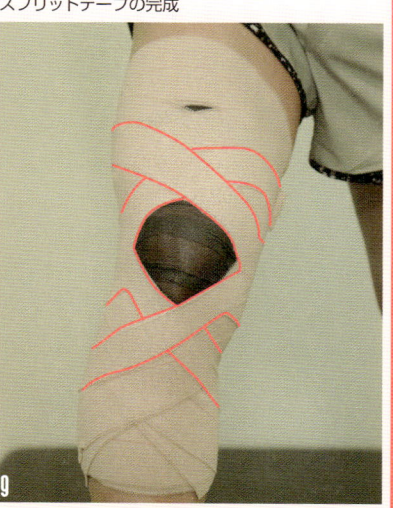

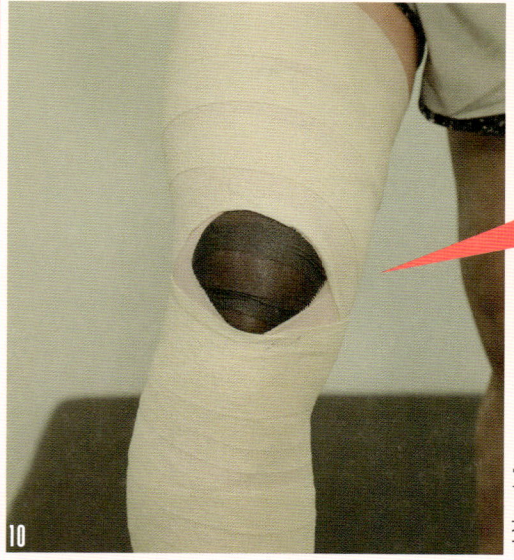

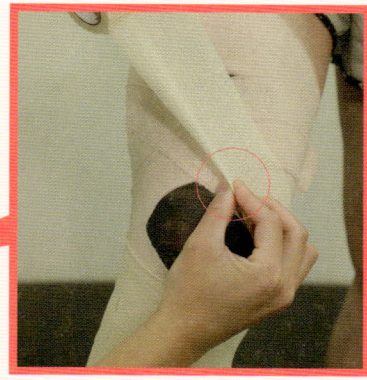

屈曲時にテープが切れてしまわないように、膝関節周囲はテープの縁を折り返して二重にする

アンカー+ラッピング

大腿部と下腿部にアンカーを巻き、ラッピングをして完成

3 内側側副靱帯損傷のテーピング

1 損傷の程度とテーピングの適応

横への動きを防ぐ

　内側側副靱帯（MCL）は、大腿骨内側顆から脛骨内側顆を結んでいる靱帯で、外側側副靱帯とともに膝関節の左右のズレを防いでいます。この靱帯の損傷は、前十字靱帯損傷と並び、膝関節の代表的なスポーツ外傷です。

　テーピングの適応は、損傷の程度によって異なります（p53 の表 3-1 参照）。Ⅰ度損傷の場合は、疼痛がなくなればテーピング後に競技復帰が可能なケースもあります。Ⅱ〜Ⅲ度損傷の場合は、治療やアスレティックリハビリテーションの過程において、テーピングを用います。しかし、競技復帰を目的とした場合は、筋力低下、関節可動域制限などの機能的な問題や損傷した靱帯の治癒状態など、患部の回復状況を見て判断します。

　不安定感（膝関節の内側が開く感覚）が強いにもかかわらず、テーピングに頼って競技復帰をすることは禁忌です。

2 テーピングの流れとポイント

Xサポートとスパイラルテープ

　テーピングは、膝関節の外反と過伸展を制限し靱帯をサポートして関節の安定を図ります。外反はXサポートで、過伸展はスパイラルテープで制限します。テープが膝蓋骨にかからないように注意点します。

　テーピングの流れは、ポジショニング→レースパッド→アンダーラップ→アンカー→Xサポート→スパイラルテープ→スプリットテープ→アンカー→ラッピングになります。ほとんどはエラスティックテープを用い、Xサポートはホワイトテープかエラスティックテープで行います。ラッピングはソフトタイプのエラスティックテープを用います。

テーピングのポイント

1. 内側側副靱帯にストレスがかかる膝関節外反を制限することが大切である。内側側副靱帯の走行に沿ってXサポートを貼り、関節裂隙（れつげき）付近の靱帯上ですべてのXサポートを交差させること。

［足置き用の台の作り方］

　膝のテーピングを行う場合には、足置き用の台として、通常は粘着スプレーのキャップなどを利用します。しかし、キャップはプラスチックで壊れやすいので、テープを使い切って残ったロール芯を利用して、足置き用の台を作りましょう。写真は7つのロール芯をまとめて、ホワイトテープで巻いただけの簡単なものです。意外に頑丈で壊れにくいものができます。

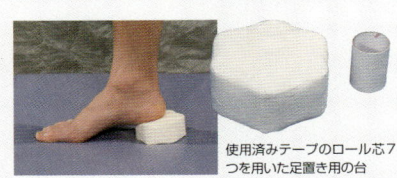

使用済みテープのロール芯7つを用いた足置き用の台

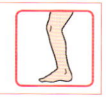
３ 内側側副靱帯損傷のテーピング

エラスティックテープで行い、Xサポートはホワイトテープで行うこともあります。ラッピングはソフトタイプのエラスティックテープを用います。

使用テープ●ホワイトテープ 50mm、エラスティックテープ 75mm

ポジショニング

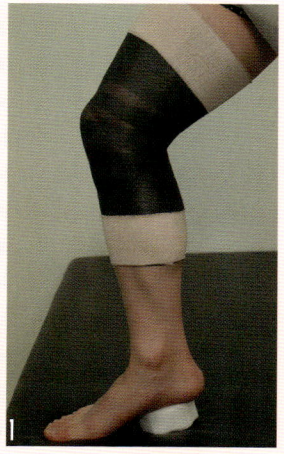

踵を足置きに乗せて膝関節を軽度の屈曲位とする。つま先方向にやや荷重することで大腿部と下腿部の筋を緊張させる

Xサポート1

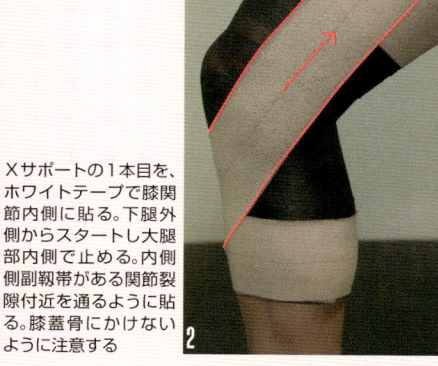

Xサポートの1本目を、ホワイトテープで膝関節内側に貼る。下腿外側からスタートし大腿部内側で止める。内側側副靱帯がある関節裂隙付近を通るように貼る。膝蓋骨にかけないように注意する

Xサポート2

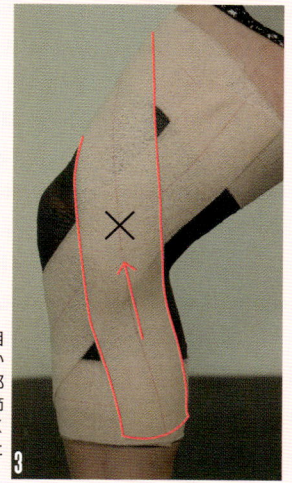

Xサポートの2本目を貼る。下腿内側からスタートし大腿部外側で止める。関節裂隙付近（×印）でXサポートの1本目と交差させる

Xサポート3

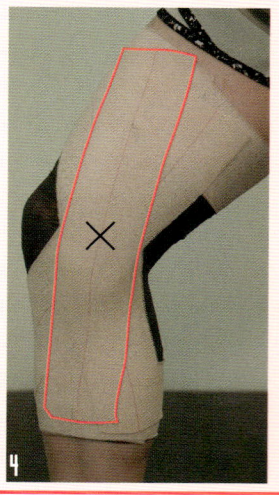

Xサポートの3本目を、膝関節内側中央に貼って完成。関節裂隙付近（×印）でXサポートの1本目、2本目と交差させる

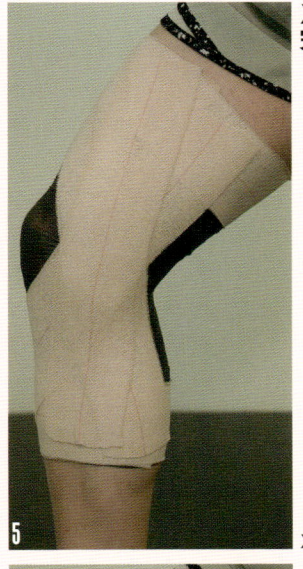

Xサポートの
完成

5

X サポートの完成形

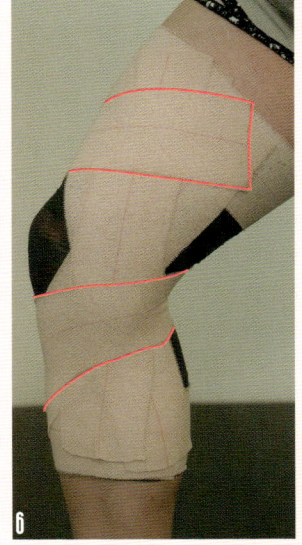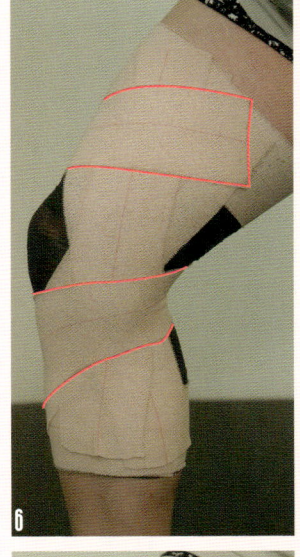

スパイラル
テープ1

6

エラスティックテープを使用し、外側から内側に向かって巻いていくことで過伸展と回旋を制限する

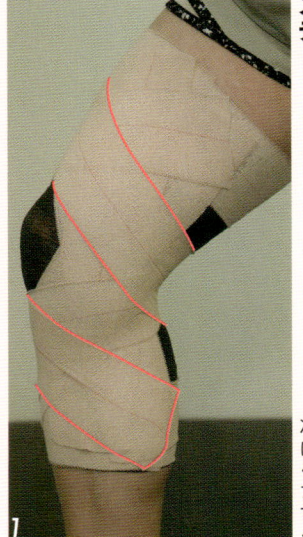

スパイラル
テープ2

7

次に内側から外側に向かって巻いていく。スパイラルテープの1本目と膝窩部で交差するように巻く

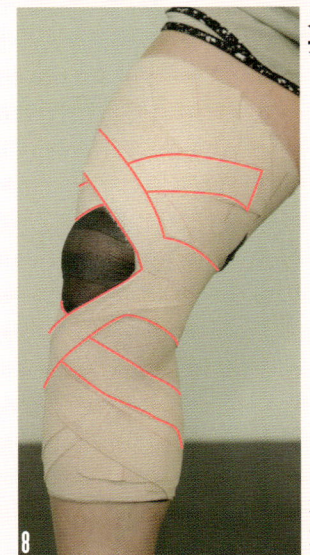

スプリット
テープ

8

スパイラルテープとスプリットテープの完成形

アンカー

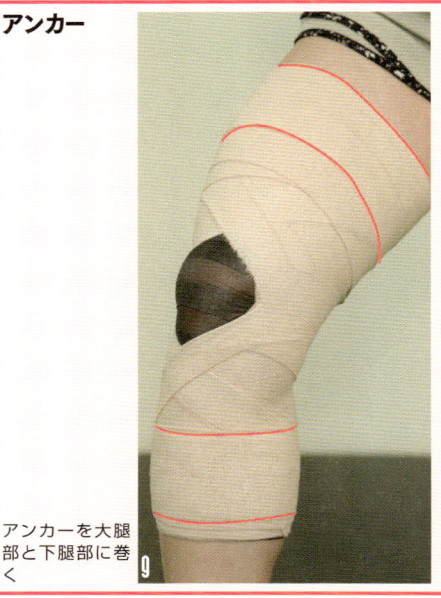

アンカーを大腿
部と下腿部に巻
く **9**

ラッピング

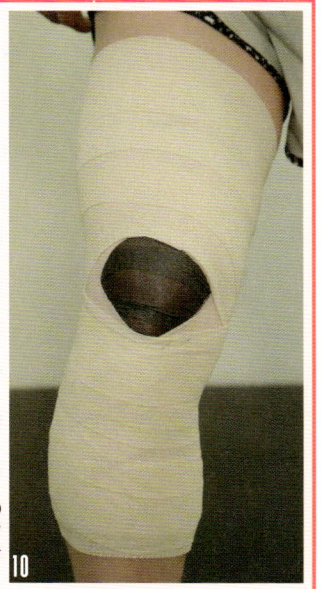

ソフトタイプの
エラスティック
テープで全体を
覆って完成 **10**

［Xサポートテープを交差させる位置の確認方法］

　Xサポートは、内側側副靱帯が走行
する膝関節内側中央部の関節裂隙（脛
骨と大腿骨の関節面）上ですべての
テープが交差するように貼ります。そ
の部分は、膝蓋骨の下縁（膝蓋靱帯
の付着部）とほぼ同じの高さを目安に
します。

　まず❶膝蓋骨の下縁を確認し、❷
膝蓋骨の下縁から膝の内側に指を移
動させて、関節裂隙を確認します。

　この方法は、膝関節靱帯損傷が疑
われる際に、損傷靱帯を確認する場合
に有効です。関節裂隙に鋭い圧痛があ
れば靱帯損傷を強く疑い、スポーツド
クターによる診察を受けましょう。

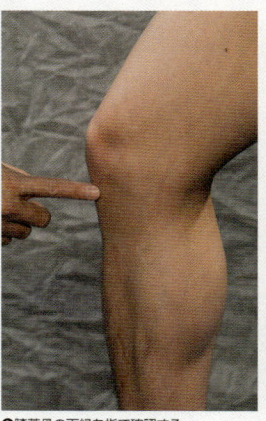

❶膝蓋骨の下縁を指で確認する

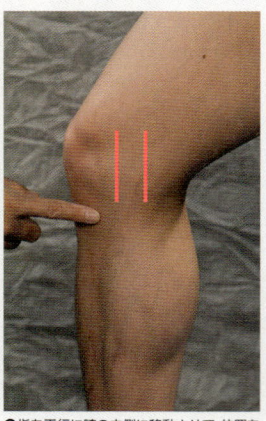

❷指を平行に膝の内側に移動させて、位置を
確認する

4 後十字靱帯損傷のテーピング

1 脛骨の落ち込みと後十字靱帯

膝関節屈曲位で緊張

　後十字靱帯（PCL）は、膝関節の内部で大腿骨と脛骨を結んでいる靱帯です。脛骨の後方への過剰な移動を防ぎ、膝関節屈曲位で緊張します。

　グラウンドに膝を強打する、前方からタックルを受けるなど、膝関節屈曲位で脛骨を後方へ押し込むような力が加わると受傷します（図 3-12）。

　他覚症状は、脛骨の落ち込み（サギングサイン：仰臥位で膝関節を屈曲すると、患側の脛骨粗面が重力によって落ち込む様子が真横から観察される）や、後方押し込みテスト（脛骨近位端を後方に押すと、脛骨が後方にずれる：図 3-13）による脛骨後方への動揺性などが認められます。急性期は、膝窩部の圧痛が特徴です。圧痛のチェックはスポーツ現場での損傷評価に有効です。

　自覚症状は、膝関節運動時の不安定感や痛みを訴えます。また、際だった自覚症状がないとプレーを続けてしまうため、放置されたままのケースも見受けられます。

　治療方法は、筋力トレーニングやテーピング、装具を用いた保存療法になります。

2 テーピングの流れとポイント

膝窩部へのXサポート

　後十字靱帯損傷のテーピングは、Xサポートとスパイラルテープで脛骨の落ち込みを制限し、関節の安定を図ります。後十字靱帯損傷に対しては保存療法が中心なので、テーピングは患部の保護として、アスレティックリハビリテーションの段階から有効です。

テーピングのポイント

1. Xサポートとスパイラルテープは、脛骨の落ち込みを防ぐ目的で、膝窩部のやや下方で交差させる。

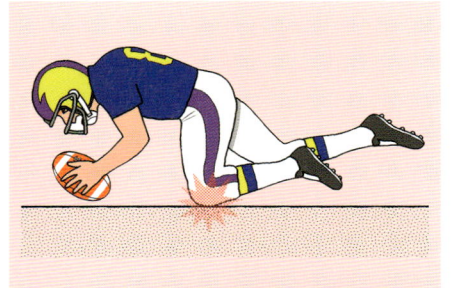

図 3-12 **後十字靱帯損傷の受傷機転（左膝）**

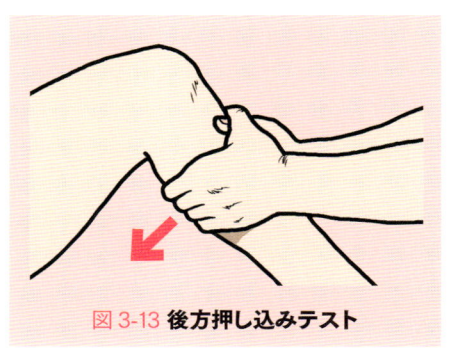

図 3-13 **後方押し込みテスト**

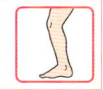

3 後十字靭帯損傷のテーピング

ハードタイプのエラスティックテープで行いますが、Xサポートをホワイトテープで行う
こともあります。ラッピングはソフトタイプを用います。

使用テープ●ホワイトテープ 50mm、エラスティックテープ 75mm

ポジショニング

アンカーを巻き終えたら、巻かれる人に後ろ向きに
なってもらう。巻かれる人は膝関節を軽度屈曲位に保
ち、巻く人は脚の後面に位置する

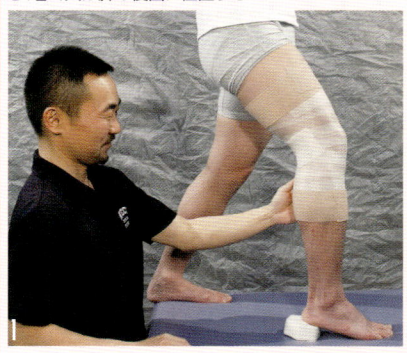

Xサポート1

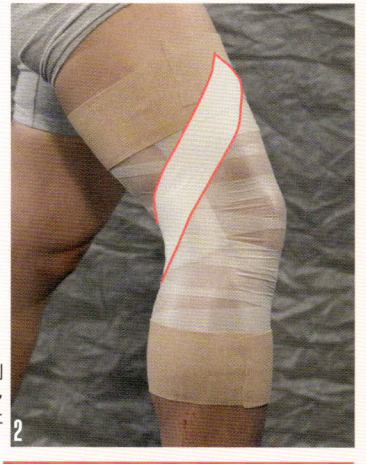

Xサポートの1
本目は、下腿内側
からスタートし
大腿部外側で止
める

Xサポート2

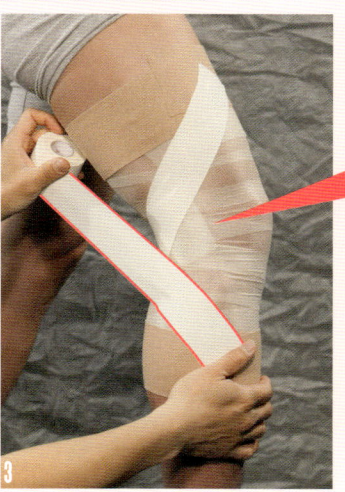

Xサポートの2本目は、
下腿外側からスタートし
大腿部内側で止める

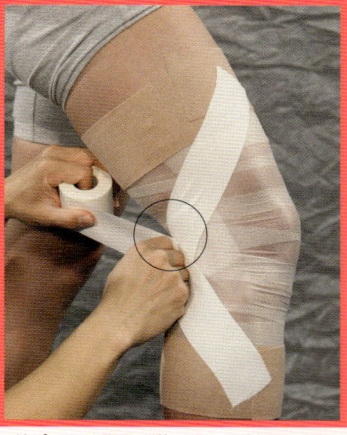

Xサポートは脛骨の落ち込みを制限する目的
で、膝窩部のやや下方で交差させる

Xサポート3

最初のXサポートに重ねるのではなく、ややずらして、同様の方法で2つ目、3つ目のXサポートを巻いていく。

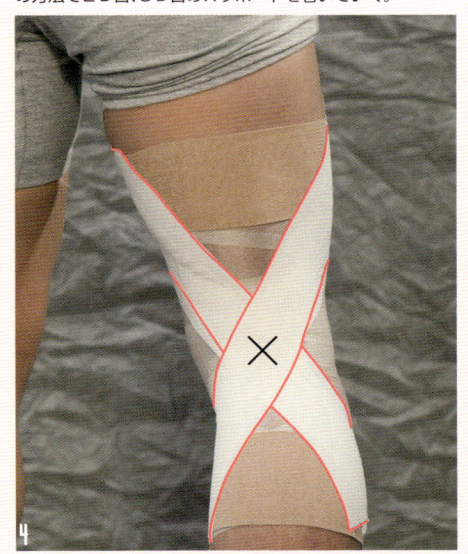

スパイラルテープ1

外側の下腿後面からスタートし大腿前面まで巻く。腓腹筋の筋腹（★印）と膝窩部の中間付近（☆印）を通るようにする

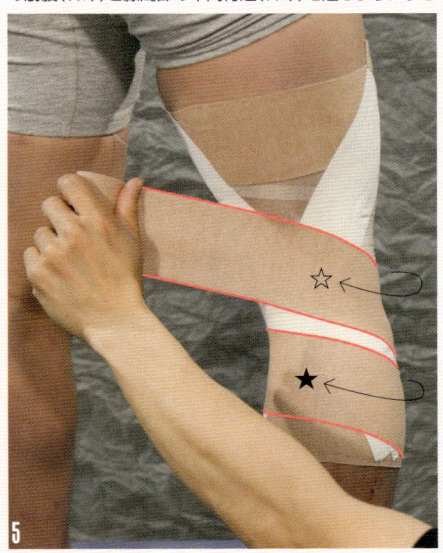

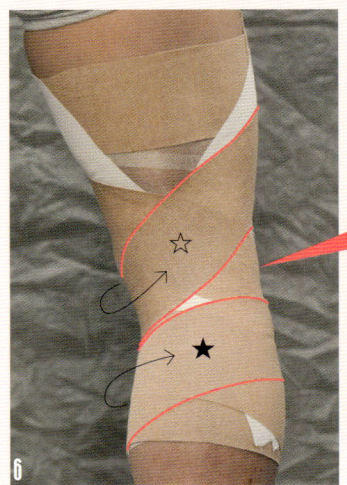

スパイラルテープ2

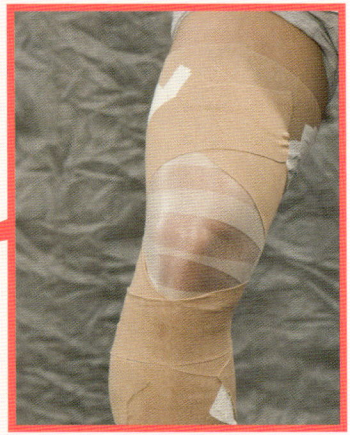

スパイラルテープの完成形を正面から見たところ

スパイラル1とは逆側から巻いていく。スパイラルテープ1とは☆印と★印の部分とで交差するように。このあと、ソフトタイプのエラスティックテープで全体をラッピングして完成

5 ジャンパー膝のテーピング

1 オーバーユースが誘因

屈曲を制限する

　ジャンパー膝は、バレーボールやバスケットボールのようにジャンプ動作を繰り返したり、サッカーのキック動作やダッシュなどの走る動作を繰り返したりするスポーツに多く見られます。

　膝蓋骨と膝蓋靱帯周囲に運動痛と圧痛があり、膝蓋骨下端と膝蓋靱帯の境界部に最も痛みが出やすいため、膝蓋靱帯炎とも呼ばれます。

　発生要因の1つは、大腿四頭筋の柔軟性の低下です。ジャンプ動作と着地動作では、大腿四頭筋が頻繁に収縮します。大腿四頭筋は、膝蓋骨、膝蓋靱帯、脛骨結節へと連なる膝伸展機構（図3-14）の1つであり、大腿四頭筋がオーバーユースによって硬くなると、膝蓋靱帯にも負担がかかります。特に着地時の大腿四頭筋のエキセントリック（伸張性）収縮と膝関節の屈曲位が、膝蓋靱帯に牽引性のストレスを与えます。

　成長期の長身選手の場合は、骨の成長に筋肉の成長が追いつかず、相対的に筋が短縮（筋肉が硬い）状態に陥りがちです。そのストレスが末梢の膝蓋骨周辺に蓄積して、ジャンパー膝になるともいえます。10代の男子選手に多く見られます。

　オスグッド病という、10〜15歳の男子に起こる脛骨結節部の骨化障害が、類似の障害です。

2 テーピングの流れとポイント

テーピングの適用はフェイズ2まで

　ジャンパー膝の症状は、4つに分類されています。phase 1はスポーツ活動後に痛みがある場合であり、練習前後のストレッチングやアイシングなどで対応します。Phase2はスポーツ活動中にも痛みがある場合であり、ストレッチングやアイシングのほかに、練習時のサポーターやテーピングの使用も有効です。Phase3以上はスポーツ活動を中止する必要があるとされています（Roelsによる分類）。したがってテーピングの適応はphase2までです。

テーピングのポイント

1. 痛みを感じる寸前（痛みがない関節角度）で行う。屈曲制限のテープがたるむと制限が弱くなるので、たるみに注意する。

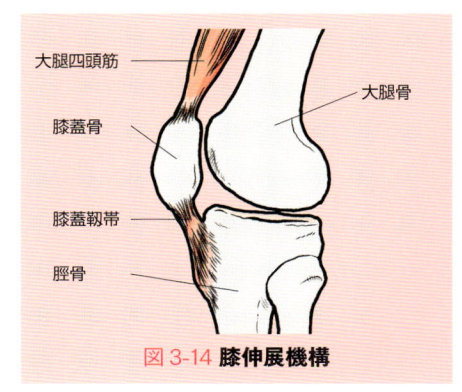

大腿四頭筋

大腿骨

膝蓋骨

膝蓋靱帯

脛骨

図3-14 膝伸展機構

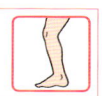

3 ジャンパー膝のテーピング

ハードタイプのエラスティックテープで屈曲制限を行います。ラッピングはソフトタイプのエラスティックテープを用います。

使用テープ●エラスティックテープ 75mm

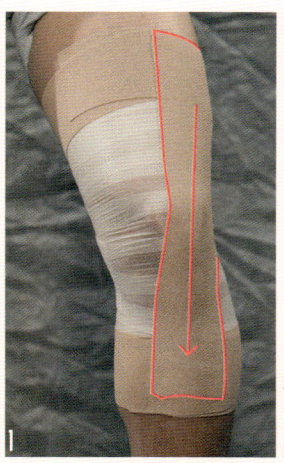

屈曲制限1

膝の屈曲を制限するために、大腿部中央から脛骨に向かって貼っていく

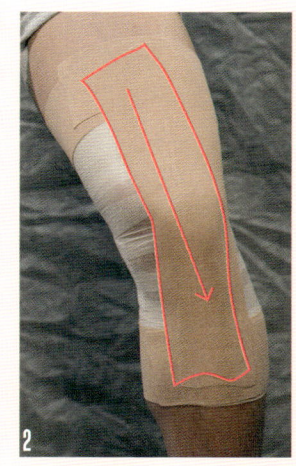
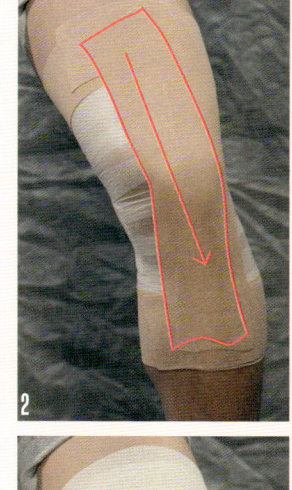

屈曲制限2

屈曲制限1のテープの上に、ややずらして重ねながら貼る。

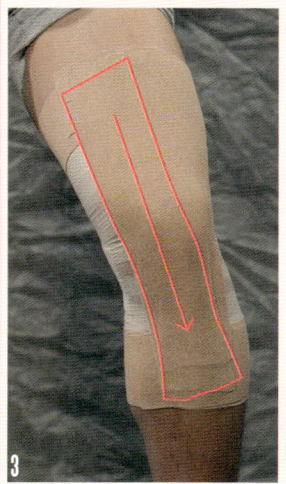

屈曲制限3

制限を強めたい場合には、屈曲制限の本数を増やして調節する。

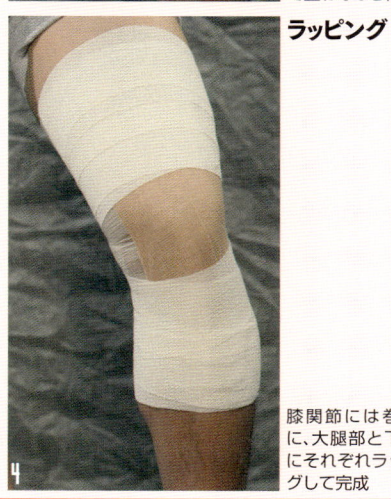

ラッピング

膝関節には巻かずに、大腿部と下腿部にそれぞれラッピングして完成

6 膝関節伸展制限のテーピング

1 過伸展する危険な膝

前十字靱帯損傷を起こしやすい

　膝関節過伸展（反張膝〈はんちょうひざ〉）は、生まれつき関節が緩いという先天的なケース（関節弛緩性がある）と、靱帯損傷が原因で関節が緩くなったという後天的なケース（関節不安定性がある）とがあります。

　全般的に生まれつき関節が緩い人は、関節外傷の危険性が高いとされています（p11参照）。先天的な膝関節過伸展の場合、前十字靱帯損傷を起こしやすいと考えられるので、テーピングやサポーターを使用したり、筋力トレーニングを実施したりするなどで予防します。

　靱帯損傷が原因となって関節が緩くなったケースでは、まずは外傷に応じたテーピングをし、必要であれば膝関節過伸展防止のテーピングを行います。例えば、膝関節伸展位で緊張する内側側副靱帯や前十字靱帯を損傷した場合、それらの症状に対応したテーピングに加えて、伸展制限のテーピングを行います。

　そのほか、腓腹筋の肉ばなれにおいても膝関節伸展制限のテーピングは有効です。膝関節伸展位、足関節背屈位の肢位をとると腓腹筋はストレッチされますが、その肢位で痛みが出る（ストレッチ痛がある）場合には、過伸展を制限するテーピングを行います。

2 テーピングの流れとポイント

膝窩にサポートテープ

　テーピングの流れは、ポジショニング→アンダーラップ→アンカー→スパイラルテープ→サポートテープ→スパイラルテープ→ラッピングの順になります。膝関節の過伸展をサポートテープで防ぎます。エラスティックテープで巻きますが、スパイラルサポートを強めたい場合には、エラスティックテープの代わりにホワイトテープを用います。

テーピングのポイント

1. 痛みを感じる寸前（痛みがない関節角度）の肢位で行う。サポートテープがたるむと伸展制限が弱くなるので、テープのたるみに注意する。

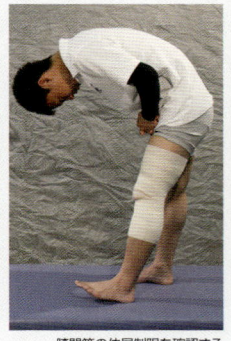

［制限ができているかを確認］

　関節が生まれながらに緩い人は外傷・障害を起こしやすい身体をしており、テーピングを活用して身体を守る必要があります。膝関節過伸展に対するテーピングもその1つ。テーピングを行ったら、膝関節を伸ばす動きをやってみて、伸展制限が正しくできているかどうかを確認しましょう。

膝関節の伸展制限を確認する

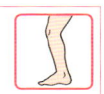

3 膝関節過伸展制限のテーピング

ハードタイプのエラスティックテープでスパイラルテープを巻き、過伸展の制限を行います。スパイラルテープにホワイトテープを併用することもあります。

使用テープ ● ホワイトテープ 50mm、エラスティックテープ 75mm

スパイラルテープ1

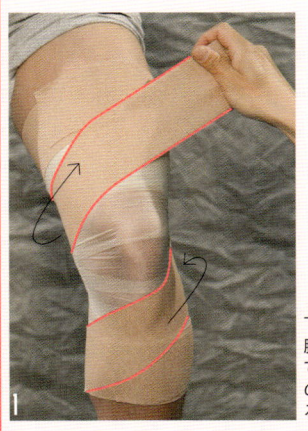

下腿部内側から大腿部外側に向かって巻いていく。膝の過伸展を制限する

スパイラルテープ2

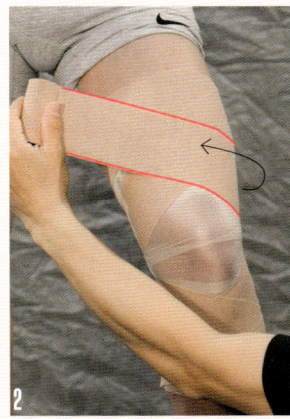

下腿部外側から大腿部内側に向かって巻いていく。スパイラルテープ1と膝窩部で交差させる。スパイラルテープ1と2はどちらが先でも構わない

サポートテープ1

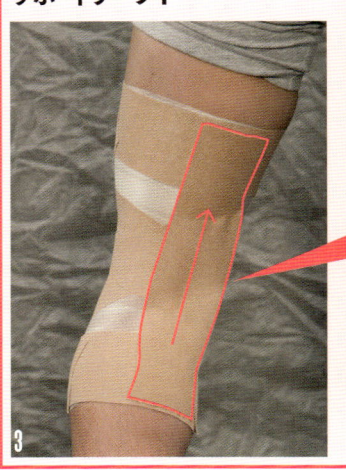

テープがたるんでしまうと伸展制限が弱くなるので、テープのたるみに注意

縦のサポートテープを裏面のアンカーからアンカーへ貼る

サポートテープ 2

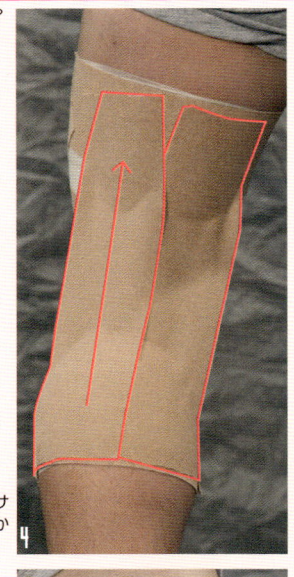

もう1本、縦のサポートテープを下から上へ貼る **4**

スパイラルテープ3

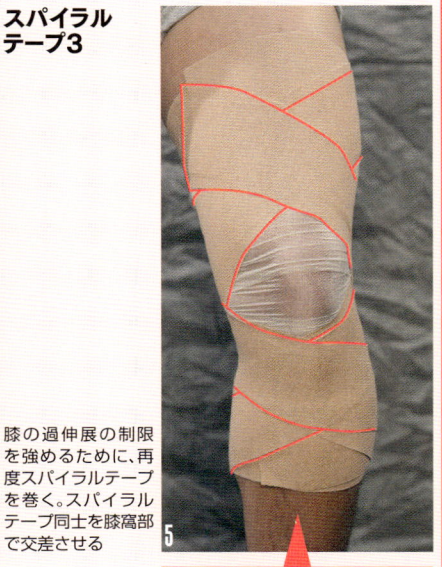

膝の過伸展の制限を強めるために、再度スパイラルテープを巻く。スパイラルテープ同士を膝窩部で交差させる **5**

ラッピング

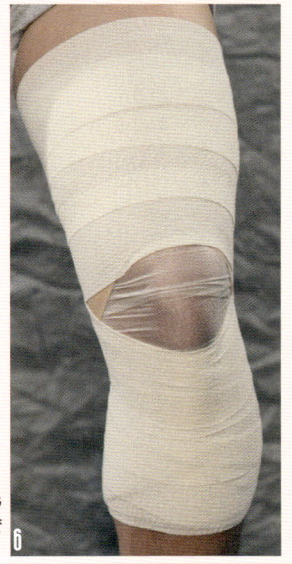

ソフトタイプのエラスティックテープで覆って完成 **6**

過伸展や回の制限を強める場合、ホワイトテープ（50mm）を併用してみることも1つの方法。その場合、エラスティックテープよりも幅が狭いので、膝窩部に食い込まないように注意する

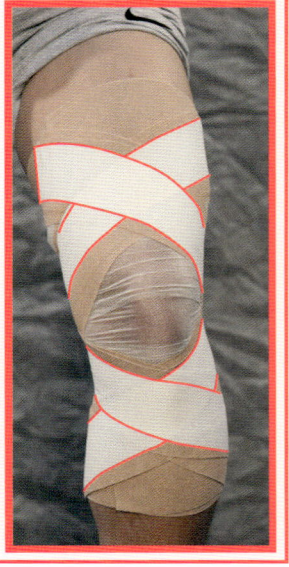

1 膝蓋骨脱臼のテーピング

1 膝蓋骨脱臼と大腿四頭筋の収縮

膝蓋骨の外方偏位

膝蓋骨脱臼は、膝蓋骨が外側に外れた状態をいいます。膝蓋骨と大腿骨下端からなる関節は膝蓋大腿関節と呼ばれ、膝伸展機構に関係し、膝関節運動に伴って膝蓋骨が大腿骨下端を上下に移動しています。つまり、膝蓋骨脱臼は膝蓋大腿関節の障害であり、大腿骨と膝蓋骨との関節面の不適によって誘発されます。

膝蓋骨脱臼の原因は、膝蓋骨の形状異常や大腿骨の発育不全などの構造的な問題、大腿四頭筋の過緊張による膝蓋骨高位、全身的な関節弛緩性による膝蓋骨の緩み、下肢のアライメント異常（X脚）などが挙げられます。

膝蓋骨脱臼は、大腿四頭筋の収縮をきっかけとして膝蓋骨が外側に引っ張られて（外方偏位して）発生します。具体的には、膝蓋骨の外方偏位を起こしやすい、膝関節軽度屈曲外反位（下腿が外旋したポジション）の動作で誘発されます。

受傷時の特徴として、脱臼しても自然に整復されて、脱臼の自覚がない場合があります。また、脱臼を整復した後に見られる関節血症から、非接触型の膝前十字靱帯損傷と間違えることがあるので注意しましょう。

慢性化した場合は、大腿四頭筋を弛緩させた状態で膝関節を外側に向かって圧迫すると、脱臼による不安感を訴えます（アプリヘンションサイン：膝蓋骨をずらすと違和感がある）。

2 テーピングの流れとポイント

膝蓋骨の外側をサポート

膝蓋骨脱臼の既往歴やアプリヘンションサインが認められる場合は、脱臼の予防（再発予防も含む）として、専用サポーターやテーピングを使用します。大腿四頭筋の収縮によって膝蓋骨が外側方向へ引っ張られる状態を防ぐことが目的なので、膝蓋骨を内側に押し込むようにして用います。

大腿四頭筋の筋力強化も脱臼予防に有効です。特に内側広筋には膝蓋骨を内側に引っ張る働きがあるので、膝軽度屈曲位から最終伸展位までを意識して筋力トレーニングを行います。

テーピングの流れは、ポジショニング→アンダーラップ→アンカー→Xサポート→スプリットテープ→ラッピングの順です。Xサポートはホワイトテープで、そのほかはエラスティックテープを用います。

テーピングのポイント

1. 制限テープ（Xサポートとスプリットテープの外側）は、膝蓋骨の外側方向へのズレを防ぐ目的がある。したがって、膝蓋骨の外側を圧迫しながら貼っていく。

４ 膝蓋骨脱臼のテーピング

膝蓋骨の外方偏位を制限するために X サポート（外側）とスプリットテープを貼ります。
使用テープ●ホワイトテープ 50mm、エラスティックテープ 75mm

Xサポート1

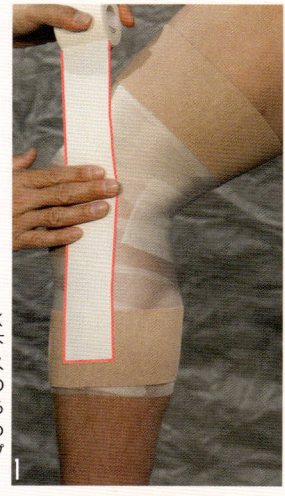

ホワイトテープでX
サポートを行う。下
腿部の外側からス
タートし、膝蓋骨の
外側を圧迫しながら
大腿部内側で止め
る。膝蓋骨にテープ
をかけない

Xサポート2

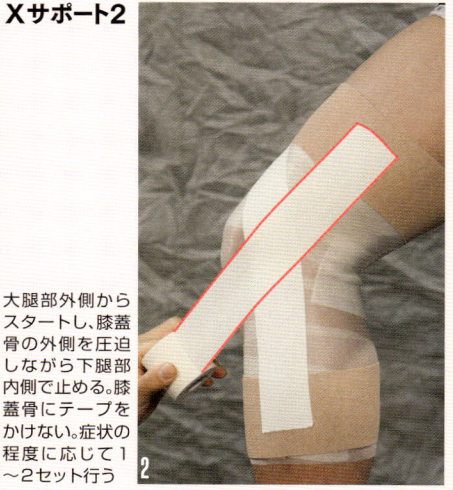

大腿部外側から
スタートし、膝蓋
骨の外側を圧迫
しながら下腿部
内側で止める。膝
蓋骨にテープを
かけない。症状の
程度に応じて1
～2セット行う

Xサポート3

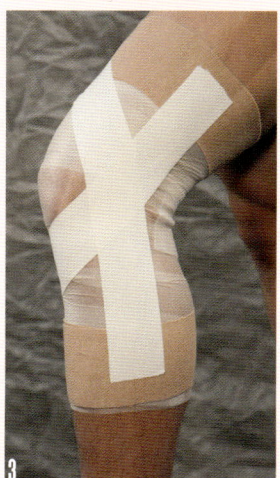

1つめのXサポート
の完成形

Xサポート4

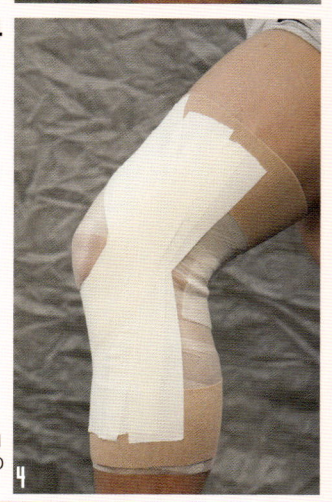

症状に応じて1
～2セット繰り
返す

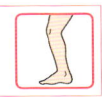

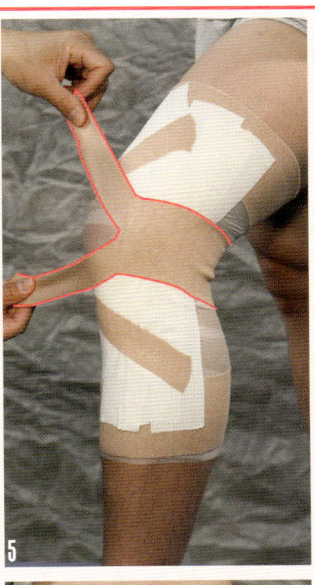

スプリットテープ1

5

ハードタイプのエラスティックテープを使用。膝窩部にテープをかけて、膝の両側に均等に引き出し、膝蓋骨の外側付近までテープを割く。割きすぎに注意

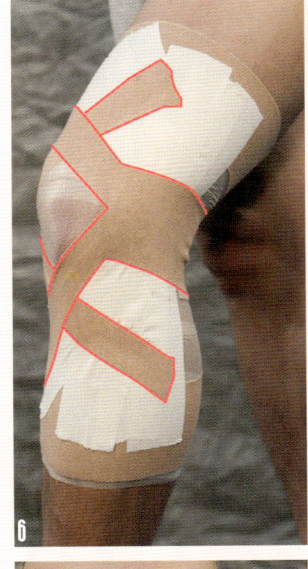

スプリットテープ2

6

2つに裂いたテープのうちの1つは大腿部に、もう1つは下腿部に貼る。外側のテープは膝蓋骨のズレを防ぐための制限テープなので、膝蓋骨の外側を圧迫するようにやや強めに貼る

スプリットテープ

7

内側のテープは制限のテープではないので、圧迫はかけない

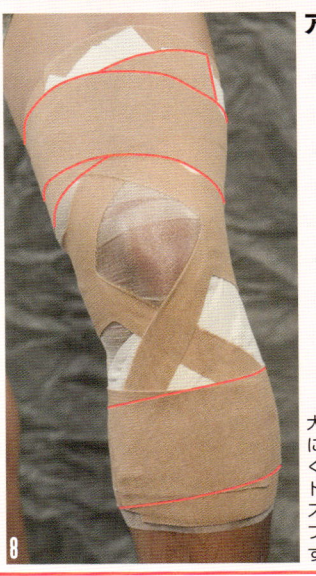

アンカー

8

大腿部と下腿部にアンカーを巻く。このあとソフトタイプのエラスティックテープでラッピングする

第3章
機能解剖&スポーツ外傷・障害とともに理解する
部位別テーピング

105

≪ 4 大腿部

┃ 大腿部の機能解剖とスポーツ外傷・障害

■ 大腿部の機能解剖

筋肉

　大腿部の主な筋肉は、前面にある大腿四頭筋、後面にあるハムストリングスです。大腿四頭筋は膝の伸展に作用し、ハムストリングスは膝の屈曲に作用します。どちらも体表からもわかりやすい、大きな筋肉です。そのほか大腿部の内側には、股関節内転に作用する内転筋群、外側には股関節外転に作用する大腿筋膜張筋などがあります。

　大腿四頭筋は、両側に内側広筋、外側広筋があり、中央の表層に大腿直筋、深層に中間広筋があります。大腿直筋は膝関節だけでなく、股関節の屈曲にも作用する二関節筋です。これらの筋肉は、膝蓋骨から膝蓋靱帯を経て、脛骨粗面に停止します。

　ハムストリングスは、内側に半腱様筋、半膜様筋があり、外側に大腿二頭筋があります。ハムストリングスは膝関節の屈曲だけでなく、股関節伸展にも作用する二関節筋です。

■ 大腿部のスポーツ外傷・障害

肉ばなれ

　肉ばなれは大腿部の代表的なスポーツ外傷です。ダッシュやジャンプなどの動作で発生する筋肉の部分的な損傷であり、筋線維や筋膜（筋肉を覆う膜）の一部に起こります。陸上競技（短距離・跳躍）、ラグビー、サッカーなどの競技でダッシュ時によく発生します。

　症状は、損傷部位の圧痛と運動痛のほかに、触診により筋の凹みや硬結（しこり）が見られます。筋の凹みがある場合は、筋断裂が疑われます。急性期には、熱感や皮下出血が現れることもあります。受傷部位は、ハムストリングスが一番多く、次いで大腿直筋、内転筋の順になります。

筋挫傷

　筋挫傷は、強い外力により筋肉の組織がつぶされる外傷です。大腿部では前面や側面が受傷しやすい部位です。コンタクトスポーツで多く、他者の膝や頭部が大腿部に衝突して発生します。

　症状は、痛み、脱力、熱感、腫脹などです。大腿部では、コンタクトを受けた際に筋肉が大腿骨に押しつぶされて損傷が大きくなるため、筋肉内血腫を伴いやすい特徴があります。

　血腫がつくられると筋肉の運動制限（膝関節が動かない）が起こります。運動制限があるにもかかわらず、無理に運動すると骨化性筋炎を合併し、長期間の治療を要する場合があり注意が必要です。

　骨化性筋炎とは、骨の近くの筋損傷によって生じた血腫が原因で、本来は骨がないところに骨がつくられる、筋挫傷の合併症です。

2 ハムストリングス肉ばなれのテーピング

1 二関節筋の特徴

股関節伸展と膝関節伸展

　ハムストリングスの肉ばなれは、ランニング動作中によく起こります。これはハムストリングスが股関節伸展と膝関節屈曲に作用する二関節筋だからです。

　一例を挙げると、ダッシュで地面を蹴る瞬間は、股関節伸展と膝関節伸展とが同時に起こりますが、このときハムストリングスは股関節付近では収縮し、膝関節付近では伸展するという複雑な運動を強いられています。その結果、ハムストリングスに肉ばなれが発生しやすくなります。

　テーピングの適応するタイミングや目的は、損傷の程度によって異なります。ハムストリングスの肉ばなれの損傷程度は、全力疾走中に引っ張られるような感じあるが運動を続けることができる状態をⅠ度損傷（軽症）、全力疾走中にズーンとした痛みを覚え、たいていの場合には運動を中止しなければならない状態をⅡ度損傷（中等症）、全力疾走中に突然激しい痛みを覚え、力がガクンと抜けて歩行困難になる状態をⅢ度損傷（重症）とされています。

　テーピングは、筋の損傷よりも筋緊張が強いⅠ度損傷の場合に適応されます。

　Ⅱ～Ⅲ度損傷の場合は、治療やアスレティックリハビリテーション時に患部の保護を目的として使用するなら問題はありません。しかし、受傷直後にテーピングに頼って競技復帰することは、単に筋の損傷を大きくするだけなので禁忌です。Ⅱ度以上の損傷では、RICE処置後に必ずスポーツドクターの診察を受けます。

2 テーピングの流れとポイント

斜めと水平のサポートテープ

　テーピングは、痛みがある部位を中心としてハムストリングス全体を圧迫します。圧迫することで筋緊張の緩和と痛みの軽減を図ります。圧迫は、ホワイトテープを用いて斜めと水平方位にサポートテープで行います。ラッピングはエラスティックテープで大腿部後面を圧迫するように行います。

テーピングのポイント

1. 痛みがある部位を中心にしてハムストリングス全体をバランスよく、均等に圧迫する。

4 ハムストリングス肉ばなれのテーピング（大腿後面中央に痛みがある場合）

大腿部後面を圧迫するように、ホワイトテープで斜めサポートテープ、水平サポートテープを行います。ラッピングはエラスティックテープで行います。

使用テープ●ホワイトテープ 38mm か 50mm、エラスティックテープ 75mm（ソフトタイプ）

ポジショニング

巻かれる人は、ベッドの上に下腿の一部を出す姿勢をとる。膝関節をやや屈曲して筋を緊張させる

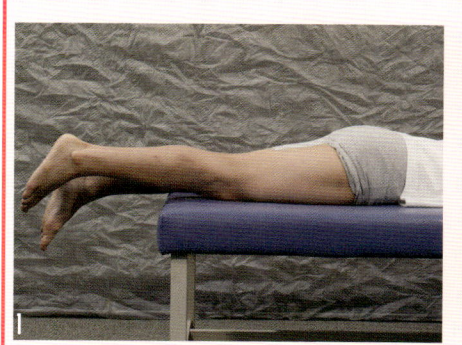

アンカー

痛みがある部位が中心となるように大腿部の両側にアンカーを貼る。効果的にハムストリングスを圧迫するためにアンダーラップは使用しない。体毛が多い場合には剃っておく

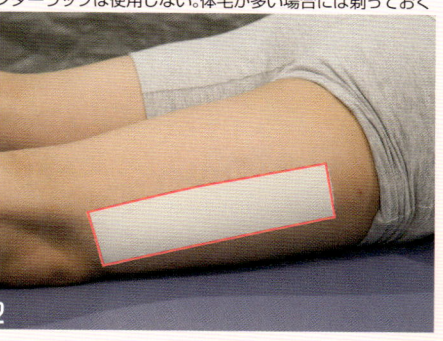

斜めのサポートテープ1

内側のアンカーから外側のアンカーへ、次に外側のアンカーから内側のアンカーへ、斜めにサポートテープを貼っていく。両サポートテープが中央でクロスするように貼る

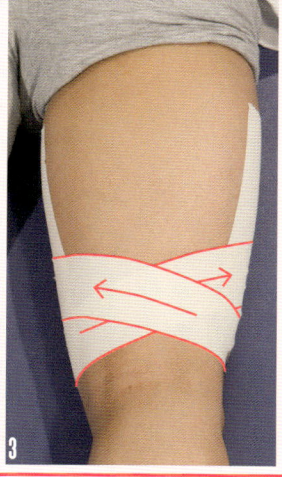

斜めのサポートテープ2

先に貼ったテープに半分重ねながら、アンカーの下端から上端まで貼っていく。サポートテープ全体で大腿部後面を均等に圧迫するようにする

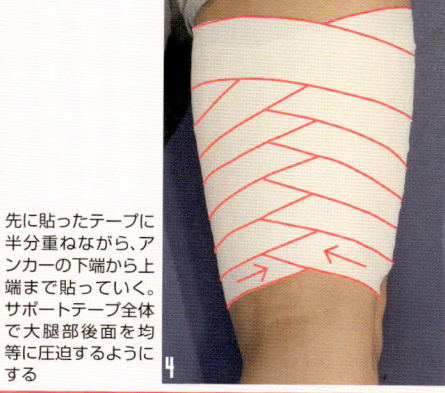

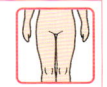

アンカー

サポートテープがはがれないように、大腿部の両側にアンカーを貼る

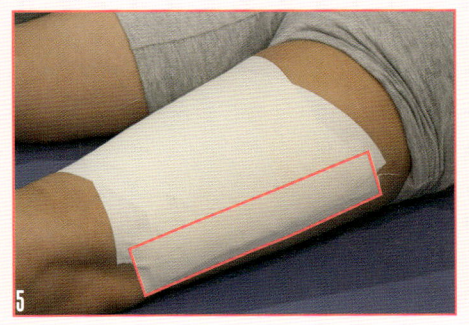

水平の サポートテープ 1

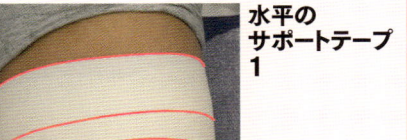

内側から外側(外側から内側)に向かって水平のサポートテープを貼っていく。先に貼ったテープに半分重ねながら、アンカーの下端から上端まで貼っていく

アンカー

サポートテープがはがれないように、大腿部の両側にアンカーを貼る

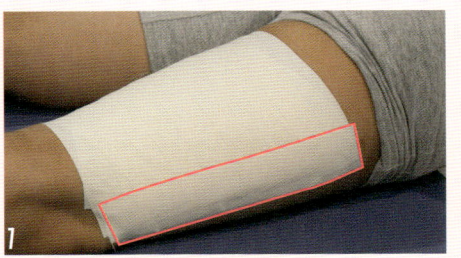

ラッピング1

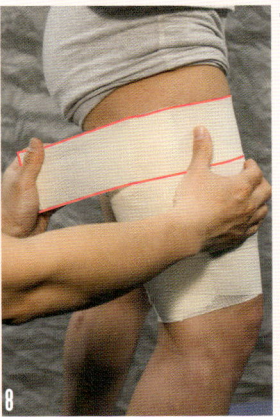

ソフトタイプのエラスティックテープを使用し、全体をラッピングする。大腿部後面に対しては圧迫するように強く巻き、前面は圧迫しないように軽く巻く

ラッピング2

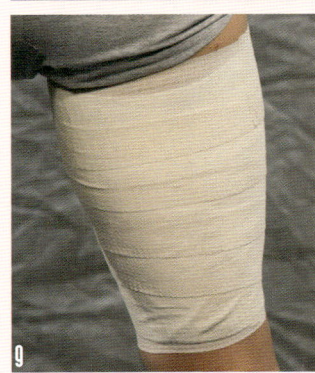

完成

3 大腿四頭筋打撲のテーピング

1 打撲による筋肉の損傷

痛みを軽減する

大腿四頭筋打撲は、アメリカンフットボール、ラグビー、サッカー、柔道などの競技でよく起こります。特にアメリカンフットボールやラグビーでタックルを受けた場合や、サッカーや柔道で相手選手と接触した際に、大腿部を強打することによって発生します。

症状は、打撲部位の圧痛や、歩行時などの運動痛、腫張、熱感があります。また、大腿四頭筋が硬直して筋が短縮するために、膝関節の屈曲制限が認められます。

受傷直後には、RICE 処置を必ず行います。そのとき、膝関節をできるだけ屈曲位にしておくことで、硬直による筋の短縮を防ぐことができます。アイシングは大腿部を広範囲に行います。

2 テーピングの流れとポイント

圧迫して筋緊張を緩和

テーピングは、痛みがある部位を中心として、斜めと水平のサポートテープを行うことによって大腿四頭筋全体を圧迫します。圧迫することで、筋緊張の緩和と痛みの軽減を図ります。

テーピングは、損傷の程度によって適応が異なります。例えば、90 度以上膝を屈曲することができて、局所的な痛みがあっても歩行が可能な場合（Ⅰ度損傷：軽症）では、試合を続行できる場合もあるので、患部の保護を兼ねたテーピングを行います。その際、パッドを用いると患部の保護に役立ちます。パッドは中央部分を切り抜き、パッド本体が患部に当たらないようにします。

膝の屈曲が 90 度未満で腫脹と圧痛の範囲が広く、痛くてまともに歩けない場合（Ⅱ度損傷：中等症）や、膝屈曲が 45 度未満で、筋肉全体に腫脹と圧痛があって松葉杖がないと歩行が困難な場合（Ⅲ度損傷：重症）は、患部の回復過程において、アスレティックリハビリテーションの補助としてテーピングを用います。

受傷直後にテーピングに頼って競技復帰をすることは、単に筋の損傷を大きくするだけなので禁忌です。Ⅱ～Ⅲ度損傷では、RICE 処置後には必ずスポーツドクターの診察を受けます。

テーピングの流れは、ポジショニング→アンカー→斜めサポートテープ→アンカー→水平のサポートテープ→アンカー→（パッド）→ラッピングです。ラッピングの前にパッドを当てると、患部を保護することができます。

テーピングのポイント

1. 痛みがある部位を中心として大腿四頭筋全体をバランスよく、均等に圧迫する。

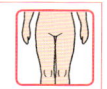

③ 大腿四頭筋打撲のテーピング（大腿前面中央に痛みがある場合）

大腿部前面を圧迫するように、ホワイトテープで斜めサポートテープ、水平サポートテープを行います。ラッピングはエラスティックテープで行います。

使用テープ ● ホワイトテープ 38mm か 50mm、エラスティックテープ 75mm（ソフトタイプ）

アンカー

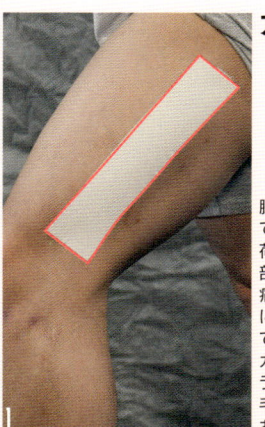

膝関節軽度屈曲位にして、つま先方向にやや荷重し、大腿部と下腿部の筋を緊張させる。痛みがある部位を中心にしてホワイトテープで大腿部の両側にアンカーを貼る。アンダーラップは使用しない。体毛が多い場合は剃っておく

斜めの サポートテープ1

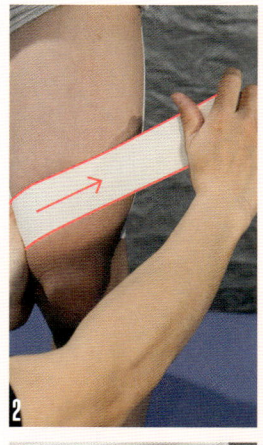

内側のアンカーから外側のアンカーへ、もしくは外側のアンカーから内側のアンカーへ、斜めにサポートテープを貼っていく

斜めの サポートテープ2

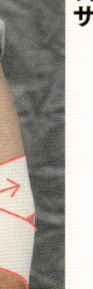

テープを中央でクロスさせる

斜めの サポートテープ3

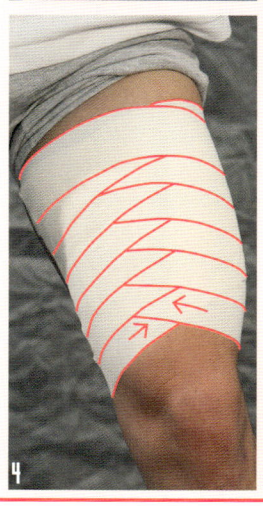

先に貼ったテープに半分重ねながら、アンカーの上端まで張っていく。このとき、サポートテープ全体で大腿部前面を均等に圧迫する

水平の
サポートテープ1

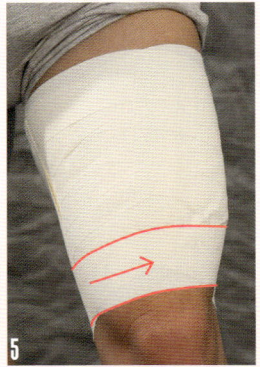

大腿部の両側にアンカーを貼ったあと、内側から外側、または外側から内側に向かって水平のサポートテープを貼っていく

アンカー

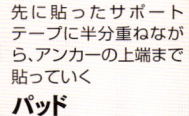

水平のサポートテープがはがれないように、大腿部の両側にアンカーを貼る

ラッピング

ソフトタイプのエラスティックテープで全体を巻いて完成。大腿部前面は圧迫するように、後面は圧迫しないように軽く巻いていく

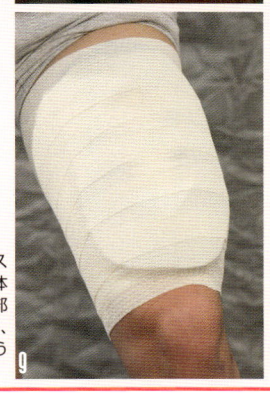

水平の
サポートテープ2

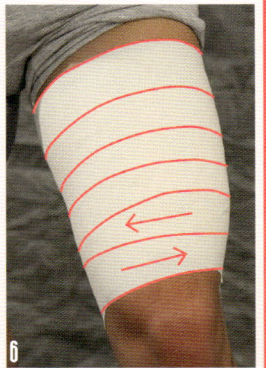

先に貼ったサポートテープに半分重ねながら、アンカーの上端まで貼っていく

パッド

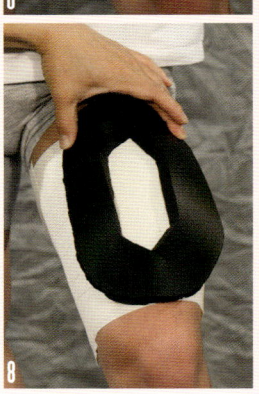

局所的な痛みがあっても歩行でき、試合続行が可能な場合は、患部の保護を兼ねたテーピングを行う。患部に当たらないように中心を切り抜いたパッドを当て、アンダーラップを巻く

［POP 音が聞こえたか〜膝関節靭帯損傷の評価〜］

はじめに

試合や練習中に外傷が発生したとき、まずは評価を行います。評価の方法は部位や状況により変わりますが、問診、視診、触診、徒手テストの順で行います。この評価結果から、重症か軽症かに分類します。

重症と判断するのは、靭帯断裂やそれに近い損傷が予測される場合です。その時は試合や練習を中止して病院を受診します。軽傷と判断するのは器質的に問題のない場合であり、RICE 処置などの経過観察をしたのち再評価し、問題がなければ動きをチェックして試合や練習に復帰させる場合もあります。

問診

外傷発生時に最初に行うことは、受傷機転を詳しく問診（聴取）することです。

問診では、コンタクトかノンコンタクトか、膝関節（身体）がどう動いたか、パツンという音（POP 音）が聞こえたか、などを聞きます。ポイントは、受傷瞬間の膝関節の状態を詳しく質問することです。

コンタクトによるものは、ほとんどの靭帯が受傷対象として考えられます。「膝にタックルに入られた」のであれば、前からか、外側からか、当たられたのは大腿部か下腿部か、当たられてどう転倒したかなどを、詳細に質問して受傷靭帯を予測します。

例えば、「膝の外側から相手選手のタックルを受けて、膝が内側に入った」ということであれば、内側側副靭帯の損傷がまず考えられます。転倒時に膝関節をひねって音が聞こえたとなると、不幸の三徴候（前十字靭帯と内側側副靭帯、内側半月板の複合損傷）といった重症の場合も考えられます。POP 音が聞こえた場合は靭帯断裂が高い確率で予想できるので、重症だと評価する判断材料の1つとなります。

ノンコンタクトでは、女子バスケットボールのカッティング、ピボットターン、ストップ、ジャンプなどの動作が、前十字靭帯の受傷機転になりやすいとされています。

触診

患部周囲の変形や腫張や熱感の有無、圧痛などを確認します。観察してから柔らかく関節全体に触れていきます。特に腫張は、膝蓋骨を手のひら全体で上から押さえてチェックします。膝蓋骨が浮いているような感覚があれば腫張があると判断します。急激な腫脹が見られる場合は関節内血腫が考えられます。複合損傷などの重症を疑います。

圧痛は、内側側副靭帯では内側関節裂隙部に、後十字靭帯では膝窩部に認められます。膝関節靭帯損傷の評価では、この圧痛も重要視します。

徒手テスト

徒手テストで関節の動揺性をチェックします。テストは、比較のために受傷していない膝（健側）から行います。ポイントは、問診によって予想できる損傷靭帯から優先して行い、実施する徒手テストを少なくすることです。徒手テストは靭帯を伸張させて痛みを再現させる「ストレステスト」がほとんどなので、選手にとっては非常に苦痛になるからです。

徒手テストを積極的に行う場合は、問診や触診で問題がなく、試合や練習へ復帰させる判断の決め手として行います。そして、テストで異常がなければ動きを確認して試合や練習に復帰させます。

5 体幹部

▌体幹部の機能解剖とスポーツ外傷・障害

▌体幹部の機能解剖

骨格と腰部の構造

体幹は脊柱により支持されています。体幹部を構成する骨格は、脊柱、胸郭、骨盤に大別されます。脊柱は、頸椎（7個）、胸椎（12個）、腰椎（5個）、仙骨、尾骨で構成されます。

腰部は、5つの腰椎によって構成されています。腰椎は前方の椎体と後方の椎弓とからなり、腰椎同士は椎弓根で連結しています。椎体と椎体の間にある椎間板は、中央部の髄核とそれをとり巻く線維輪から構成されていて、ショックアブソーバー（車に用いられるショックを和らげるバネ）の役割を担っています。

腰椎は、頸椎、胸椎とともに脊柱を形成し、体幹の支持に力を発揮するほか、可動域も頸椎に次いで大きいという特徴があります。脊柱は前や後ろから見ると直線を描いていますが、側面から見ると弯曲（生理的弯曲）しており、頸椎と腰椎で前方に弯曲（前弯）し、胸椎で後方に弯曲（後弯）しています。脊柱が体幹を支持できるのは、生理的弯曲が身体にかかる衝撃を吸収しているからです。

腰部の筋肉と動き

腰部には、骨盤から頭部に向かって脊柱に沿って走行する脊柱起立筋があります。腸肋筋、最長筋、棘筋などから構成され、脊柱（体幹）の伸展と側屈に作用します。

また、腰椎から大腿骨へ走行する大腰筋は、体幹（股関節）の屈曲に、腸骨から腰椎横突起へ走行する腰方形筋は、体幹の側屈に作用します。これらの腰部の筋群は、腹部の筋と連動して、体幹を支持安定させています。

胸郭の構造と動き

胸郭はその中に心臓や肺などの重要臓器を入れて保護しています。12個の胸椎と12対（24本）の肋骨、胸骨で構成されます。肋骨と胸骨は胸肋関節をつくり、上方の7対が直接胸骨と接し、次の3対は1つに集まって胸骨に接します。残りの2対は胸骨とは関節をつくらずに遊離しているため、浮遊肋骨と呼ばれています。

胸郭には、呼吸に伴った運動が認められます。吸気時には上方へ動いて横幅が大きくなり、呼気時には下方へ動いて横幅が小さくなります。また、上肢や体幹の運動に伴う運動も見られます。

2 体幹部のスポーツ外傷・障害

代表的な体幹部のスポーツ外傷・障害

体幹部に見られるスポーツ外傷・障害には、肋骨骨折、胸部打撲、気胸、腹筋損傷、腰椎分離症、椎間板ヘルニア、腰痛症などがあります。

腰椎分離症

椎間関節の突起部で起こる疲労骨折のことです（p120 の図 3-16 参照）。原因は、スポーツ活動による腰部へのストレスです。症状は、腰椎の伸展（体幹の後屈）痛を訴えることが多く、レントゲン検査で診断することができます。成長期に発症しやすいという特徴があります。その場合には、スポーツ活動を中止し、コルセットでの保存療法（3〜6ヵ月）をとります。これによって骨癒合（ゆごう）が期待できます。

椎間板ヘルニア

腰部へのストレスが原因で、椎間板の中央部にある髄核が線維輪から後方へ脱出して神経を圧迫します（p120 の図 3-17 参照）。症状としては、腰痛、下肢神経症状（痛み、知覚異常、筋力低下など）が現れます。加齢とともに発生率が高くなります。発見には MRI 検査が有用です。重症例で日常生活に支障が出る場合は、手術療法が適応されます。

腰痛症

椎分離症や椎間板ヘルニアなどの器質的な異常が認められない場合で、腰部の筋、靱帯、椎間関節の傷害による腰痛を腰痛症といいます。腰痛症は慢性症と急性症とに分けることができます。慢性症は腰部の筋疲労や筋力低下が原因となるため、日頃のコンディショニングが重要となります。急性腰痛はぎっくり腰とも呼ばれ、運動時の急激な動きによる椎間関節の靱帯損傷や、周囲の筋・腱の損傷が原因で起こります。

肋骨骨折

スポーツによる肋骨骨折は、外傷と疲労骨折に大別できます。外傷は、アメリカンフットボール、ラグビー、サッカーなどのコンタクトプレーにおいて発生します。疲労骨折は、ゴルフのスイング動作や野球のバッティング動作の過度な繰り返しにより発生します。

症状は、単純な肋骨骨折の場合（軽症）と合併症が認められる場合（重症）があります。単純な肋骨骨折では、骨折部の疼痛や圧痛が認められ、深呼吸、くしゃみ、咳が強く現れます。疲労骨折では特に自覚症状もないまま、自然治癒する場合もあります。

気胸

気胸とは、胸膜の損傷によって胸膜と肺との間に空気が入り込み、もともと陰圧になっている胸腔内の圧が高くなり、肺が圧迫されてしまうことです。その結果、肺は縮小してしまい、呼吸困難や激しい胸痛が現れます。骨折や胸部打撲が原因となる場合が多いため、スポーツによる発生も多く見られます。

2 肋骨骨折のテーピング

外力を受けていない部位の骨折

スポーツによる肋骨骨折は、外傷と障害（疲労骨折）の２つに大別できます。

外傷は、直達外力により強打した部位が骨折しているケースをいいます。障害は、介達外力により強打した部位と異なる部位が骨折しているケースをいいます。

したがって、現場で評価するときには、外力を受けた部位ではないところを骨折しているケースもあるので、注意が必要です（図3-15）。

スポーツの現場において外傷性の肋骨骨折が疑われる場合は、肺損傷が原因で起こる呼吸困難や気胸などの合併損傷に注意が必要です。肺損傷は、骨折片の転移や骨折した肋骨の本数が多い（３本以上）ときに起こります。

また、下部肋骨（浮肋骨）の骨折が肝臓、腎臓、脾臓などの腹部臓器損傷の原因となることもあります。この場合は、腹部や腰部の持続的な痛みや激しい圧痛（筋性防衛）が見られます。合併損傷が考えられるようであれば、すみやかに医療機関に搬送しましょう。

肋骨全体をバランスよく圧迫

肋骨骨折の痛みの原因には、上肢や体幹の運動、呼吸運動によって胸郭が動くことが挙げられます。テーピングは肋骨部全体を圧迫・固定して痛みを軽減させることを目的とし、応急処置や安静時の保護、再発予防として行います。骨折しているのにもかかわらず、テーピングで固定してのプレーは禁忌です。

テーピングの流れは、ポジショニング→アンカー→斜めのサポートテープ→アンカー→水平のサポートテープ→アンカー→ラッピングです。

テーピングのポイント

1. 斜めと水平のサポートテープを行い、肋骨全体をバランスよく圧迫する。

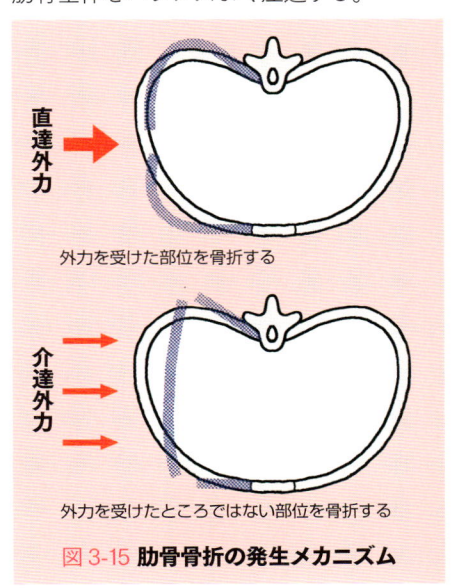

直達外力

外力を受けた部位を骨折する

介達外力

外力を受けたところではない部位を骨折する

図 3-15 肋骨骨折の発生メカニズム

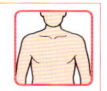

3 肋骨骨折のテーピング

肋骨を保護するために斜めと水平のサポートテープをホワイトテープで巻き、弾性包帯でラッピングをします。

使用テープ ●ホワイトテープ 38mm か 50mm、弾性包帯

ポジショニング

巻かれる人は椅子に座り、テーピングを行う側の腕を上げておく

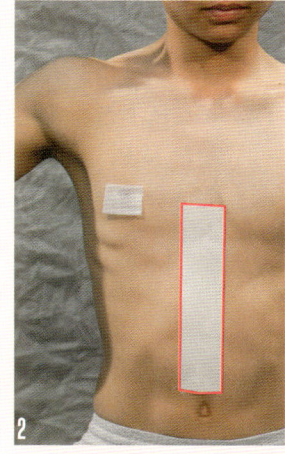

アンカー1

息を吐き、胸郭を小さくした状態で胸部の中央部にアンカーを貼る。アンカーの上端は乳頭のやや上、下端はへそくらいとし、肋骨部を広範囲に圧迫する。ワセリンパッドか絆創膏で乳頭部を保護する

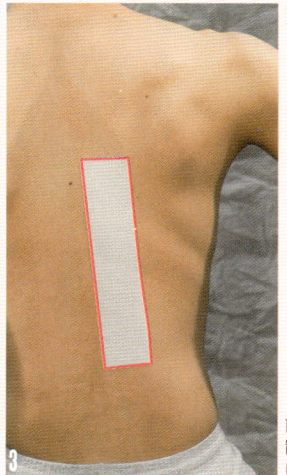

アンカー2

前面のアンカーの位置に合わせて、背部にもアンカーを貼る

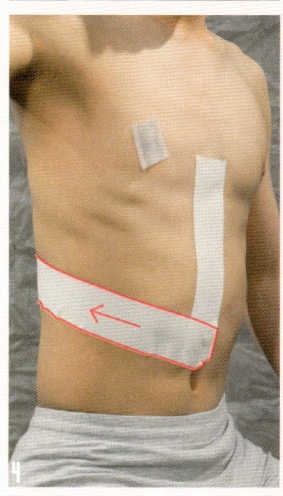

斜めのサポートテープ1

前面のアンカーから後面のアンカーへ、斜めにサポートテープを貼る。サポートテープ全体で均等に肋骨部を圧迫する

斜めの サポートテープ 2

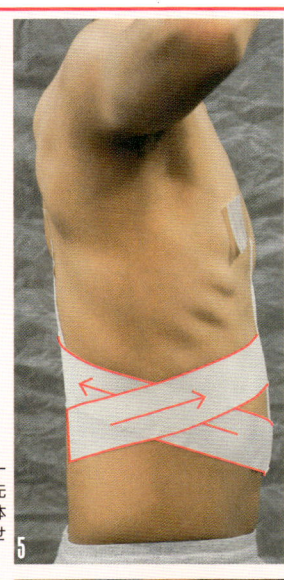

斜めにサポートテープを貼っていく。先に貼ったテープと体側の中央で交差させる **5**

斜めの サポートテープ 3

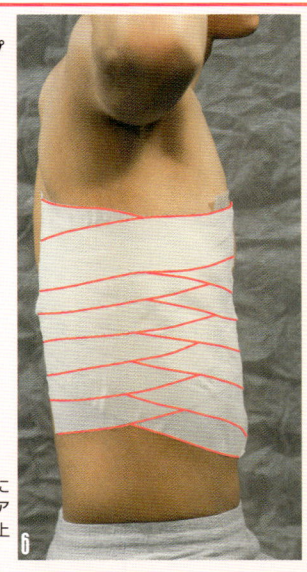

先に貼ったテープに半分重ねながら、アンカーの下端から上端まで貼っていく **6**

アンカー

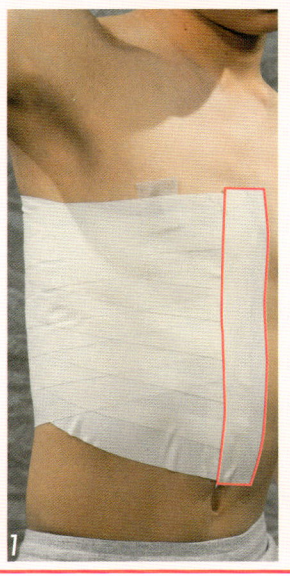

サポートテープがはがれないように、前面と後面にアンカーを貼る **7**

水平の サポートテープ 1

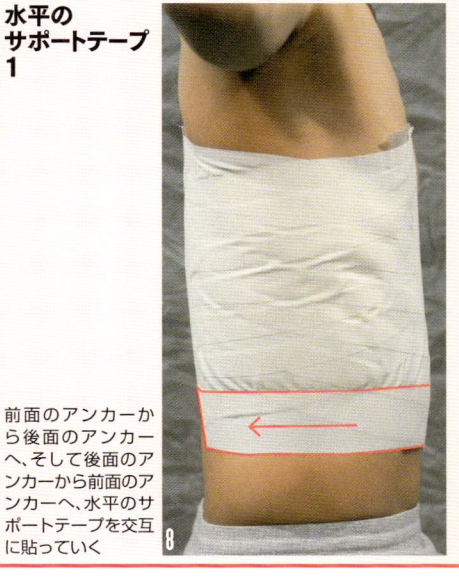

前面のアンカーから後面のアンカーへ、そして後面のアンカーから前面のアンカーへ、水平のサポートテープを交互に貼っていく **8**

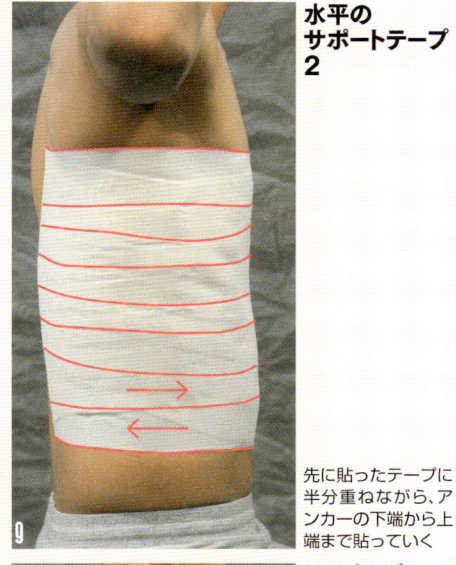

水平の
サポートテープ
2

先に貼ったテープに半分重ねながら、アンカーの下端から上端まで貼っていく

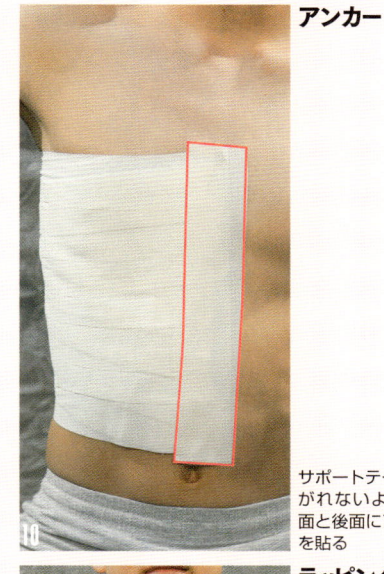

アンカー

サポートテープがはがれないように、前面と後面にアンカーを貼る

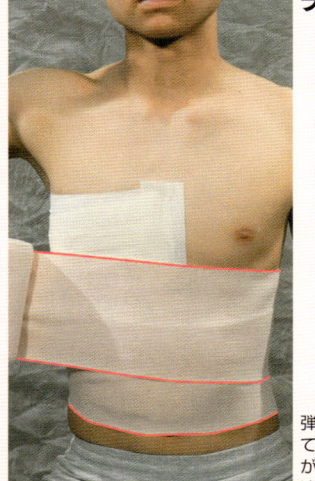

ラッピング1

弾性包帯を使用して、全体を圧迫しながら巻いていく。圧迫しすぎると呼吸が苦しくなる危険性があるので注意

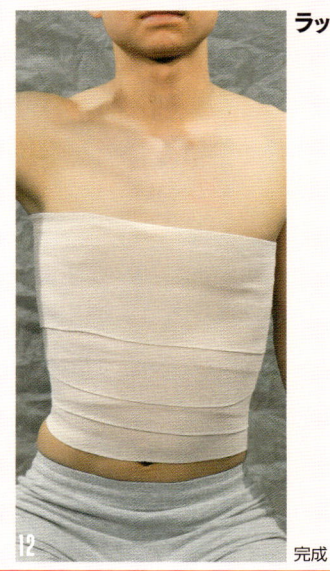

ラッピング2

完成

3 腰部外傷・障害、腰痛のテーピング

1 腰部の痛みの原因

動ける状態で適応する

腰部は足関節や膝関節と同様に、スポーツ外傷・障害の多い部位です。多く見られる腰部の外傷・障害として、腰椎分離症（図3-16）、椎間板ヘルニア（図3-17）、腰痛症などがあります。原因や病態はさまざまなので、スポーツ現場での対応は、スポーツドクターによる正確な診断を受けた上で慎重に行うことが大切です。

テーピングは、動くことは可能であるが腰部に痛みや不安感などがある場合や、治療やアスレティック・リハビリテーションの過程において使用します。

アスレティック・リハビリテーションは、痛みの軽減だけでは不十分です。発生原因を明らかにした上で、筋力や柔軟性の向上、腰部に負担のかかる動作の改善などについても行う必要があります。

2 テーピングの流れとポイント

サポートテープを活用

テーピングの目的は、腰部を圧迫して筋緊張や痛みの軽減を図ります。さらに、弾性包帯も併用し腰部を固定して動きを制限します。特に、腰部筋群が過伸展しないように体幹の前屈制限を行います。圧迫は、斜めと水平のサポートテープで、固定はそれらのサポートテープと弾性包帯を使って行います。痛みがあるにもかかわらず、テーピングに頼って競技に復帰することは禁忌です。

テーピングの流れは、肋骨骨折の場合と同じです。固定は弾性包帯を用います、弾性包帯による固定では不安な場合は、サポーターを使用するとよいでしょう。

テーピングのポイント

1. 斜めと水平のサポートテープで腰部をしっかり圧迫し、弾性包帯で固定する。

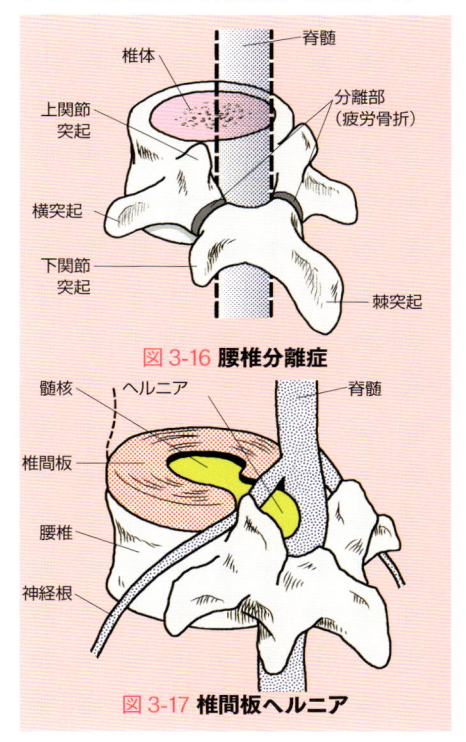

図 3-16 **腰椎分離症**

図 3-17 **椎間板ヘルニア**

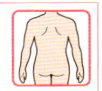

3 腰部外傷・障害、腰痛のテーピング

腰部を保護するために、斜めと水平のサポートテープをホワイトテープで巻きます。弾性包帯で固定をします。

使用テープ ●ホワイトテープ 38mm か 50mm、弾性包帯

ポジショニング

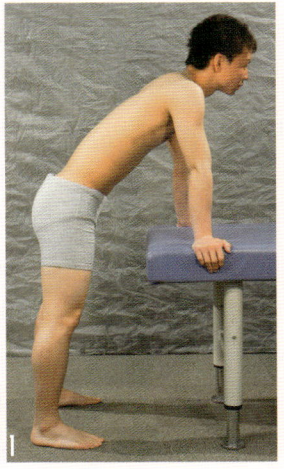

テーブルなどに手をつき、上半身を軽く前かがみにした状態で行う

アンカー

腸骨稜のやや下方から第 10 肋骨付近までアンカーを貼る。腰部の両側に貼る

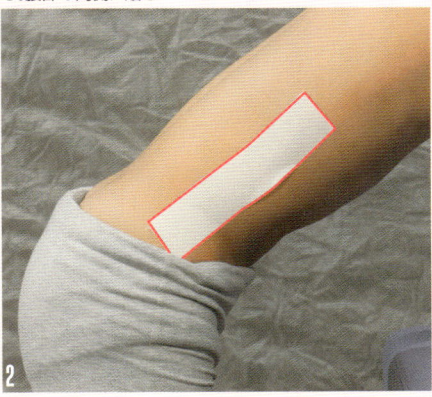

斜めのサポートテープ1

アンカーからアンカーへ、斜めにサポートテープを貼る。下から上へ強く引っ張り上げながら腰部を圧迫する

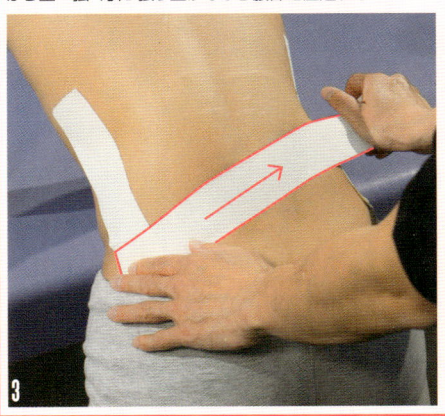

斜めのサポートテープ2

アンカーからアンカーへ、斜めにサポートテープを貼る。先に貼ったテープと中央でクロスさせる

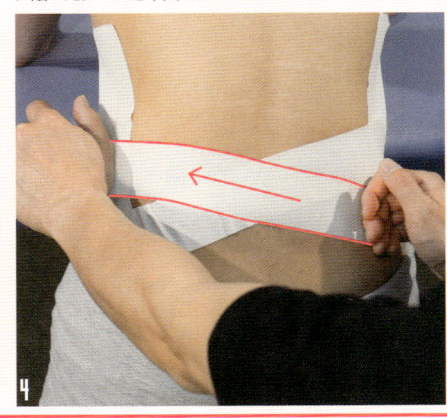

第3章　機能解剖＆スポーツ外傷・障害とともに理解する 部位別テーピング

斜めの
サポート
テープ3

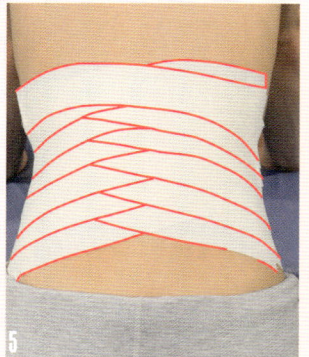

先に貼った斜め
のサポートテー
プに半分重ねな
がら、アンカーの
下端から上端ま
で貼っていく

アンカー

斜めのサポートテープがはがれないように、両側にアンカーを貼る

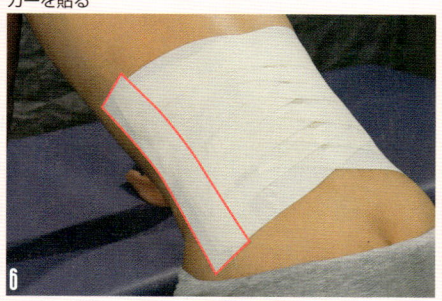

水平の
サポート
テープ1

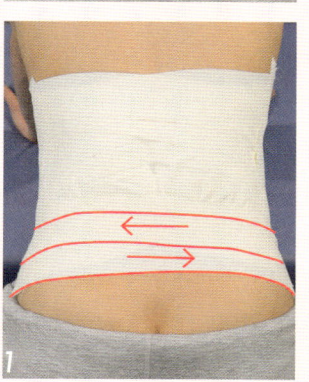

アンカーからア
ンカーへ、水平
のサポートテー
プを左右交互に
貼っていく。下か
ら上へ強く引っ
張り上げながら
腰部を圧迫する

水平の
サポート
テープ2

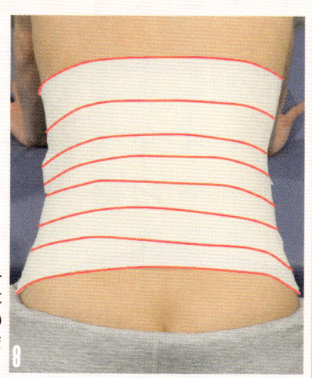

先に貼ったテー
プに半分重ねな
がら、アンカーの
下端から上端ま
で貼っていく

アンカー

水平のサポートテープがはがれないように、腰部の両側に
アンカーを貼る

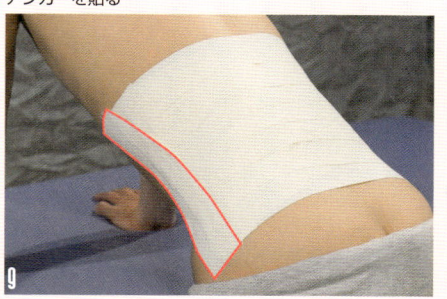

固定

腹圧を高める
と固定力が強く
なるので、下腹
部(へその下)に
しっかりと圧力
をかけて強く巻
く。へそより上は
呼吸が苦しくな
るので強く巻か
ないように注意
する

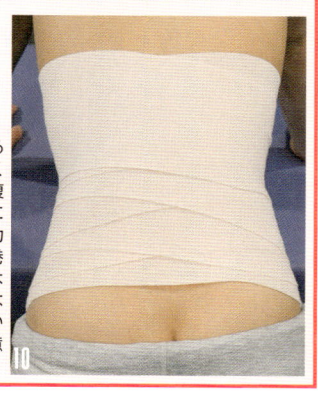

［筋力や知覚に異常はないか～腰部外傷・障害の初期評価～］

はじめに

スポーツ現場で行う初期評価のポイントは、骨や椎間板などの構造的な異常の確認です。構造的な異常（腰椎分離症や椎間板ヘルニアなど）が疑われる場合は、早急にスポーツドクターの診察を受けます。それ以外の場合でも、症状の回復が遅いときや悪化したときには同じく受診します。

問診

痛みの部位や誘発される動作、経過、腰痛歴、腰痛以外の症状（下肢の痛みやしびれ）の有無などを、具体的に聞きます。

関節可動域の確認

前屈・後屈・回旋動作による、関節可動域と痛みの有無を評価します。前屈時の可動域制限や腰痛は、腰背部、臀部、ハムストリングスの筋緊張を示します。後屈時の可動域制限や腰痛は、股関節屈筋の筋緊張や椎間関節の異常を示します。回旋動作の可動域制限や腰痛は、スイング動作で腰椎を過度にねじってプレーしている場合や、股関節周囲筋の筋緊張を示します。

触診

選手を腹臥位（うつぶせ）にして触診します。腰椎の棘突起部に圧痛や階段状の変形がある場合は、腰椎分離症を疑います。臀部中央部の圧痛は、椎間板ヘルニアによる坐骨神経痛を疑い、神経学的検査時の参考にします。また、周囲の筋肉（脊柱起立筋など）の圧痛箇所も確認しておきます。

神経学的検査

椎間板ヘルニアなどによる坐骨神経や大腿神経の異常を確認します。頻度の高い坐骨神経痛の検査法について説明します。SLR テストで選手の膝を伸展させたまま踵を挙上させ、放散痛（患部から離れた部位への痛み）が大腿後面から足底へ起これば（SLR テスト陽性）、坐骨神経痛を疑います。

ただし、SLR テストが陽性でなくても、各腰椎レベルで筋力や知覚の異常が見られれば坐骨神経痛を疑います。各腰椎レベルの検査方法は図 3-18 に示します。

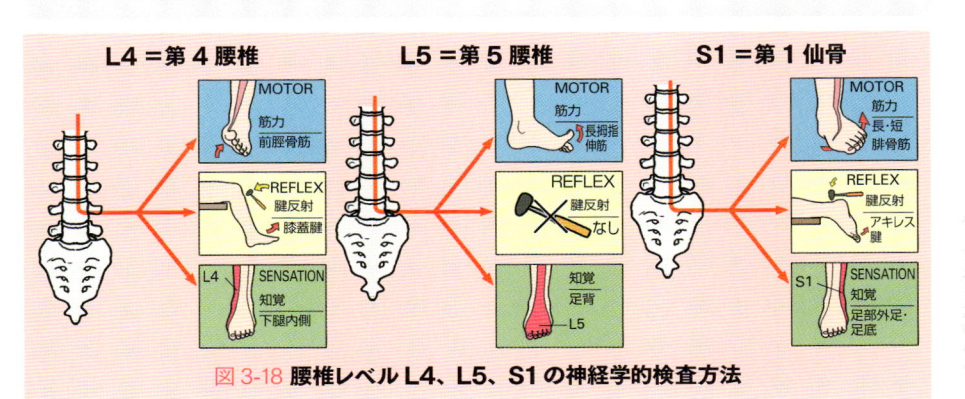

図 3-18 **腰椎レベル L4、L5、S1 の神経学的検査方法**

≪3 肩関節

肩関節の機能解剖とスポーツ外傷・障害

1 肩関節の機能解剖

関節の特徴

　肩関節は、肩甲骨、上腕骨、鎖骨、胸骨、肋骨で構成されます。関節は、肩甲上腕関節（いわゆる肩関節）、肩鎖関節、胸鎖関節、肩甲胸郭関節、第2肩関節に分類され、これらが肩関節複合体をつくっています。

　肩甲上腕関節は、ボール＆ソケット型の関節であり、球状の大きな上腕骨頭部と浅く小さな肩甲骨関節窩により構成されています（図3-19）。広い関節可動域をもつ半面、骨性の安定性は乏しく、関節唇、関節包、靱帯、ローテーターカフ（回旋筋腱板）、上腕二頭筋などが関節を支持安定させています。ローテーターカフは、上腕骨頭を関節窩に引きつけることで関節の安定に作用します。棘上筋、棘下筋、肩甲下筋、小円筋で構成されます。

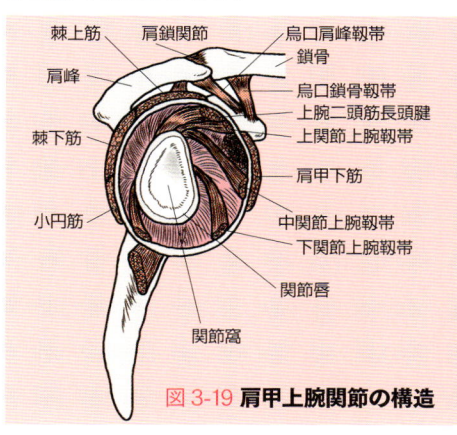

図3-19 肩甲上腕関節の構造

棘上筋 / 肩鎖関節 / 烏口肩峰靱帯 / 鎖骨 / 肩峰 / 烏口鎖骨靱帯 / 上腕二頭筋長頭腱 / 上関節上腕靱帯 / 棘下筋 / 肩甲下筋 / 小円筋 / 中関節上腕靱帯 / 下関節上腕靱帯 / 関節唇 / 関節窩

2 肩関節のスポーツ外傷・障害

関節の動きと筋

　肩の動きは、肩甲上腕関節と肩甲胸郭関節の動きが連動して起こります。これを肩甲上腕リズムといい、肩の動きの基本となっています。肩甲骨上腕関節の主な動きはには、外転、内転、屈曲、伸展、外旋があります。外転は、上腕を体幹から外側に遠ざける動き、内転は上腕を体幹に近づけ

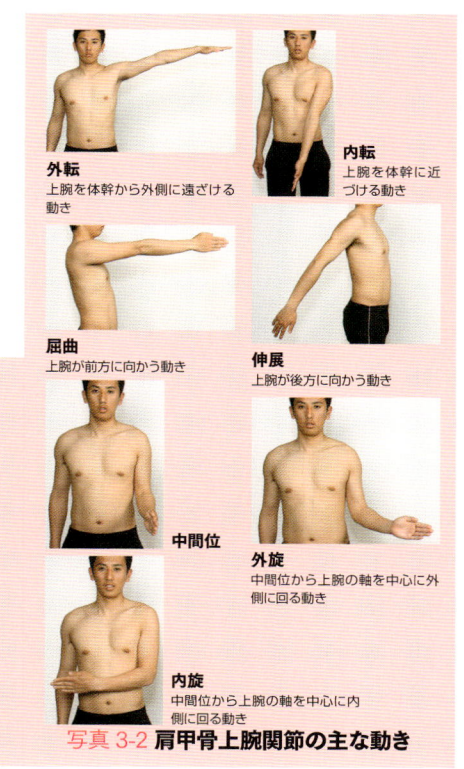

外転 上腕を体幹から外側に遠ざける動き

内転 上腕を体幹に近づける動き

屈曲 上腕が前方に向かう動き

伸展 上腕が後方に向かう動き

中間位

外旋 中間位から上腕の軸を中心に外側に回る動き

内旋 中間位から上腕の軸を中心に内側に回る動き

写真3-2 肩甲骨上腕関節の主な動き

る動き、屈曲は上腕が前方に向かう動き、伸展は上腕が後方に向かう動き、外旋は中間位から上腕の軸を中心に外側に回る動き、内旋は中間位から上腕の軸を中心に内側に回る動きです（写真 3-2）。

代表的な肩関節のスポーツ外傷・障害

肩関節のスポーツ外傷・障害として、肩関節脱臼、肩鎖関節損傷、腱板損傷、関節唇損傷などが挙げられます。肩関節脱臼には、いくつかのタイプがあります。

外傷性肩関節前方脱臼

外傷性肩関節脱臼は、肩を強打したとき、肩関節の外転・外旋位を強制されたとき、転倒時に手をついたときに発生します。前方脱臼と後方脱臼とがあり、スポーツで問題となるのは前方脱臼です。前方脱臼は上腕骨頭が前方あるいは前下方に外れるものをいい、関節包や関節唇を損傷します。関節唇損傷（バンカート病変）を伴うものは、反復性肩関節前方脱臼になりやすい点が問題となります。なお、脱臼は第三者によって整復されたもの、亜脱臼は自然整復・自己整復されたものを指します。

反復性肩関節前方脱臼

外傷性肩関節前方脱臼のあとに、脱臼や亜脱臼を繰り返すことをいいます。スポーツ選手の場合、初回の受傷後、完全な固定期間（約 3 週間）が確保できず、反復性肩関節前方脱臼に移行してしまう場合があります。反復性の原因としては、関節唇損傷のほかに、靭帯やローテーターカフの機能低下が認められます。10 〜 20 代の発生が圧倒的に多いのがこの外傷の特徴です。

ルーズ・ショルダー

動揺性肩関節とも呼ばれ、特に外傷の既往はないが、肩に緩みがあって不安定な状態をいいます。不安定性は、下方への動揺性が特徴です。症状は、不安定感のほかに、肩の倦怠感や痛みを生じます。

習慣性肩関節脱臼

特に外傷の既往はないものの、特定の肢位をとると上腕骨頭が関節窩から外れる脱臼をいいます。従来は、外傷性で脱臼を繰り返すものを習慣性脱臼としていましたが、現在それらは反復性肩関節前方脱臼として、非外傷性のものと区別しています。

肩鎖関節損傷

ラグビーや柔道などのコンタクトスポーツにおいて、肩から転倒した際や手や肘をついた際に発生します。肩から転倒した際は肩峰（けんぽう）をグラウンドに強打し、肩甲骨が臀部方向へ押し込まれ、鎖骨と肩甲骨が引き離されて、肘や手をついた際は上腕骨頭に肩峰が突き上げられて損傷します。

2 肩鎖関節損傷のテーピング

1 肩鎖関節損傷の程度

捻挫・亜脱臼・脱臼に分類

肩鎖関節損傷は、程度によりⅠ度（捻挫）、Ⅱ度（亜脱臼）、Ⅲ度（脱臼）の３つに分類されます。Ⅰ度は、肩鎖靱帯・関節包にわずかな損傷はあるものの、烏口鎖骨靱帯には損傷はなく、関節の不安定性は認められません。圧痛は関節部のみで、烏口鎖骨靱帯にはありません。レントゲン検査でも異常がありません。

Ⅱ度は、肩鎖靱帯・関節包の損傷のため、鎖骨の外側端が不安定になりますが、烏口鎖骨靱帯は完全には断裂していないので、関節の上下方向の不安定性は認められません。圧痛は、関節部と烏口鎖骨靱帯の両方にあります。レントゲン検査によって関節面の拡大が確認できます。

Ⅲ度は、肩鎖靱帯・関節包・烏口鎖骨靱帯の断裂のため、関節はさらに不安定になります。特に烏口鎖骨靱帯の断裂により、鎖骨外側端の上方への転位（脱臼。ピアノ・キー・サインと呼ぶ）が目で確認できます。圧痛は関節部と烏口鎖骨靱帯にあります。レントゲン検査においても鎖骨外側端の上方への転位（脱臼）が認められます。

2 テーピングの流れとポイント

鎖骨の圧迫と上腕の引き上げ

テーピングは、Ⅰ～Ⅲ度すべての程度において適応します。慢性例では、再発予防やスポーツ活動時の患部の保護として、急性例では、治療やアスレティックリハビリテーションの補助として、テーピングを使用します。

このテーピングは、腕の引き上げ、鎖骨を圧迫し、肩鎖関節を安定させることが目的です。上腕を引き上げるサポートテープを用いることによって、腕の重さにより損傷部位に伸張性のストレスがかかるのを防ぎます。前面、側面、後面の各サポートテープによって上腕を引き上げる強さを均一にします。

鎖骨の圧迫は、関節を正しい位置に保持するために行います。圧迫は、背部から胸部に貼るアンカーテープと腕の引き上げを行うサポートテープによって行います。Ⅱ度以上の損傷の場合は、損傷した烏口鎖骨靱帯のストレスを軽減させるテープとして重要となります。

慢性例でピアノ・キー・サインが認められる場合には、パッドによる鎖骨の圧迫が有効です。関節部の鎖骨側を強く圧迫します。肩峰を強く圧迫すると、関節部が引き離されて痛みが出る場合があるので、注意が必要です。

テーピングのポイント

1. 腕の引き上げと鎖骨を圧迫することにより、肩鎖関節を安定させる。

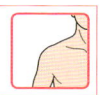

3 肩鎖関節損傷のテーピング

サポートテープで上腕を引き上げ、鎖骨を圧迫して、肩鎖関節を安定させます。ハードタイプのエラスティックテープで行います。

使用テープ ●エラスティックテープ 75mm、弾性包帯

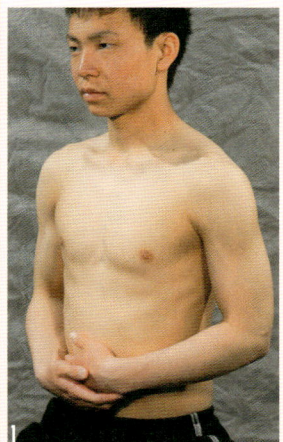

ポジショニング

体幹の前面で肘関節を屈曲位に保つ

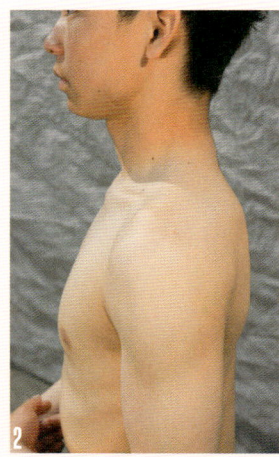

ポジショニング2

肩関節は中間位をとる

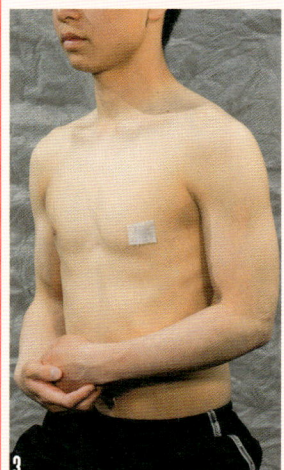

レースパッド

乳頭を保護するためにレースパッドを当てる

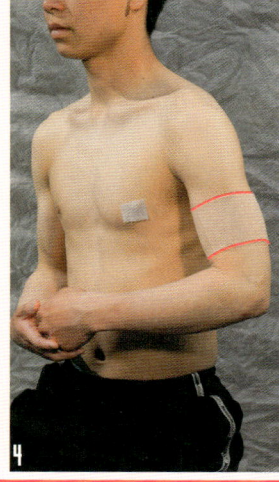

アンカー1

上腕部にアンカーを巻く。そのとき上腕に力を入れて緊張させておく

127

アンカー2

体幹部にアンカーを貼る

後面から見たところ

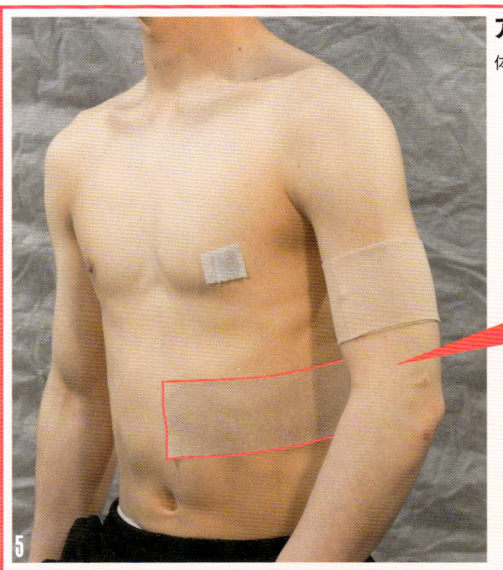

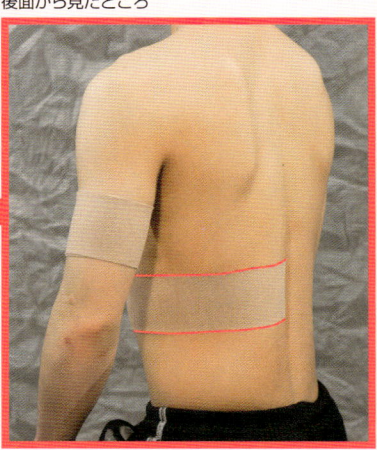

圧迫のサポートテープ1

背部から胸部にかけて、鎖骨を圧迫するサポートテープを貼る。鎖骨の外側端が浮いている場合は、パッドを用いて肩鎖関節を圧迫固定する

パットを当てる箇所

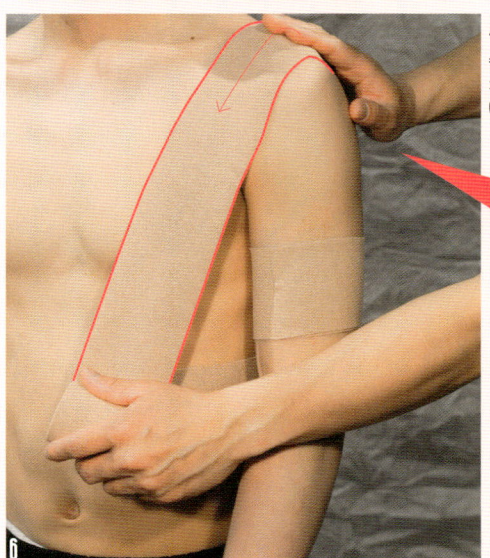

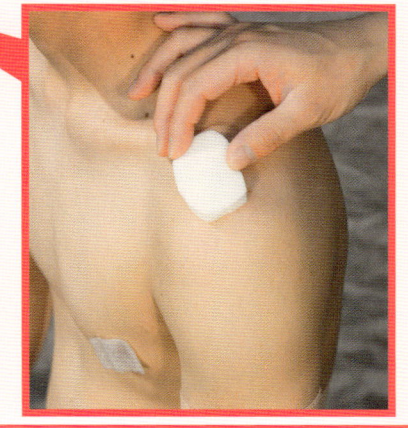

圧迫のサポートテープ2

パッドを覆うようにして、鎖骨を圧迫するサポートテープを2～3枚貼る。鎖骨にかかる部分はやや強めに貼る

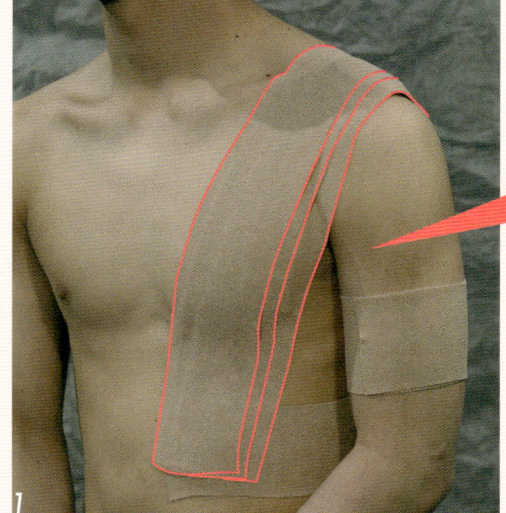

後面から見たところ

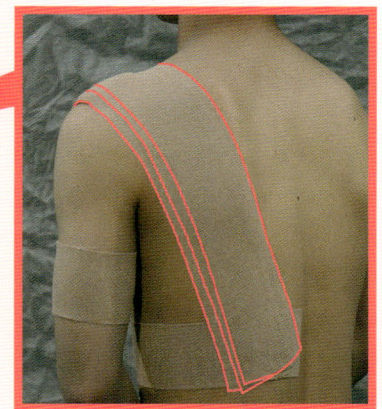

上腕引き上げのサポートテープ1

1本目は前面から。上腕のアンカーから背部のアンカーまで貼る。すべてのサポートテープは上方に強く引っ張りながら貼る。肩鎖関節上を通る

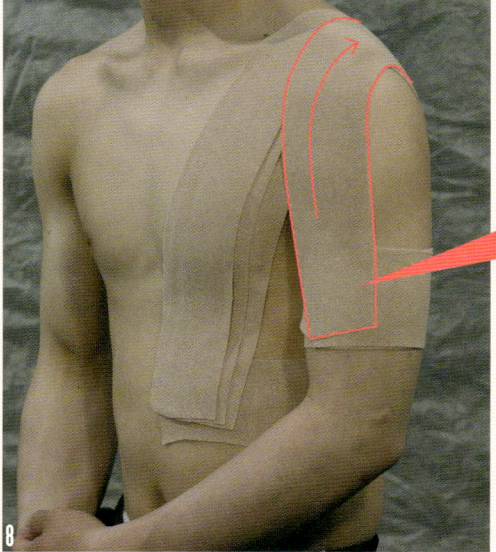

後面から見たところ

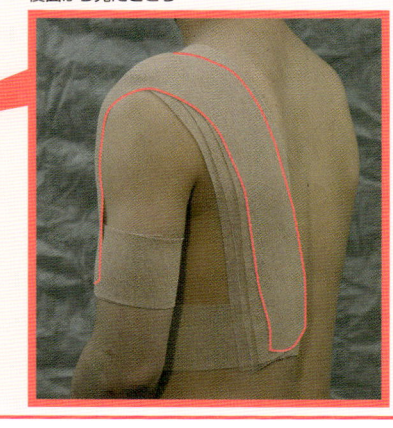

上腕引き上げのサポートテープ2

2本目は側面から。上腕のアンカーから鎖骨の外側端にかけて貼る

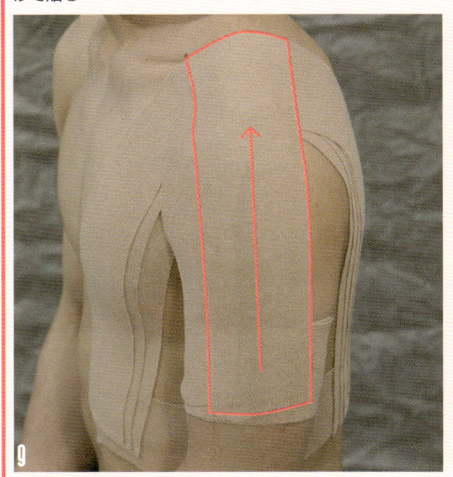

上腕引き上げのサポートテープ3

3本目は後面から。上腕のアンカーから胸部のアンカーまで貼る

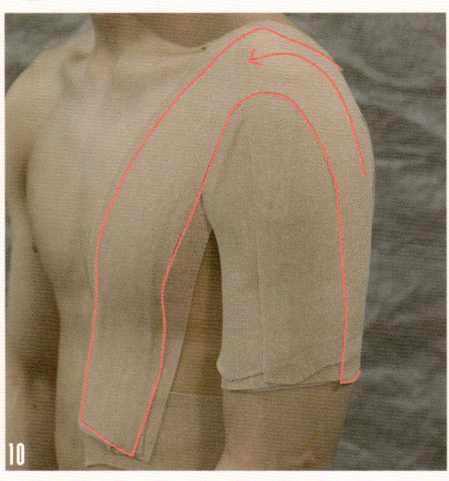

アンカー1

体幹部にアンカーを1本貼る

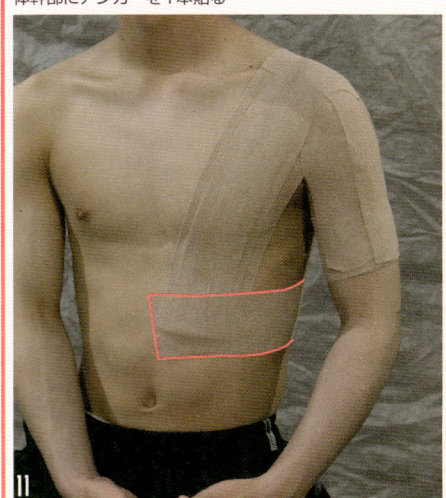

アンカー2

背部から胸部にアンカーを2本貼る

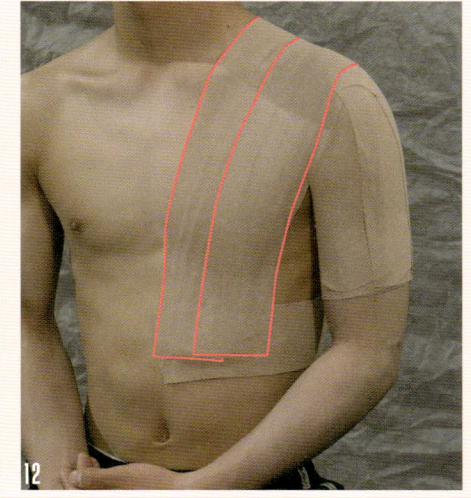

アンカー3

さらに体幹部にアンカーを2本を貼る

後面から見たところ

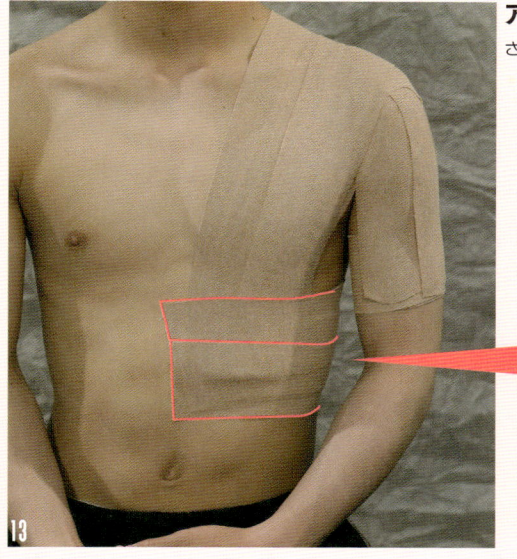
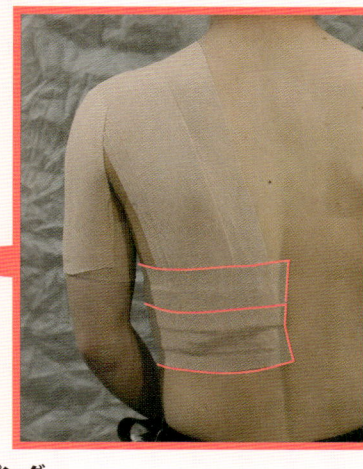

アンカー4

上腕部にアンカーを巻いて完成

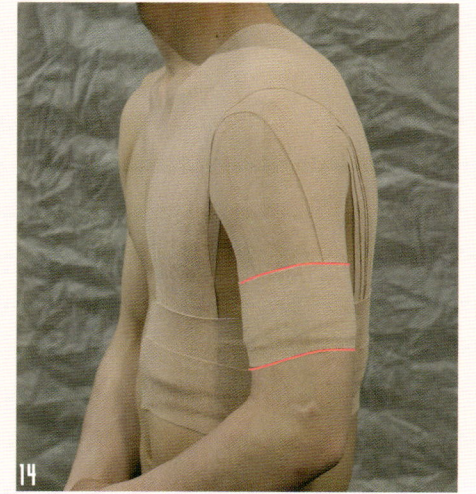

ラッピング

テープがずれないように、弾性包帯を巻く

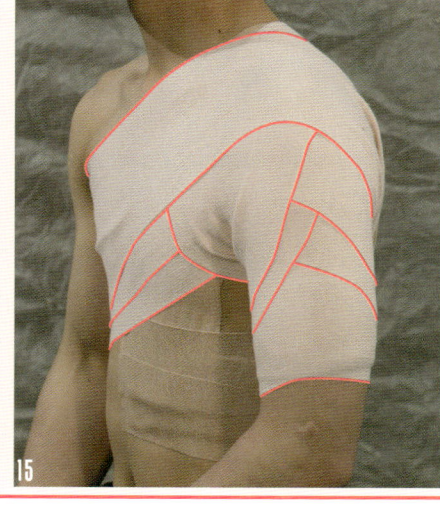

3 肩関節外転・外旋制限のテーピング

1 肩関節の不安定性

脱臼しないように動きを抑える

肩関節不安定性を症状とする外傷・障害は、さまざまです。なかでも、スポーツ現場で問題となるのは、外傷性肩関節脱臼に代表される前方への不安定性です。前方の不安定性は、肩関節外転・外旋位で誘発されます。肩関節外転・外旋位を例えると、ボールをオーバーハンドで投げるときに、腕を振り上げた状態がそれに当たります。

肩関節不安定性は、外側からはテーピング、内側からは肩の筋力トレーニングでサポートします。肩の筋力トレーニングは、ローテーターカフのトレーニングを行います。ローテーターカフは肩関節の安定を保つ重要な筋肉群です。棘上筋、棘下筋、小円筋、肩甲下筋で構成されます（図3-20）。トレーニングは1〜2kgのダンベルやゴムチューブを使い、「低負荷・高回数」で日常のコンディショニングとして行うようにします。

2 テーピングの流れとポイント

可動域を制限する

テーピングは、肩関節外転・外旋位の制限を行い、再脱臼や不安定感を防止します。サポートテープでいかに関節可動域を制限するかが重要になります。

外旋制限のサポートテープは、上腕部の前面から肩関節後面へ向けて、肩関節を内旋方向へ誘導します。外転制限のサポートテープは貼る位置がポイントです。テープは肩峰の下を通り、上腕骨にテープをかけるようにします。位置がずれると外転制限にならないので注意します。テープを肘関節に近い位置にかけると、外転制限をさらに強くすることができます。

しかし、頻繁に脱臼を繰り返すような場合は、テーピングは適応となりません。スポーツドクターと相談をしてください。

また、初回の脱臼の場合は、初期治療が大切です。専用装具で軽度外旋位で固定をします。

テーピングのポイント

1. サポートテープを貼る方向と位置に注意して、外旋と外転の制限を確実に行う。

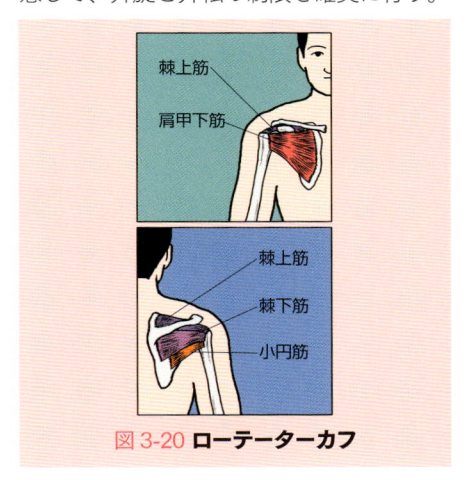

棘上筋
肩甲下筋
棘上筋
棘下筋
小円筋

図3-20 ローテーターカフ

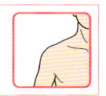

❸ 肩関節外転・外旋制限のテーピング

適切な位置と巻き方でサポートテープによって外旋・外転を制限します。主にハードタイプのエラスティックテープで行います。

使用テープ ● エラスティックテープ 75mm、ホワイトテープ 50mm、弾性包帯

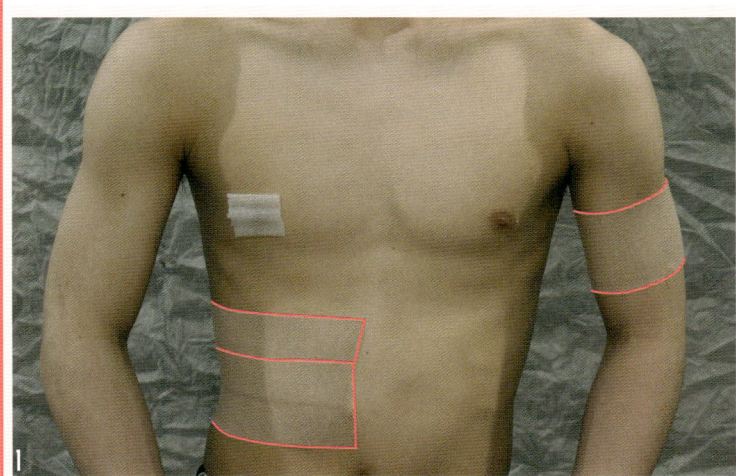

アンカー

上腕と体幹部にアンカーを貼る

1

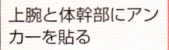

**外旋制限の
サポートテープ**

肩関節外転・外旋位で不安感が出る角度からやや戻した角度をとり、上腕のアンカーから上腕部前面を通って肩関節後面に向けてサポートテープを巻く

2

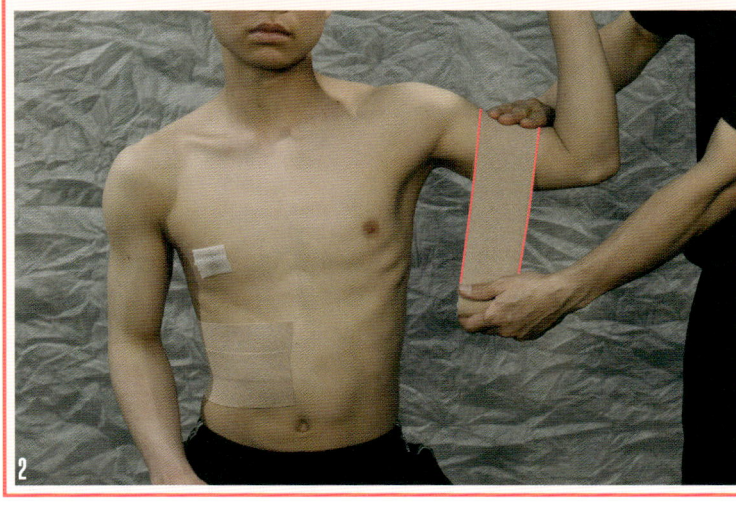

外転制限の
サポートテープ

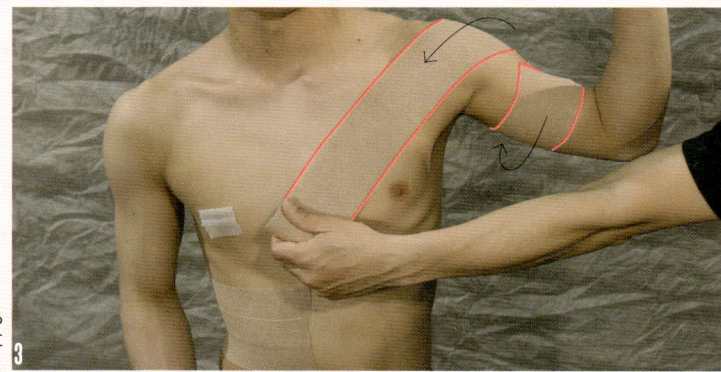

続けて肩関節後面から
肩峰の下を通り、胸部に
貼る **3**

外転・外旋制限の
サポートテープ1

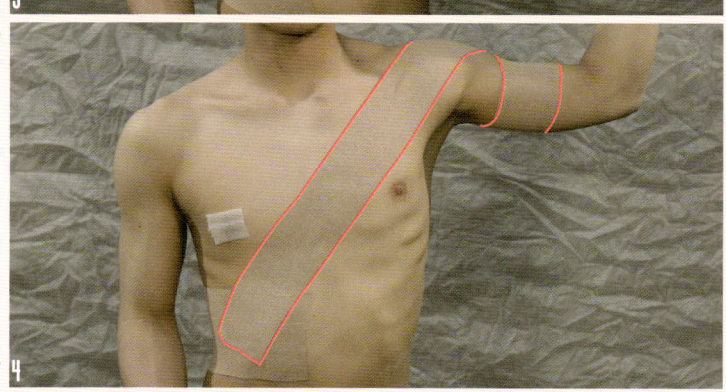

体幹部のアンカーで止
める **4**

外転・外旋制限の
サポートテープ2

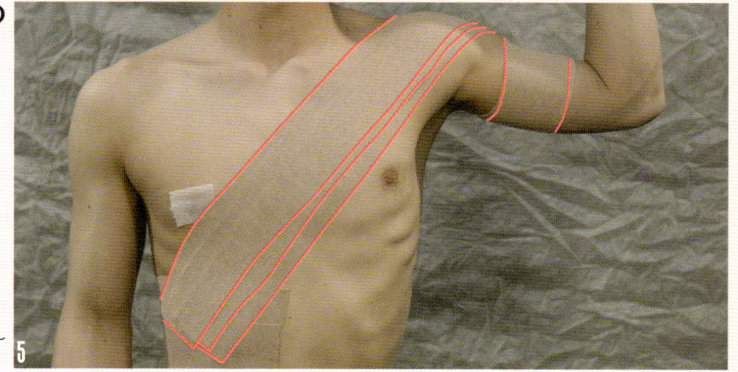

少しずつずらして2〜
3セット貼る **5**

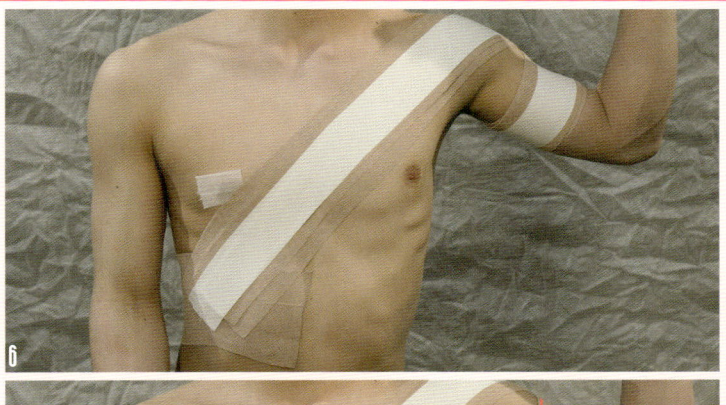

補強のテープ

サポートテープの補強のために、上腕前面〜肩関節後面〜胸部をホワイトテープで同様に貼る

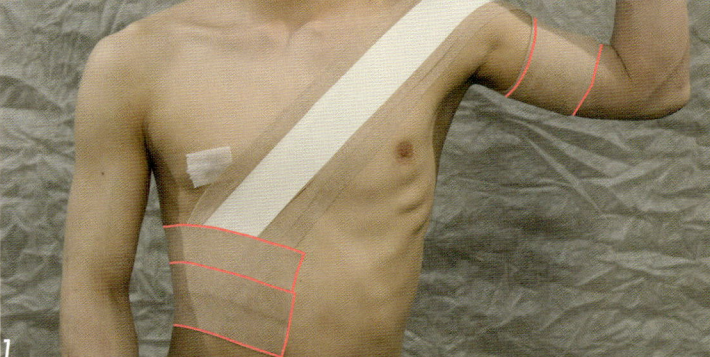

アンカー

上腕部と胸にアンカーを巻く

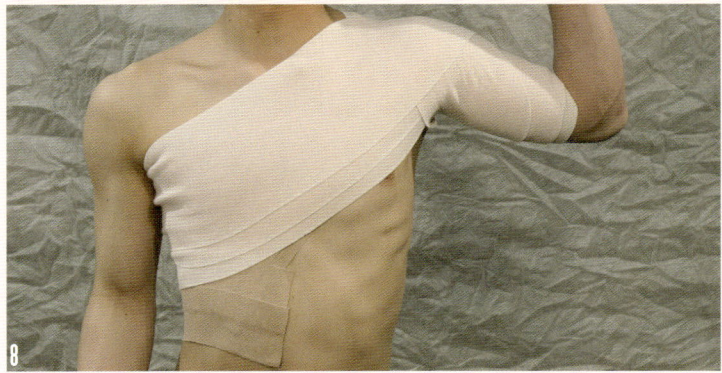

ラッピング

テープがずれないように、弾性包帯を巻く

≪1 肘関節・手関節

|肘関節・手関節の機能解剖とスポーツ外傷・障害

|肘関節と手関節の機能解剖

関節と靱帯

肘関節は、上腕骨、橈骨、尺骨からなり、それぞれの骨が腕尺関節、腕橈関節、近位橈尺関節を構成する複合関節です（図3-21）。

腕尺関節は、屈曲と伸展の運動に関係します。伸展時には、尺骨の肘頭が上腕骨の肘頭窩にはまり込んで関節の安定性をよくしています。腕橈関節は、屈曲と伸展の運動に関係し、前腕の回内、回外運動にも関係します。近位橈尺関節は、橈骨頭が尺骨と関節で回転します。遠位橈尺関節とともに前腕の回内、回外運動に関係します。

肘関節の内側と外側に主な靱帯があります。内側は内側側副靱帯があり、特に屈曲位での過度な外反を防止します。外側には橈側側副靱帯（外側側副靱帯）、外側尺側側副靱帯、輪状靱帯があります。橈側側副靱帯と外側尺側側副靱帯は、過度な内反を防止します。輪状靱帯は、橈尺関節の安定に働きます。

手関節は、橈骨手根関節、尺骨手根関節、手根中央関節の3つの関節から構成されています。手根骨は、舟状骨、月状骨、三角骨、菱形骨、小菱形骨、有頭骨、有鉤骨、豆状骨と、5つの中手骨によって形成されています（P150、図3-22参照）。これらの骨は靱帯によって支持されています。

関節の動きと筋肉

肘関節固有の動きは屈曲と伸展です。近位橈尺関節は、遠位橈尺関節と前腕の回内・回外にも関係しています（写真3-3）。

屈曲は肘を曲げる動きであり、上腕二頭筋や腕橈骨筋が作用します。伸展は肘を伸ばす動きであり、上腕三頭筋が作用します。前腕回内は中間位から手掌（手のひら）を下に向ける動きで、円回内筋や方形回内筋が作用し、前腕回外は中間位から手掌を上に向ける動きで、回外筋や上腕二頭筋が作用します。

手関節は、掌屈（屈曲）・背屈（伸展）、橈屈・尺屈の動きを行います。掌屈は、手を手掌側に曲げる動きであり、前腕後部の

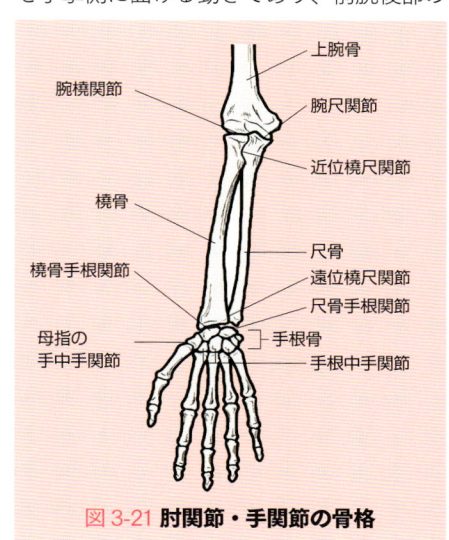

図 3-21 肘関節・手関節の骨格

（図中のラベル）
上腕骨
腕橈関節
腕尺関節
近位橈尺関節
橈骨
尺骨
遠位橈尺関節
尺骨手根関節
橈骨手根関節
母指の手中手関節
手根骨
手根中手関節

手関節屈筋群が作用します。背屈は、手を手背（手の甲）側に曲げる動きであり、前腕前部の手関節伸筋群が作用します。橈屈は手首や指が橈骨側へ向かう動き、尺屈は手首や指が尺骨側へ向かう動きです。

2 肘関節・手関節のスポーツ外傷・障害

内側側副靱帯損傷

　外傷と障害とに分けられ、外傷は、転倒して手をついたときに、肘関節が過度に伸展し、受傷します。脱臼も同様の受傷機転で起こります。障害は、投球動作の繰り返しで肘に外反力が重なり起こります。原因はともに、肘関節は生理的に外反していて内側に牽引力がかかりやすい構造になっているからです。主な症状は、運動痛と関節

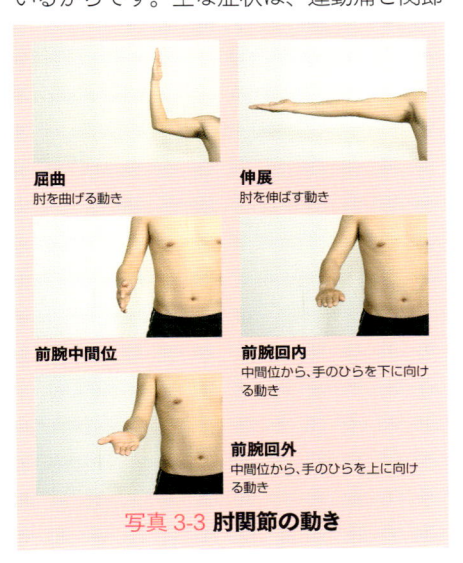

屈曲
肘を曲げる動き

伸展
肘を伸ばす動き

前腕中間位

前腕回内
中間位から、手のひらを下に向ける動き

前腕回外
中間位から、手のひらを上に向ける動き

写真 3-3 **肘関節の動き**

不安定感であり、損傷の程度によってⅠ～Ⅲ度に分類されます。Ⅰ度は靱帯の一部が伸ばされた状態、Ⅱ度は部分断裂、Ⅲ度は完全断裂です。

テニス肘

　テニス肘とは、オーバーユースが原因で起こる肘関節周囲の運動痛や自発痛のことをいいます。ラケットスポーツで発生します。重症例になると日常生活でも痛みを感じます。外側型と内側型とに分類され、外側型が多く発生します。外側型は、前腕伸筋群の起始部に当たる上腕骨外側上顆周辺が痛みます。特に短橈側手根伸筋起始部の炎症が主な原因といわれています。バックハンドテニス肘ともいいます。内側型は前腕屈筋群の起始部に当たる上腕骨内側上顆周辺が痛みます。フォアハンドテニス肘ともいいます。

手関節捻挫

　ボクシングや空手など殴る動作や、ラグビー、柔道、スノーボードなど転倒などで「手をつく」ときによく起こります。手関節周囲の靱帯や関節包を損傷します。手関節の運動痛が主な症状です。テーピングで手関節の運動制限を行うと痛みが軽減して効果的です。同様の受傷機転で骨折も発生するため、腫脹や痛みが激しい場合は医療機関を受診します。

2 テニス肘のテーピング

伸筋群か屈筋群のストレスを軽減

テニス肘には2種類あり、上腕骨外側上顆周辺に痛みがあるものをテニス肘外側型、上腕骨内側上顆周辺に痛みがあるものをテニス肘内側型といいます。

外側型のほうが内側型より多く発生するので、テニス肘というと外側型と認識されています。

外側型で痛みがある上腕骨外側上顆は、前腕伸筋群の起始部に当たります。内側型で痛みがある上腕内側上顆は、前腕屈筋群の起始部に当たります。この部分が伸展ストレスを受けて痛むので、ストレスを軽減するテーピングを行います。

2 テーピングの流れとポイント

急性期か慢性期か

テニス肘のテーピングは、外側型と内側型とに分けて行います。また、損傷の程度により適応となるタイミングや目的が異なるので、スポーツドクターと相談の上で実施する必要があります。

急性期は強い痛みが出るため、プレーを中止して局所の安静に保ちます。

急性期

外側型のテーピングは、伸筋群の安静を目的として軽度背屈位で固定します。内側型のテーピングは、屈筋群の安静を目的として、軽度掌屈位で固定します。

外側型のテーピングは手関節伸筋群全体への伸張性のストレスを、一方、内側型のテーピングは屈筋群全体への伸張性ストレスを軽減させ、ともに筋の保護を目的に行います。

痛みが強いのにテーピングに頼って競技復帰をすることは禁忌です。

慢性期及び予防

慢性期、つまり急性期を過ぎて、圧痛や疼痛誘発テストによる痛みが軽減してきたら、プレーを段階的に再開していきます。その際、手関節伸筋群あるいは屈筋群へのストレスを軽減することを目的に、伸筋あるいは屈筋を圧迫するテーピングまたは市販のテニス肘用バンドと、手関節を固定するテーピングとを行います。

テーピングのポイント

1. 急性期のテーピングは、外側型は常に軽度背屈位で、内側型は常に軽度掌屈位で行う。

2. サポートテープは、手関節で交差するように巻く。

3. ラッピングはエラスティックテープで行う。強めに固定したい場合はハードタイプを、弱めに固定したい場合はソフトタイプを使う。

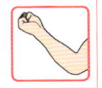

3 テニス肘外側型のテーピング（掌屈制限）

軽度背屈位でサポートテープを巻きます。ラッピング以外はホワイトテープで巻きます。
使用テープ●ホワイトテープ 38mm、エラスティックテープ 50mm

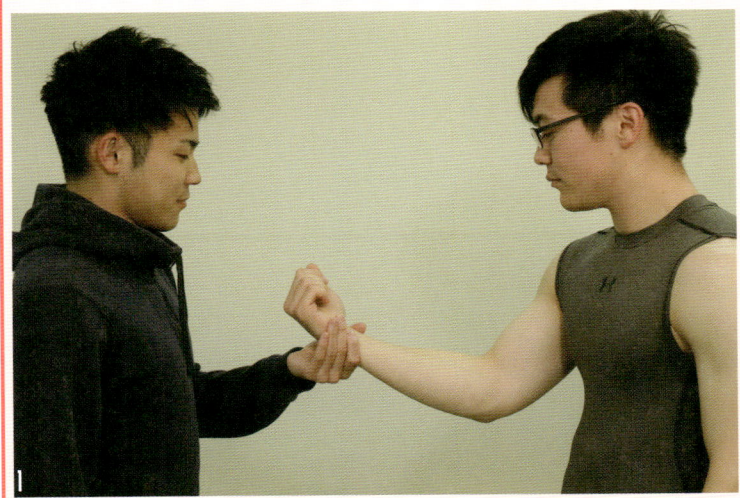

ポジショニング

手関節背屈位で胸の
前で巻く（写真は掌
屈しています。実際
の背屈位はアンカー
の写真を参考にして
ください）

アンカー

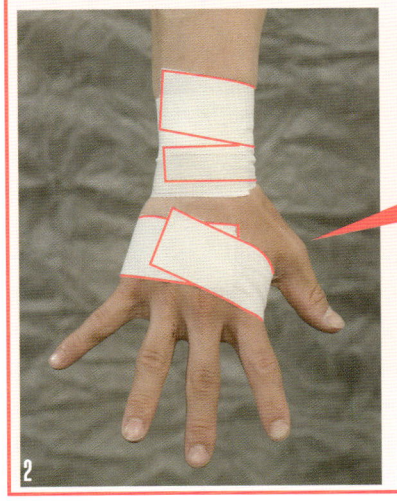

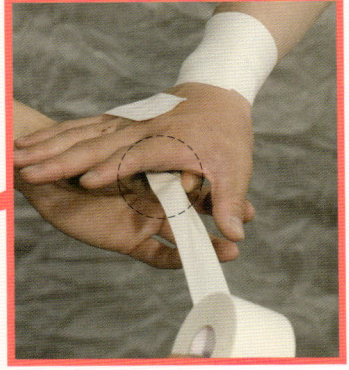

テープが母指の付け根にかかるとき
には、テープの縁を折り返して
テープがきつくなるのを防ぐ

手は開いて、ジャン
ケンのパーの状態
を保つ。手首を安
定させて、手関節に
2本、手に1本アン
カーを巻く

Xサポート

手アンカーから手関節のアンカーへ、手関節で交差するように2本貼る

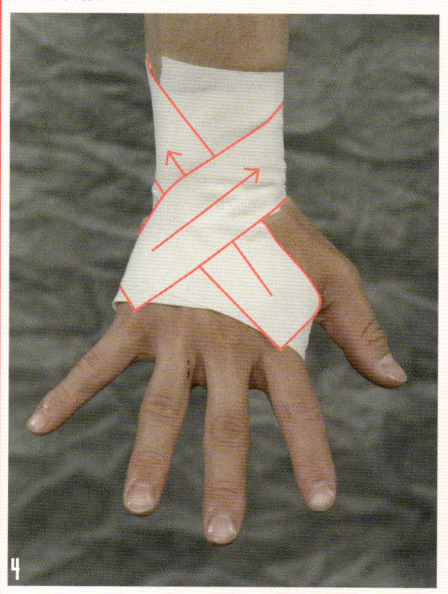

縦の
サポートテープ

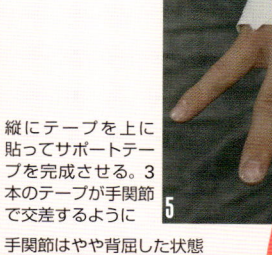

縦にテープを上に貼ってサポートテープを完成させる。3本のテープが手関節で交差するように

手関節はやや背屈した状態

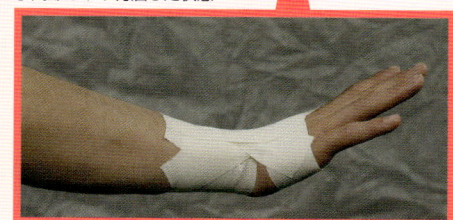

ラッピング1

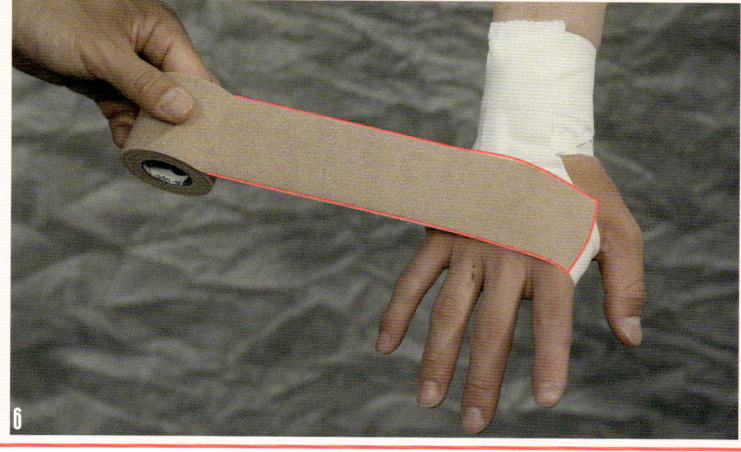

手関節と手にアンカーを巻いた後、エラスティックテープ（写真はハードタイプ）でラッピングへ。手の甲から始める

ラッピング2

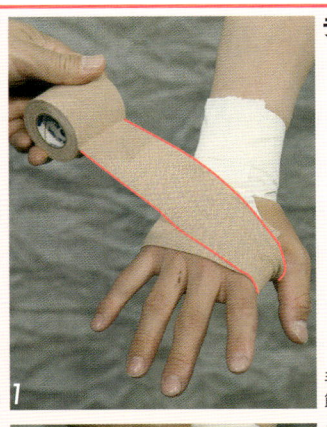

手を一周して手関節へ

ラッピング3

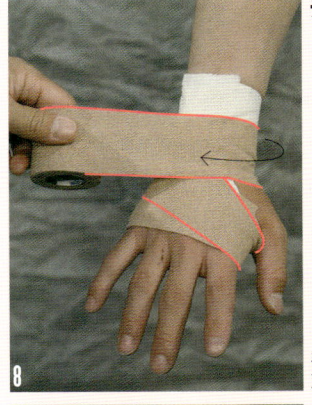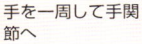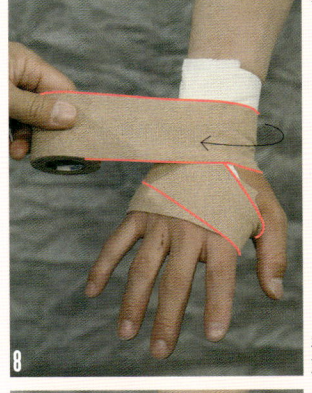

手関節から手に戻る

ラッピング4

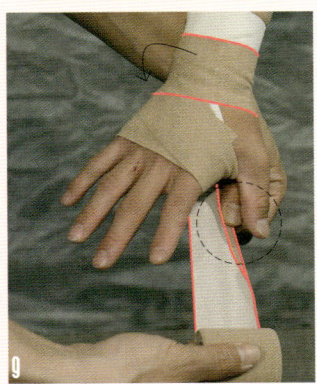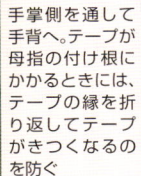

手掌側を通して手背へ。テープが母指の付け根にかかるときには、テープの縁を折り返してテープがきつくなるのを防ぐ

ラッピング5

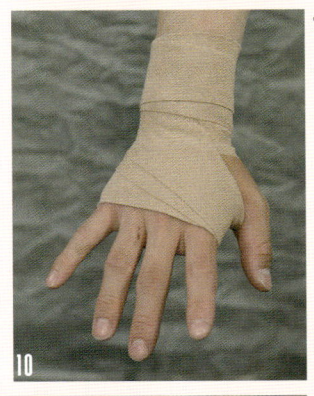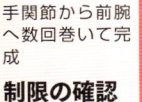

手関節から前腕へ数回巻いて完成

制限の確認

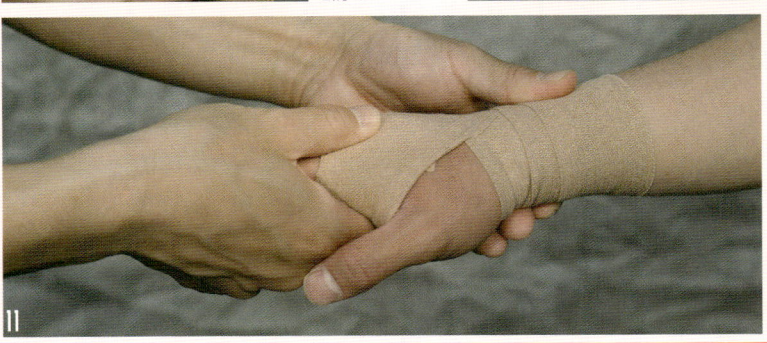

軽度背屈位となっており、屈曲が制限されているかを確認する

4 テニス肘内側型のテーピング（背屈制限）

軽度掌屈位でサポートテープを巻きます。ラッピング以外はホワイトテープで巻きます。
使用テープ●ホワイトテープ 38mm、エラスティックテープ 50mm

ポジショニング

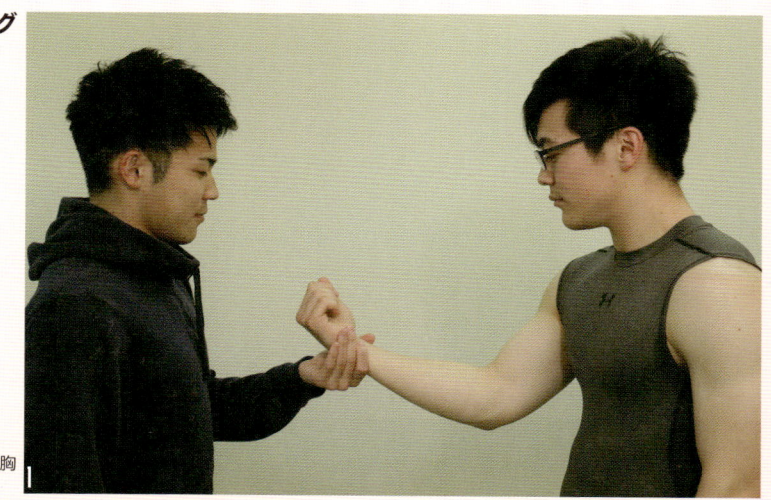

手関節を掌屈位で胸の前で巻く ❶

アンカー

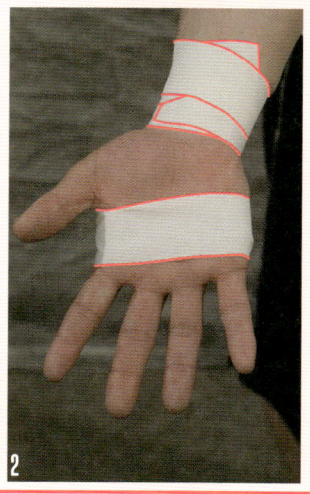

手は開いて、ジャンケンのパーの状態を保つ。手首を安定させて、手関節に2本、手に1本アンカーを巻く ❷

Xサポート

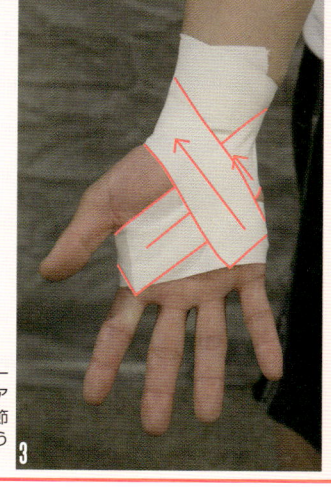

手掌のアンカーから手関節のアンカーへ、手関節で交差するように2本貼る ❸

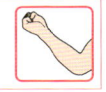

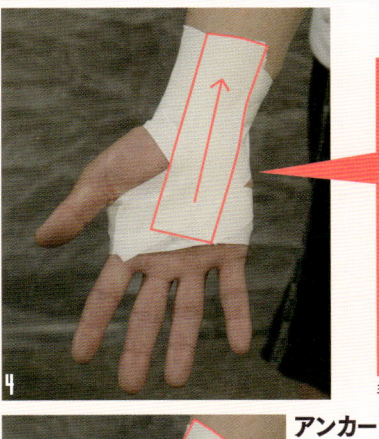

縦のサポートテープ

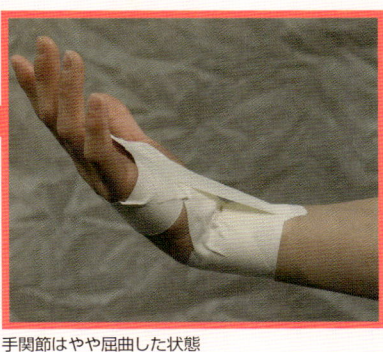

縦にテープを上に貼ってサポートテープを完成させる。3本のテープが手関節上で交差するように

手関節はやや屈曲した状態

アンカー

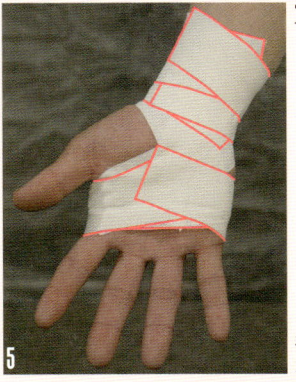

手関節と手にアンカーを巻く

ラッピング

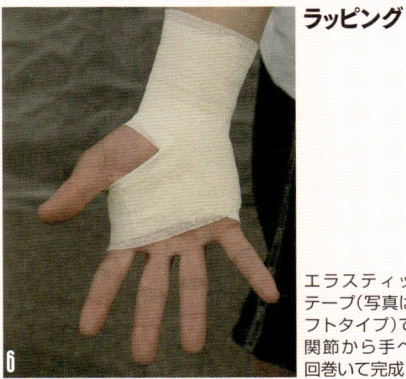

エラスティックテープ（写真はソフトタイプ）で手関節から手へ数回巻いて完成

制限の確認

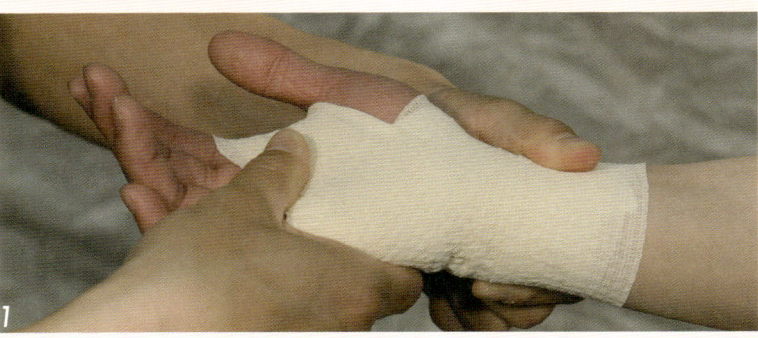

軽度掌屈位となっており、背屈が制限されているかを確認する

第3章 機能解剖＆スポーツ外傷・障害とともに理解する
部位別テーピング

3 肘内側側副靱帯損傷のテーピング

1 競技復帰か否か

患部の回復状況から判断

　肘関節の内側側副靱帯損傷は、Ⅰ～Ⅲ度に分類されます。Ⅰ度は靱帯の一部が伸ばされた状態、Ⅱ度は部分断裂、Ⅲ度は完全断裂です。損傷の程度により適応となるタイミングや目的が異なるため、スポーツドクターと相談の上でテーピングを行います。

　Ⅰ度損傷では、疼痛がなくなればテーピングを行って競技復帰が可能なケースもあります。Ⅱ～Ⅲ度損傷では、治療やアスレティックリハビリテーションの過程において、患部の保護としてテーピングを行います。Ⅱ～Ⅲ度損傷で競技復帰を目的とした場合は、筋力低下、関節可動域制限などの機能的な問題や損傷した靱帯の治癒状態など、患部の回復状況に応じて、テーピングの適応を判断します。不安定感が強いにもかかわらず、テーピングに頼って競技復帰をすることは禁忌です。

2 テーピングの流れとポイント

伸展制限・外反制限のテーピング

　テーピングは、伸展制限や外反制限を行って肘関節を安定させるとともに、痛みや不安定感を軽減する目的で実施します。伸展制限、外反制限のサポートテープを貼る位置が重要です。

　サポートテープにエラスティックテープかホワイトテープを使用し、エラスティックテープの場合はテープをたるませないように注意します。特に外反制限は関節角度による調整ができないので、テープをやや引っ張った状態で貼る。

　外反制限のサポートテープは、外反による内側側副靱帯へのストレスを軽減させる目的で行います。内側側副靱帯の位置を通るように、2本のテープが上腕骨内側上顆で交わるように貼ります。制限を強めたいときは数回巻きます。

　伸展制限のサポートテープは、屈筋や靱帯などの軟部組織を保護する目的で行います。3本のテープが肘窩（肘の前面の浅い窪み）で交わるように貼ると、制限が強固になります。伸展制限をさらに強めたいときは、サポートテープやフィギュアエイトを数回巻きます。屈曲を大きくした状態でテーピングを行えば、伸展制限はより強くなります。

　アンカーは、運動時のテープの圧迫を防ぐためにエラスティックテープを用います。上腕部のアンカーを上腕二頭筋の筋腹（最も太いところ）より肩関節寄りに巻くと、ずれにくくなります。

テーピングのポイント

1. 外反制限のサポートテープは上腕骨内側上顆で、伸展制限のサポートテープは肘窩で交わるように貼る。

3 肘内側側副靭帯損傷のテーピング

外反制限のサポートテープは、エラスティックテープの伸縮性を利用します。伸展制限は肘窩で3本のテープが交わるようにします。

使用テープ●エラスティックテープ50mm、ホワイトテープ50mm

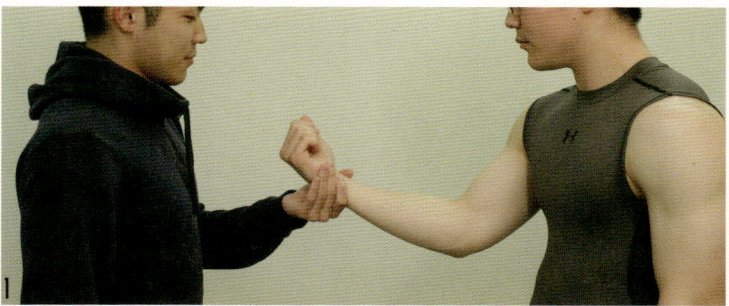

ポジショニング

握りこぶしをつくり、腕の筋肉を緊張させておく。肘関節を痛みの出る角度からやや屈曲させてテーピングをする

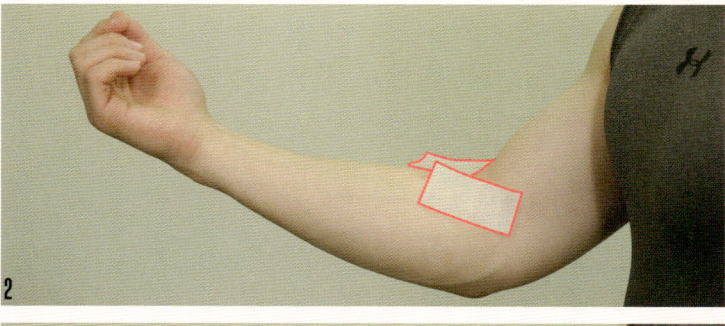

レースパッド

肘窩にレースパッドを当てて腱を保護する

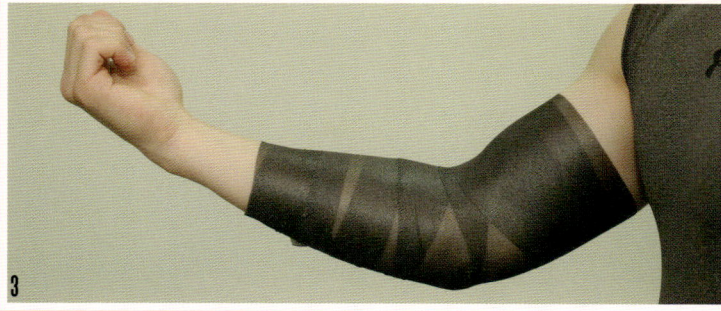

アンダーラップ

アンダーラップを全体に巻く

第3章　機能解剖&スポーツ外傷・障害とともに理解する
部位別テーピング

アンカー

上腕のアンカーを上腕二頭筋の筋腹（最も太いところ）よりも肩関節寄りに巻く。前腕部のアンカーを上腕部のアンカーと距離のバランスが同じくらいになる位置に巻く

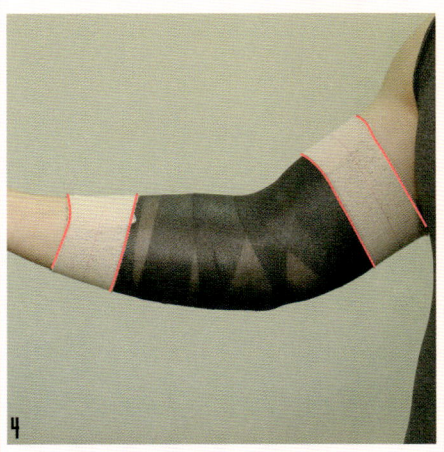

外反制限のサポートテープ1

エラスティックテープかホワイトテープを使用して、前腕内側から上腕骨内側上顆を通り、上腕のアンカーまで貼る

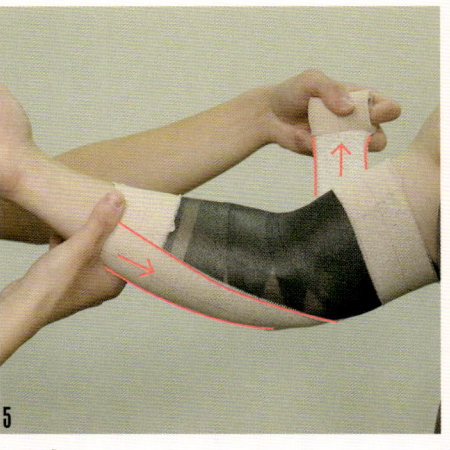

外反制限のサポートテープ2

前腕外側から上腕骨内側上顆を通り、上腕のアンカーまで貼る。サポートテープは、上腕骨内側上顆で交わるように貼る

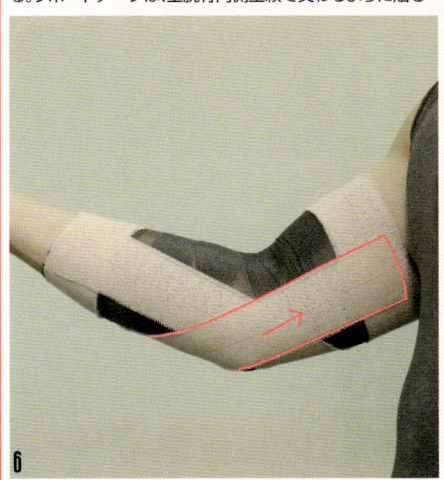

アンカー

外反制限のサポートテープがはがれないように、上腕部と前腕部にアンカーを巻く

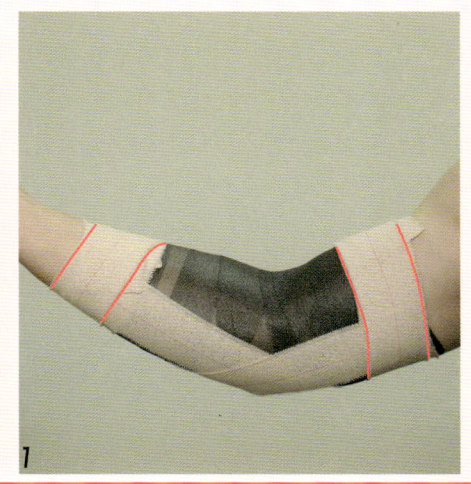

伸展制限のサポートテープ1

前腕のアンカーから上腕のアンカーまで、肘窩を通ってまっすぐに貼る

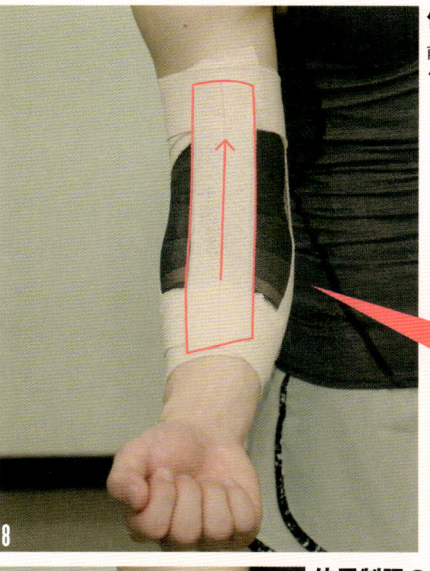

横から見たところ。伸展制限のサポートテープはエラスティックテープを用いる

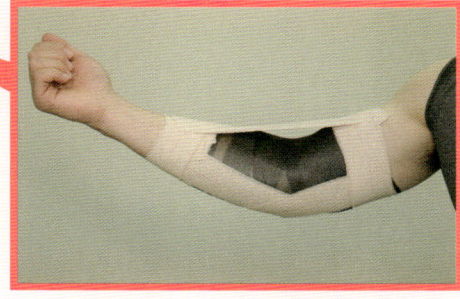

伸展制限の サポート テープ2

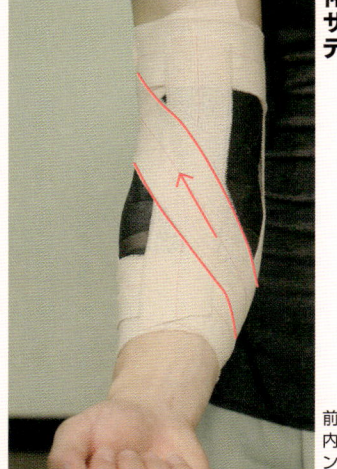

前腕アンカーの内側から、上腕アンカーの外側まで斜めに貼る。1本目のテープと肘窩で交わる

伸展制限の サポート テープ3

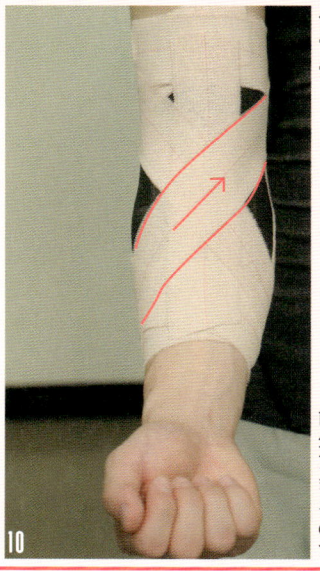

前腕アンカーの外側から上腕アンカーの内側まで斜めに貼る。1、2本目のテープと肘窩で交わる

ラッピング

ソフトタイプのエラスティックテープを用い、前腕のアンカーから巻き始める

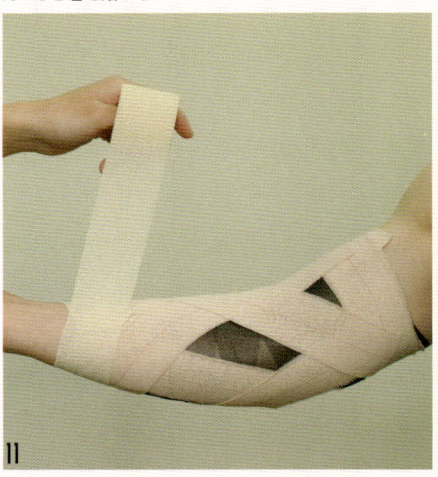

11

フィギュアエイト1

ラッピングの途中、肘関節部ではフィギュアエイトを行う。肘窩を通り、上腕から前腕へ戻る

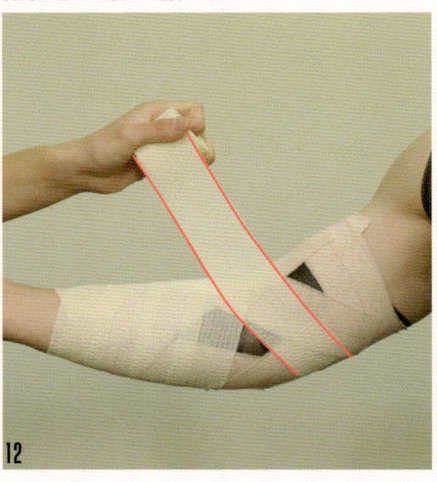

12

フィギュアエイト2

同上。肘窩を通り、前腕から上腕へ。固定力を強くしたい場合は、フィギュアエイトを数回行う

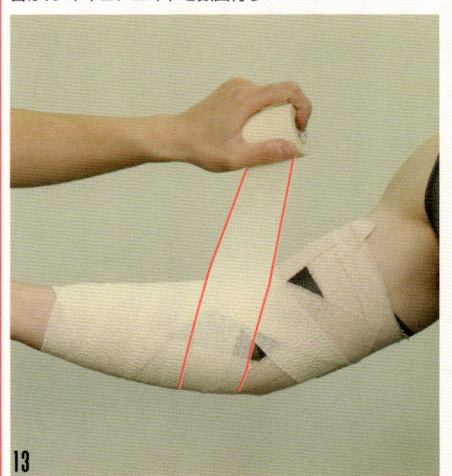

13

ラッピング

上腕まで巻いて、全体をラッピングして完成

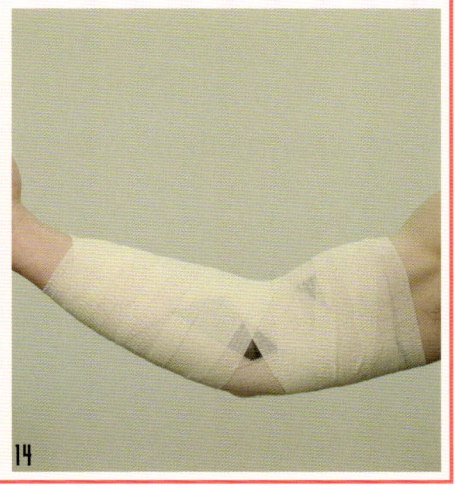

14

［テニス肘のコンディションづくり］

発生メカニズムと評価

　テニス肘の外側型は、バックハンドストロークにより発生し、技術的に未熟な初級者に多く見られます。その理由の１つとして、初級者は、手関節を使ってボールを返す傾向（いわゆる手打ち）があるため、前腕伸筋群に負担がかかる打ち方になりやすくなることが挙げられます。また、スイートスポットを外したボールインパクトは、過度な振動を手関節に伝え、前腕伸筋群へのストレスとなります。過剰なストレスは、腱の付着部が引き伸ばされて、伸筋腱に微細な断裂が生じ、痛みの原因となります。特に、前腕伸筋群のなかでも、筋力が弱い短橈側手根伸筋が損傷を受けやすくなります。

　症状は、バックハンドストロークのときだけ痛む程度のものからドアのノブを回す動作、雑巾を絞る動作などの日常生活動作でも痛みを感じる程度までさまざまです。

　圧痛は、上腕骨外側上顆の手関節伸筋群の起始部に認められます。テスト法としては、テニスエルボーテストとして知られるトムゼンテスト（肘を伸ばした状態で手の甲に抵抗をかける）や、チェアテスト（肘を伸ばした状態で椅子を持ち上げる）、中指伸展テスト（肘と手を伸ばした状態で中指に抵抗をかける）があります。どのテストも手関節伸筋群及び起始部の痛みの有無を確認します。

ケアとストレッチング

　テニス肘の予防と再発予防の方法は、ストレッチングと筋力トレーニングです。

　ストレッチングは、前腕伸筋群・回外筋をそれぞれ行ってから、最後に両方同時に行います。すべて肘関節伸展位で行います。プレーの前後に限らず、プレーの合間にも積極的に行いましょう。特に、練習後はアイシングと組み合わせて行うと効果的です。

　筋力トレーニングは、手関節の掌屈・背屈に働く筋肉と、前腕の回内・回外に働く筋肉を中心に行います（リストカール、リバースリストカール、ダンベル回内・回外など）。また、肩関節の筋力低下は、その代償として働く肘関節や手関節への負担を増加させるので、テニス肘の原因となる場合があります。特にバックハンドで痛みがある場合は、肩関節の外旋の筋力トレーニングが重要になります。

　トレーニングの頻度は週３〜４回で、実施後は必ずストレッチングを行ってください。大切なのは継続することです。ちょっとした時間を使って行いましょう。

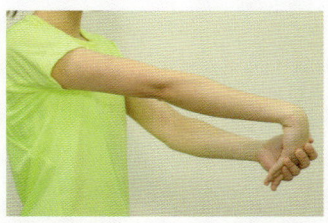

伸筋群のストレッチ

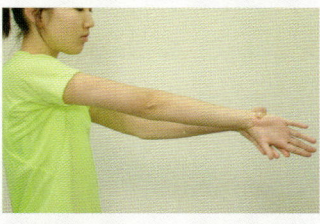

回外筋のストレッチ

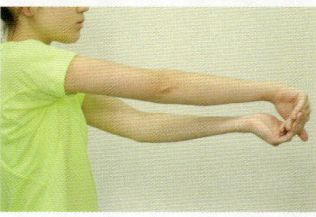

伸筋群と回外筋のストレッチ

‹8 手・手指

手・手指の機能解剖とスポーツ外傷・障害

1 手・手指の機能解剖

手指の関節

手の指は、第1（母指）から第5（小指）までの中手骨と、その遠位の指骨とがあります。指骨は、母指を除いて近位から、基節骨、中節骨、末節骨、と続いていきます。母指は、基節骨と末節骨になります。

指の関節は、手根中手（CM）関節、中手指節（MP）関節、指節間（IP）関節があります。母指以外の指では、近位指節間（PIP）関節と遠位指節間（DIP）関節の2つがあります。関節は靭帯で支持されています。MP関節は屈曲位で固定性があり、伸展位では内転・外転（側方の動き）の動きがあります。IP関節は、伸展位・屈曲位ともに固定性があります。

手指の関節の名称は次のとおりです。
- DIP 関節：遠位指節間関節（Distal Interphalangeal Joint）
- PIP 関節：近位指節間関節（Proximal Interphalangeal Joint）
- MP 関節：中手指節関節（Metacarpo Phalangeal Joint）
- CM 関節：手根中手関節（Carpo Metacarpal Joint）

2 手・手指のスポーツ外傷・障害

手・手指の外傷・障害

手・手指の代表的なスポーツ外傷・障害には、槌指（マレットフィンガー）、PIP関節側副靭帯損傷、母指MP関節尺側側副靭帯損傷などの指に起こる外傷や、腱鞘炎、ラケットスポーツや自転車などで見られるバネ指、野球選手に見られる手指血行障害などの障害が挙げられます。

スポーツ活動中によく発生するいわゆる突き指は、以下に紹介する、槌指、PIP関節側副靭帯損傷、母指MP関節尺側側副靭帯損傷など、指に強い力が加わって起こる外傷の総称であり、軽度の捻挫から骨折まで、さまざまな病態が含まれます。

なお、「突き指は引っ張るとよい」という説がいまでもまかり通っていますが、明らかな間違いであり、迷信です。正確な知識を持って適切な処置を心がけましょう。

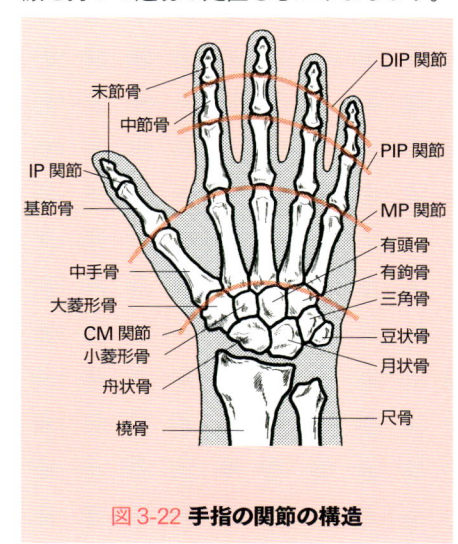

図 3-22 **手指の関節の構造**

槌指（マレットフィンガー）

　槌指は、パスしたボールやバウンドしたボールが指先に当たり、DIP 関節の屈曲が強制され、伸筋腱の損傷や腱の付着部の剥離骨折が起こります。その結果、DIP 関節が屈曲したまま戻せなくなります。この指の形が「槌：つち（マレット）」のように見えることが外傷名の由来です（図3-23）。

　症状は、患部の腫張と痛みです。さらには前記した変形が見られ、指を伸展できなくなります。治療は、装具を用いて伸展位で1〜2ヵ月程固定します。

PIP 関節側副靭帯損傷

　PIP 関節側副靭帯損傷は、例えば、バレーボールのブロックのときに相手のスパイクによって指がはらわれたときの受傷が見られます。症状は、患部の腫張と痛みです。特に第5指では開放性の脱臼や骨折が好発します。変形や激しい痛みや腫脹がある場合は必ず医療機関を受診します。治療は、靭帯損傷の場合、シーネやテーピングで3週間程固定します。

母指 MP 関節尺側側副靭帯損傷

　母指が強制的に橈側（橈骨側）へ曲げられた際に発生します。スキーでストックを握った状態で転倒した際に発生することか

ら、スキーヤーズサムともいわれています。また、ゴールキーパーがボールをキャッチする際にも起こることからゴールキーパーズサムと呼ばれています（図3-24）。

　症状は、圧痛、疼痛、不安定性などであり、変形が激しい場合には剥離骨折や脱臼の可能性もあります。治療は、母指 MP 関節の外転を制限してシーネやテーピングで3週間程固定します。

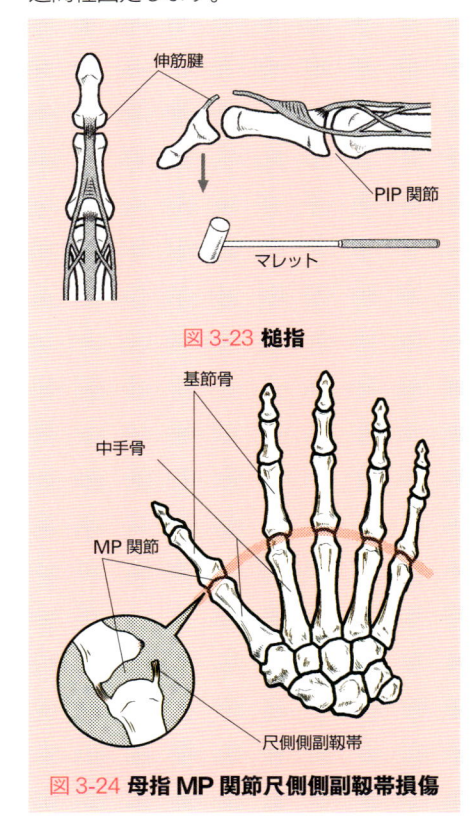

図 3-23 槌指

図 3-24 母指 MP 関節尺側側副靭帯損傷

2 突き指のテーピング

1 突き指は総称

固定と屈曲・伸展制限

　突き指は、指の外傷を総称した呼び方です。バレーボールに代表されるように、スポーツ活動中によく発生します。

　代表的な指のスポーツ外傷は、槌指（マレットフィンガー）、PIP 関節側副靱帯損傷、母指 MP 関節尺側側副靱帯損傷です。

　突き指といっても単なる指の捻挫のみならず、脱臼や剥離骨折を伴う場合もあります。圧痛や疼痛があり、不安定性や変形が認められる場合には、スポーツドクターにテーピングの適応を相談しましょう。

2 テーピングの流れとポイント

槌指と PIP 関節側副靱帯損傷

　槌指のテーピングは、DIP 関節を伸展位で固定して屈曲制限を行います。PIP 関節側副靱帯損傷は、損傷靱帯の上に X サポートを貼るテーピングが有効です。サポートが足りない場合は反対側にも行います。X サポートやアンカーは、PIP 関節の屈曲伸展を妨げないように、関節の掌側・背側にかからないように貼ります。屈曲伸展の確保が必要ない場合には、関節全体を包むようにアンカーテープを巻くと、さらにサポートが得られます。

　槌指や PIP 関節側副靱帯損傷のテーピングは、バディテープと呼ばれる、隣の指を副木代わりにしたテーピングを併用すると、十分な固定が行えます。副木とする指は、基本的に尺側の指を使用しますが、選手の好みや競技特性に応じて変えてもかまいません。

母指 MP 関節尺側側副靱帯損傷

　母指 MP 関節尺側側副靱帯損傷のテーピングは、フィギュアエイトを使って母指の外転と伸展を防ぎます。

　どのテーピングも、損傷の程度により適応となるタイミングや目的が異なるので、スポーツドクターと相談の上で実施します。また、指のテーピングは、圧迫で血行障害（指先が紫色になる）を起こすことがあります。血行障害を防ぐには、テープをあらかじめ引き出しておいてから、あるいはカットしておいたテープを使用してテーピングを行います。

テーピングのポイント

1. 槌指のテーピングでは、DIP 関節を伸展位で固定する。
2. バディテープは、損傷した関節をはさむようにテープで固定する。
3. PIP 関節側副靱帯損傷のテーピングでは、サポートテープを靱帯上で交差させる。
4. 母指 MP 関節尺側側副靱帯損傷のテーピングでは、フィギュアエイトは関節上で交差させる。

③ 突き指予防のテーピング

槌指と PIP 関節側副靱帯損傷のテーピングはセルフテーピングに掲載しています。ここでは練習や試合時に用いる予防のための簡単な巻き方を紹介します。

使用テープ ● ホワイトテープ 13mm ～ 25mm

アンカー

指の背側から腹側にかけて縦にテープを貼る

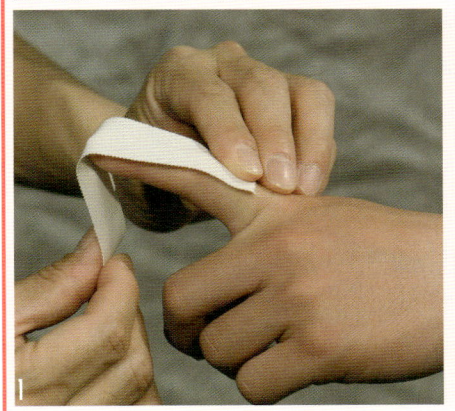

サポートテープ

指先に横に1～2周テープを巻く

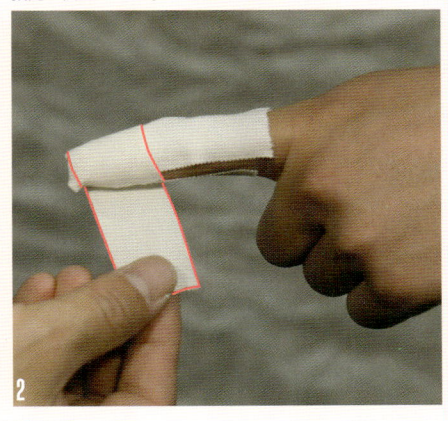

サポートテープ

指の中央に横に1周、少しずらして指の付け根にも横に1周巻く

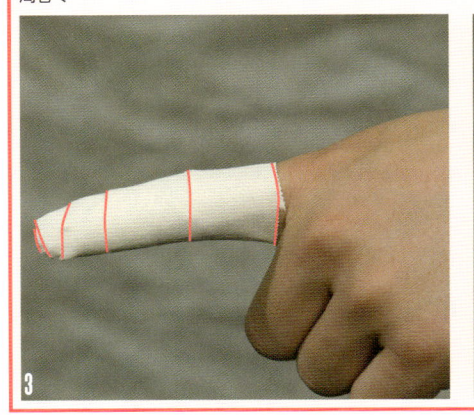

アンカー

サポートテープがずれないように、指先から巻き上げる

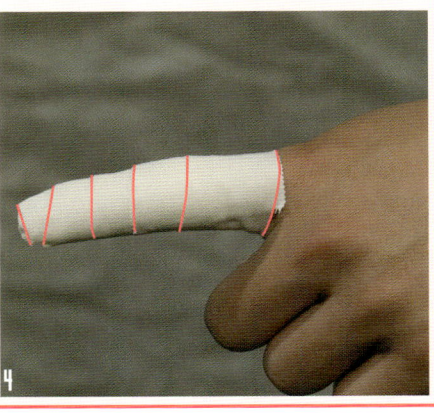

母指の外転と伸展を防ぐために、ホワイトテープでフィギュアエイトを巻きます。

使用テープ ●ホワイトテープ 25mm

ポジショニング

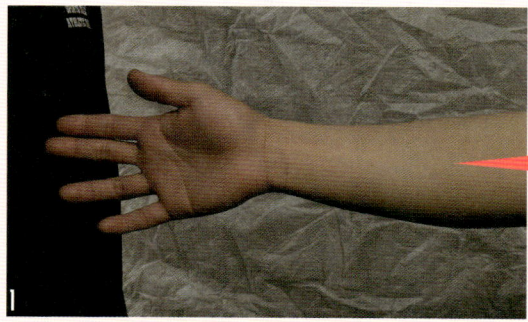

母指を上にして胸の正面で巻く

母指の位置は、痛みの出る位置からやや戻したところ

フィギュアエイト1

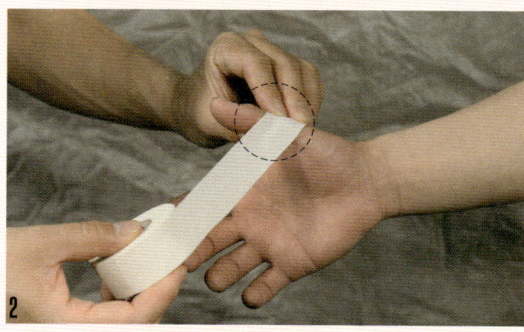

母指の基節部から貼り始める

フィギュアエイト2

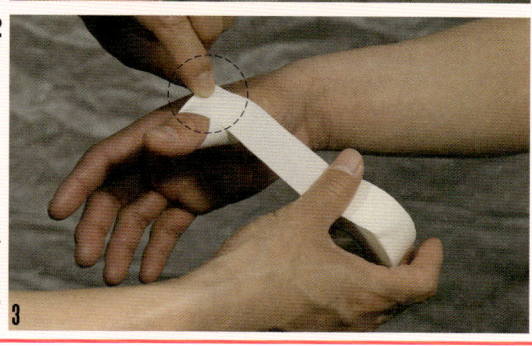

テープを回して、関節上でテープを交差させる。正しい位置で交差するように、テープをつまんで調整する

フィギュアエイト3

手掌側を通って、手背へと巻いていく

フィギュアエイト4

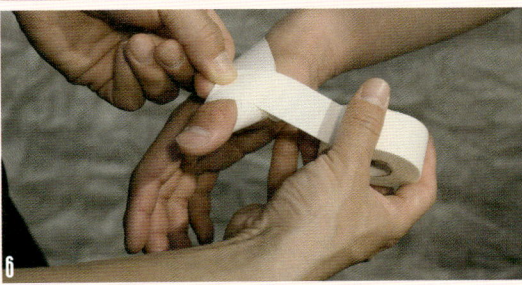

関節上で交差させ、同様に母指の基節部から外側にテープを回す。テープを少しずらしながら巻いていく

フィギュアエイト5

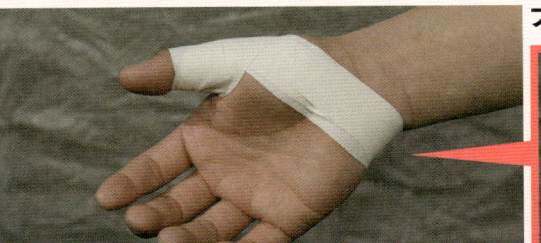

テープを回して、関節上でテープを交差させる。正しい位置で交差するように、テープをつまんで調整する

フィギュアエイト6

テープの位置を少しずつずらしながら、何回か巻いて完成

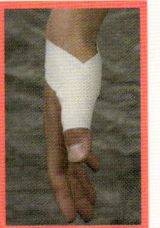

上から見たところ

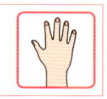

4 母指 MP 関節尺側側副靱帯損傷のテーピング（慢性期及び予防）

ハードタイプのエラスティックテープを用いて、母指の外転と伸展を防ぐフィギュアエイトを巻きます。

使用テープ●エラスティックテープ 50mm

ポジショニング

テープの端を斜めにカットしたテープを、母指の基節部にセットする

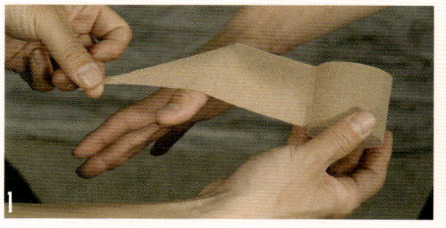

フィギュアエイト1

テープの先端を母指に巻き、ロール側は手掌のほうへ

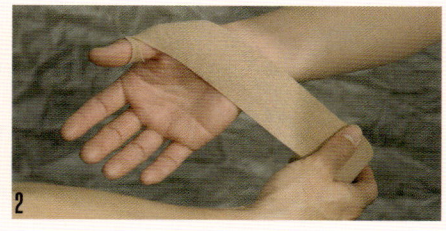

フィギュアエイト2

外側からテープを回して、関節上でテープを交差させる

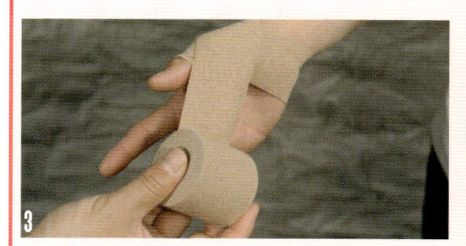

フィギュアエイト3

母指にテープを回すときにテープの幅が広くて回しにくい場合は、テープに切れ目を入れる

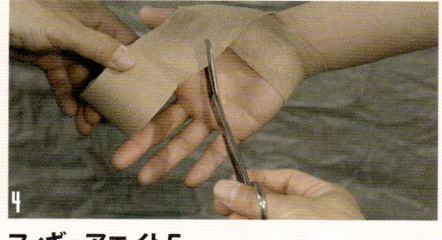

フィギュアエイト4

母指にテープを回したところ。このあと関節上で交差させる

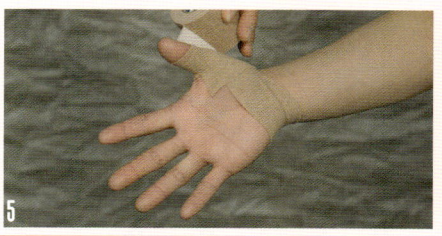

フィギュアエイト5

母指の基節部から外側にテープを回す。テープを少しずらしながら何回か巻いて完成

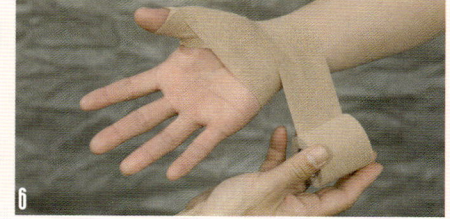

第4章
簡単にできるテーピング

第3章で紹介した内容を踏まえれば、自分で自分の身体にテーピングを行ったり、弾性包帯や筋肉サポートテープでもっと簡単に行ったりすることも可能です。セルフテーピングと、弾性包帯や筋肉サポートテープの用い方を理解しましょう。

≪2 弾性包帯の活用法

弾性包帯の用途と選び方

1 弾性包帯の用途

伸ばして巻いて圧迫する

弾性包帯は伸縮包帯ともいい、伸び縮みする非粘着性の包帯のことです。スポーツ現場での主な用途は、応急処置時のRICE処置として圧迫して痛みを和らげる、スポーツ活動時のケガの再発予防としてサポーターのように巻く、などです。

使い方のポイントは、固定のために圧迫をかけたいところには、包帯を伸ばして当てる点です。弾性包帯のロールを上にして、圧迫をかけたいところの始まりを押さえ、弾性包帯を伸ばします。伸ばした包帯を固定したい部分に当てることによって圧迫をかけますが、シワのないように巻き上げていきます。

すべて伸ばした状態で巻き続けると、圧迫が強くなりすぎて血流障害を起こしてしまいます。圧のかけ方に注意して巻きましょう。

2 弾性包帯の用途

部位の大きさや固定の強さを考える

弾性包帯は、幅も長さも伸び方もさまざまです。身体や部位が大きい場合や、圧迫や固定の強度を高めるために巻く回数を多くしたい場合には、長いものを選びます。幅の細いものは足首や腕に、太いものは肩や腰に用います。

ここでは足首には6.5cm幅、大腿と肩には15cm幅（長さは4.6mと9.2m）の弾性包帯を使用しました。これらはスポーツショップやオンラインショップから購入することができます（写真4-1）

スポーツ活動の際は巻き終わりは、包帯止めの金具ではなく、テーピング用のテープで止めることをお勧めします。ホワイトテープで端のみを止める場合と、エラスティックテープで上から重ねて巻く場合とがあります。エラスティックテープを使用すると、固定や圧迫がさらに強まります。

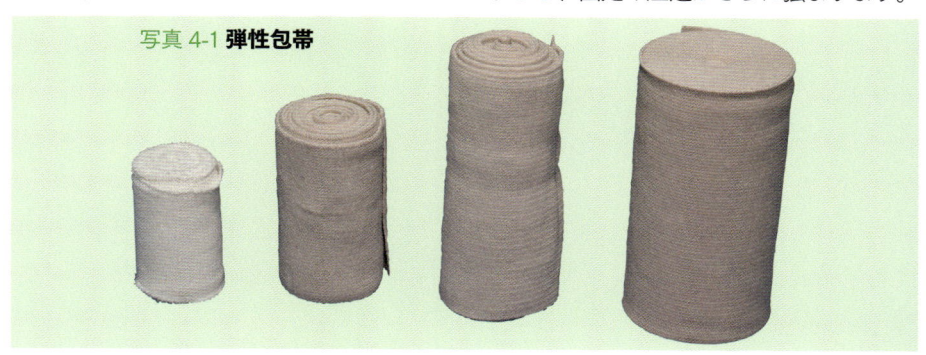

写真 4-1 **弾性包帯**

2 腰部への弾性包帯の巻き方

慢性腰痛や急性腰痛（ぎっくり腰）の際に、患部を固定するために使用します。用途は、コルセット（腰の装具）と同じですが、弾性包帯を用いると、巻くときの圧のかけ方を変えることによって、固定力を調整することができます。

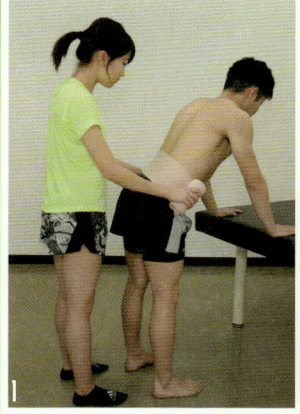

1 巻かれる人は台に手をついて少し腰を前にかがめる。弾性包帯を腰に当て、圧をかけながら（少し引っ張りつつ）巻き始める

手を左の端に当て、ロールが後方にきたときに圧をかけながら上から下へ、下から上へとクロスするように巻き上げていく

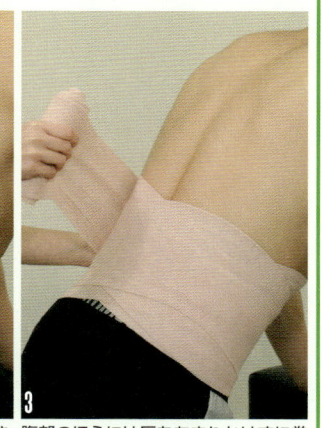

3 腹部のほうには圧をあまりかけずに巻き、後方にきたときに、左端に手を置いて、ロールを引っ張る

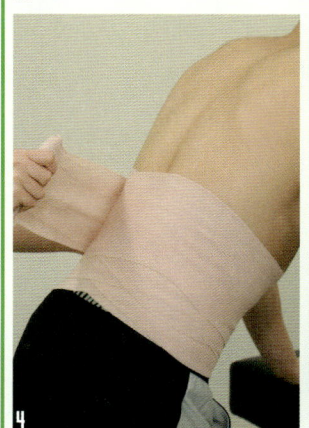

4 ロールがなくなるまで、繰り返して後方に圧を加えながら巻き上げていく

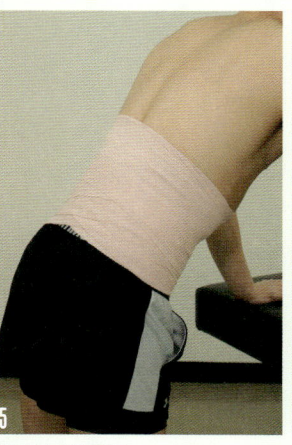

5 巻き上げたところ

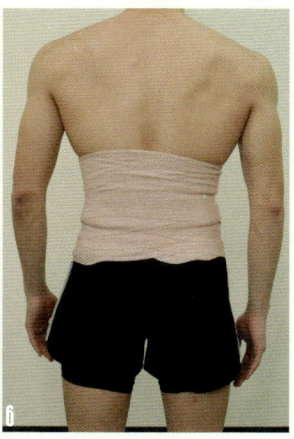

6 端をホワイトテープで止めて完成

3 肩関節への弾性包帯の巻き方

前方脱臼の再発予防として、肩関節前方動揺性の制限を行います。肩関節は動きの大きい関節です。弾性包帯は、ある程度は肩関節の動揺性を制限しつつ、スポーツ動作もできるので、スポーツをする場合にお勧めです。

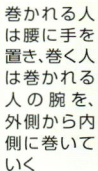
巻かれる人は腰に手を置き、巻く人は巻かれる人の腕を、外側から内側に巻いていく **1**

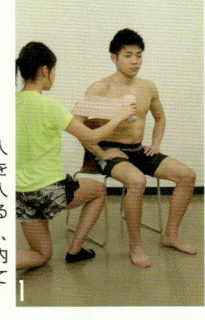
腕を2周巻いてから、身体の前のほうに。腕への圧迫が強くなりすぎないように注意。肩の前面に対しては圧をかけて巻く **2**

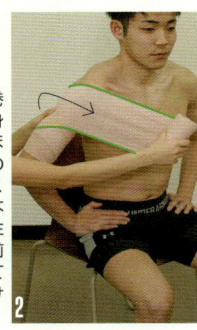
身体の前面を斜め下に巻き、後面は斜め上に巻き上げて、肩の上を通って前方に弾性包帯をもってくる **3**

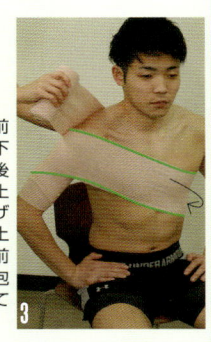
肩の上から下に下ろし、肩関節前面で身体前面にかけた部分とクロスするように巻いていく **4**

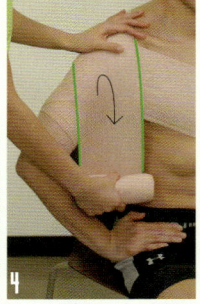
腋窩(わきの下)を通したあと、腕を1周巻く **5**

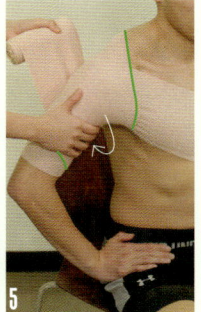
肩の上から身体の前面に巻く。このときには、しっかり圧をかける **6**

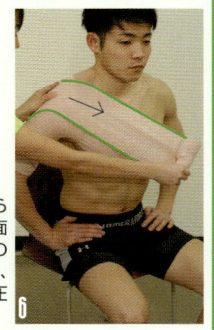
2〜6を繰り返し、端をホワイトテープで止める **7**

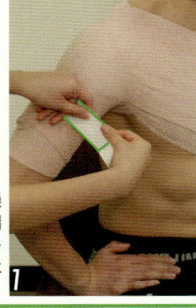
完成 **8**

4 肩関節への応急処置としての巻き方

肩関節脱臼の際に、応急処置として用いる方法です。脱臼したときには腕を動かさないように三角巾で腕をつりますが、弾性包帯でも同様に腕をつり、固定することができます。アイシングのバッグの上から巻くことも可能です。

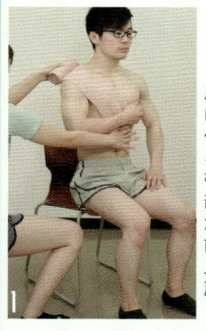

応急処置では肩を内旋位で固定する。まず包帯の端を患部の手の下から身体の前面を斜め上にかけて、肩の上へ

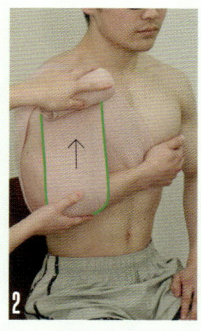

腕の後ろを通って肘の下を通し、肩の上へ戻り、腕を吊り上げる

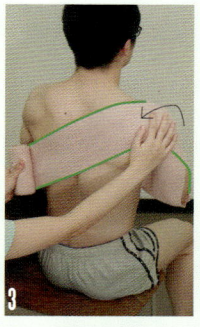

肩の上から、身体の後面を斜めにかける

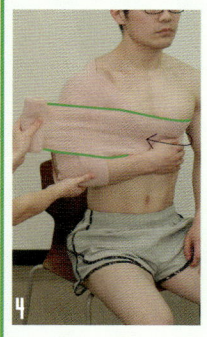

斜めにかけた弾性包帯を身体の前面に通し患部の腕のほうに

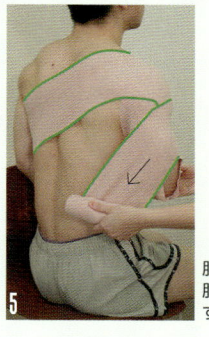

肘の上から肘の下に回す

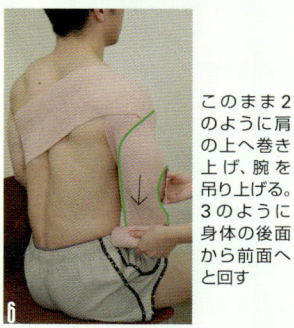

このまま2のように肩の上へ巻き上げ、腕を吊り上げる。3のように身体の後面から前面へと回す

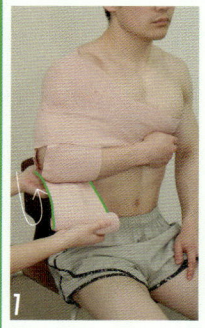

側面から見ると腕を下から吊り上げているのがわかる

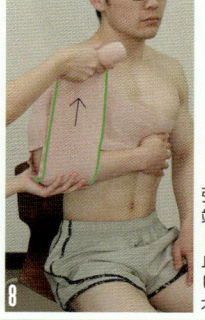

弾性包帯の端をホワイトテープで止めつつ、同じように1本巻く

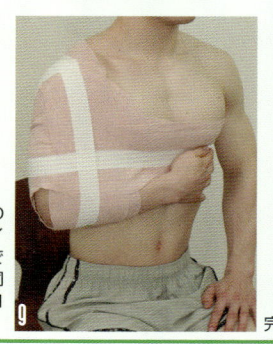

完成

5 大腿部前面への弾性包帯の巻き方

大腿四頭筋の肉ばなれや筋挫傷の際に圧迫や固定で用います。遠〜近位へ巻き上げ患部を保護します。大腿直筋は膝関節と股関節をまたぐ二関節筋です。股関節の伸展制限をかけるとともに、大腿四頭筋全体の動きを制限します。

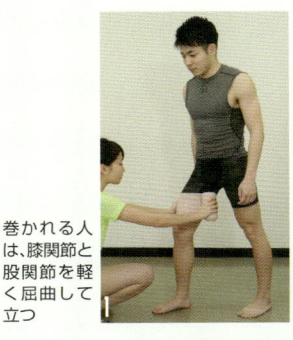

巻かれる人は、膝関節と股関節を軽く屈曲して立つ 1

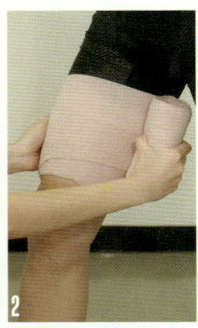

大腿部前面に圧をかけながら、上から下へ、下から上へと、クロスするように巻き上げていく 2

大腿部前面を巻き上げたところ。患部を中心に全体にクロスになるように巻き上げる 3

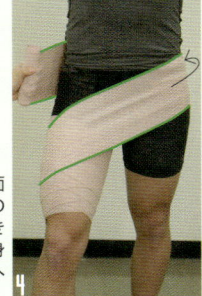

大腿部前面から骨盤のほうに巻き上げて、身体の後ろへ通す 4

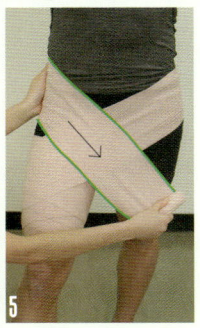

身体の後ろから、股関節を通って大腿部の前面へ、圧をかけながら戻る 5

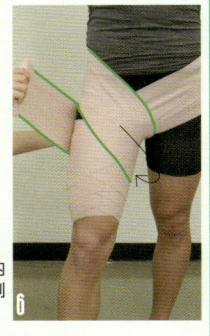

大腿部の内側から外側へ回す 6

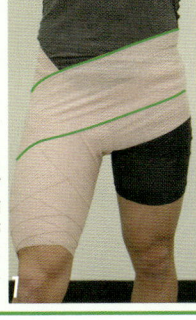

骨盤のほうへ巻き上げて、股関節前面で包帯がクロスになるようにする 7

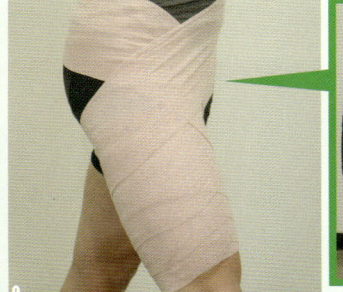

8

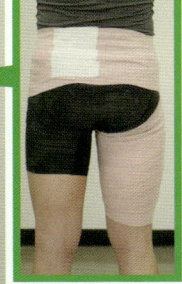

端をホワイトテープで止める

完成

6 大腿部後面への弾性包帯の巻き方

ハムストリングスの肉ばなれと筋挫傷の際に圧迫や固定で用います。この筋肉は膝関節と股関節をまたぐ二関節筋です。股関節の屈曲制限もかけて、筋肉全体の動きを制限し、遠〜近位へ巻き上げて患部を保護します。

巻かれる人は、股関節を軽度伸展位にして立つ

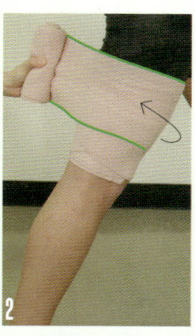

大腿部後面に圧をかけながら、下から上へ、上から下へと、クロスするように巻き上げていく

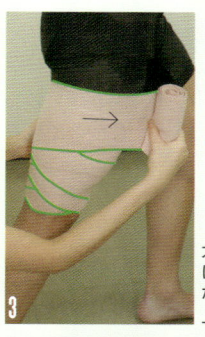

大腿部後面に圧をかけながら巻き上げる

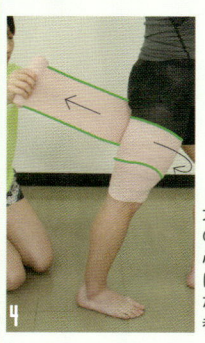

大腿部後面の患部を中心に全体的にクロスになるように巻き上げる

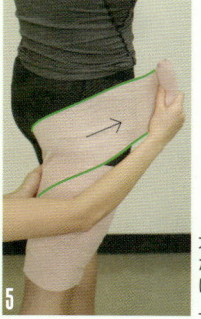

大腿部後面から骨盤のほうに巻き上げる

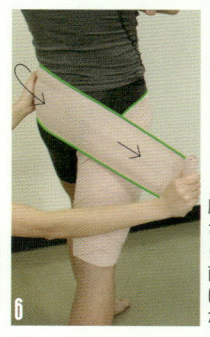

腹部を一周させ臀部から大腿部後面にかけては圧をかけながら巻く

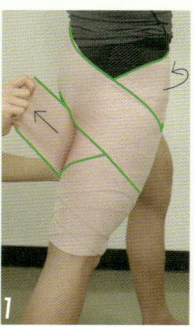

大腿部を一周させ、大腿部内側から骨盤のほうへ、圧をかけて巻き上げる

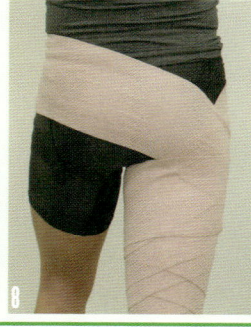

巻き上げて端をホワイトテープで止めて完成

1 足関節への弾性包帯の巻き方

応急処置の圧迫を目的として、もしくはケガの再発予防として用います。捻挫した側と逆側（痛みを誘発させない側）に巻き上げます。圧のかけ方（引き上げ具合）によって、強度が変わってきます。

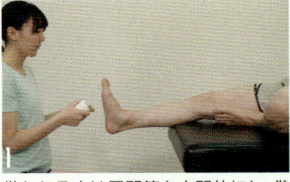
巻かれる人は足関節を中間位にし、巻く人は足の正面に位置する

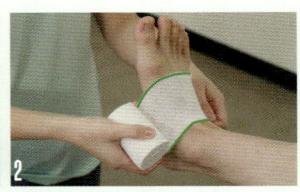
足背部から巻き始める

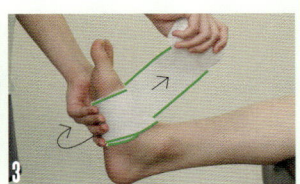
足背部を2周してから足首のほうへ巻き上げていく。外側への巻き上げが強くなりすぎないように注意

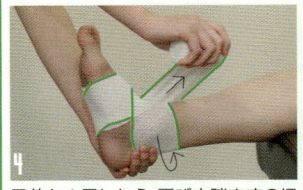
足首を1周したら、再び土踏まずのほうへ

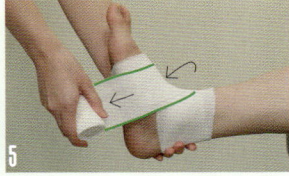
フィギアエイトのテクニック（p 46～47参照）

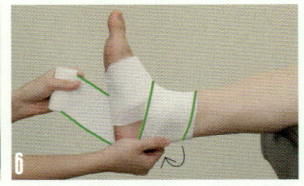
2回フィギアエイトをして、外側の踵へ

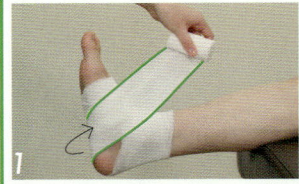
外側から土踏まずのほうへ戻る（外側ヒールロック）

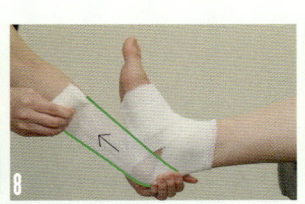
内側の踵を固定する（内側ヒールロック）

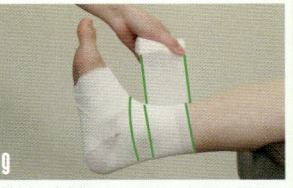
外側と内側のヒールロックを2回ずつ行い、適度な圧で巻き上げる

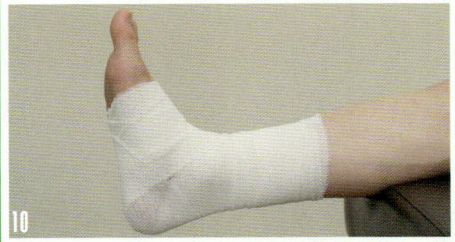
完成

2 セルフテーピング

| セルフテーピングとは

1 セルフテーピングのメリット

自分1人でできるように

　自分で自分の身体に行うテーピングは、自分が人に行うよりも難しいものです。しかし、スポーツの現場に、アスレティックトレーナーが何人もいる状況はあまりありません。アスレティックトレーナーがいない、テーピングができる人がいないという状況も多いので、スポーツ選手がセルフテーピングをマスターしておくと、現場で役に立ちます。また、自分の身体にテーピングを行うと練習にもなり、他の選手にも巻くことができるようになります。

　ここでは、できるだけ簡単で楽にできるセルフテーピングの方法を紹介します。自分で自分の身体に行うテーピングなので、圧のかけ方や巻きやすいやり方はさまざまです。基本的な方法を紹介しますので、自分にぴったりな方法を見つけてください。

2 テープを扱う際の注意点

持ち方、切り方、姿勢

　片手でロールを持ち、もう一方の手の親指と人差し指でテープを切りながら、残り3本の指で皮膚に貼り付けていくと、上手に早くテープを貼れます。手や指へのテーピングでは、先にテープを切っておくとスムーズです。

　また、ホワイトテープではやりにくい部位には、エラスティックテープや弾性包帯を組み合わせて使いましょう。ただし、エラスティックテープはホワイトテープよりコストがかかるため、うまくできる場合はホワイトテープのみで行うことをお勧めします。

　今回のセルフテーピングで使うのは、38mmと13mmのホワイトテープです。13mmのテープがない場合は、38mmのテープを縦に半分に裂いて使います。テープを無駄にしないように、均等に半分に割いて、両方とも使うようにします。

　セルフテーピングもシワなく巻けることが理想です。うまくできない場合には、力を入れて巻く箇所にはシワが寄らないことを最優先して巻くようにするとよいでしょう。

　また、セルフテーピングをするときは、台や自分の足を使って、足のポジションや角度を調整するとよいでしょう。人に巻くときも同じですが、うまく巻くには巻く人が楽な姿勢であることが大切です。また、正しい関節角度で固定しないと、テープの効果は軽減してしまいます。自分に合った巻き方を発見することも、セルフテーピングがうまくなる秘訣ともいえるでしょう。

　以上のような注意点やコツをつかんで、効果的なセルフテーピングができるように、繰り返し練習しましょう。

2 足関節（内反捻挫再発予防）のセルフテーピング

足関節内反捻挫の再発予防として、スポーツ活動に復帰する際に使用します。力を入れる方向が重要になります。テーピングした部位の上から弾性包帯を使用すると、さらに強度が増します。

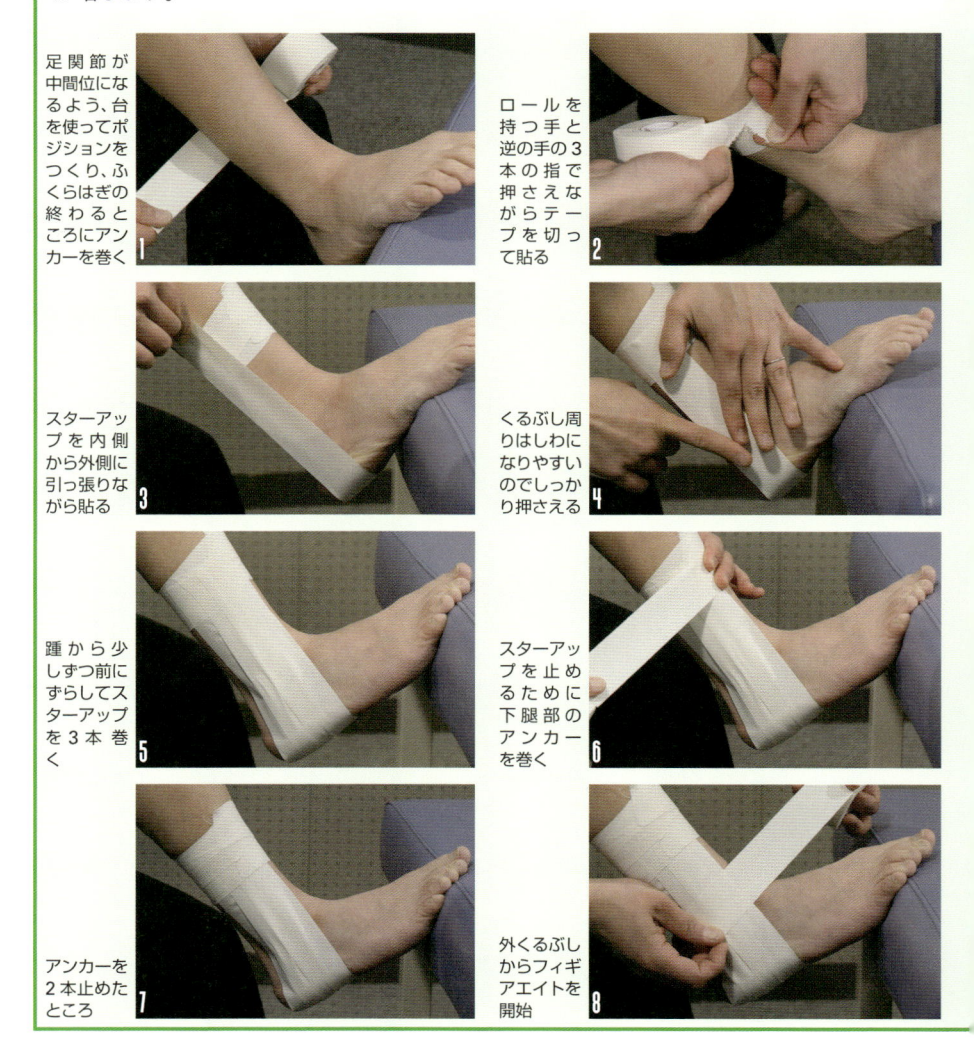

足関節が中間位になるよう、台を使ってポジションをつくり、ふくらはぎの終わるところにアンカーを巻く 1

ロールを持つ手と逆の手の3本の指で押さえながらテープを切って貼る 2

スターアップを内側から外側に引っ張りながら貼る 3

くるぶし周りはしわになりやすいのでしっかり押さえる 4

踵から少しずつ前にずらしてスターアップを3本巻く 5

スターアップを止めるために下腿部のアンカーを巻く 6

アンカーを2本止めたところ 7

外くるぶしからフィギアエイトを開始 8

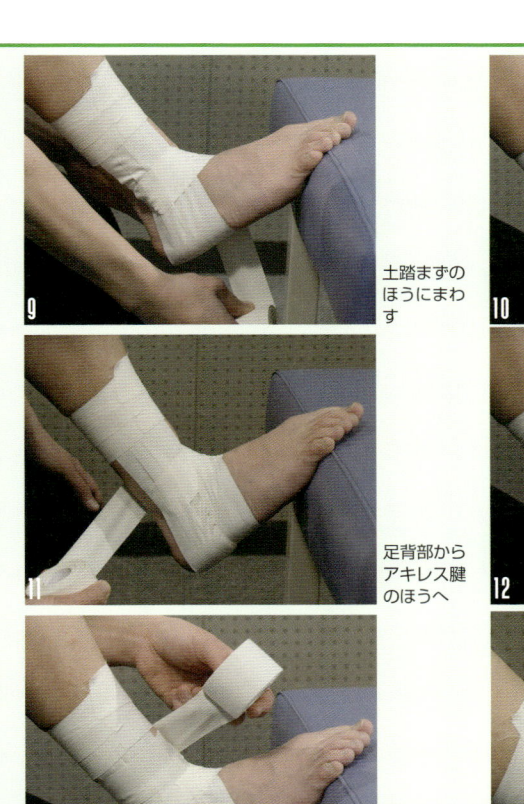

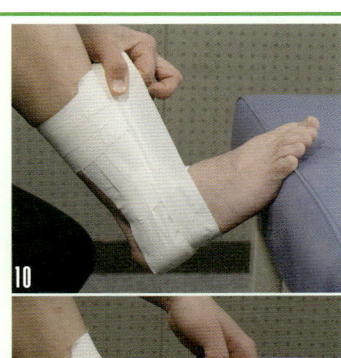

9 土踏まずの
ほうにまわ
す

10 足背部で交
差するよう
に巻き上げ
る

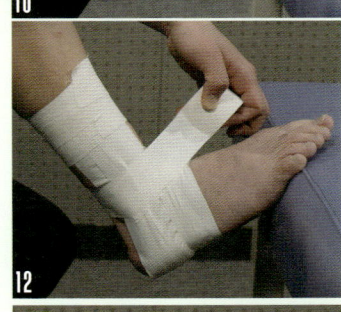
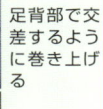

11 足背部から
アキレス腱
のほうへ

12 足背部でクロスさせて
テープを切る

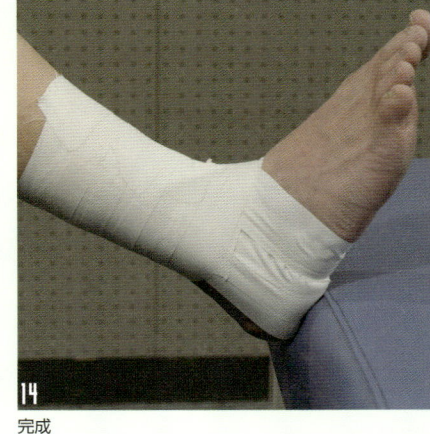

13 サーキュ
ラーで巻き
上げる

14 完成

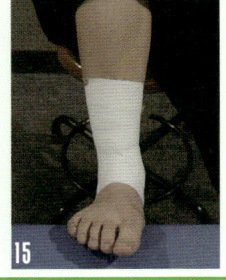

15 前から見た図

3 指のセルフテーピング

側副靭帯の捻挫—いわゆる"突き指"—をしたときに固定をするためのテーピングです。指の左右への動揺性（ぐらつき）を軽減します。バレーボールなどでは、予防として日常的に行うため、自分でできるようになりましょう。

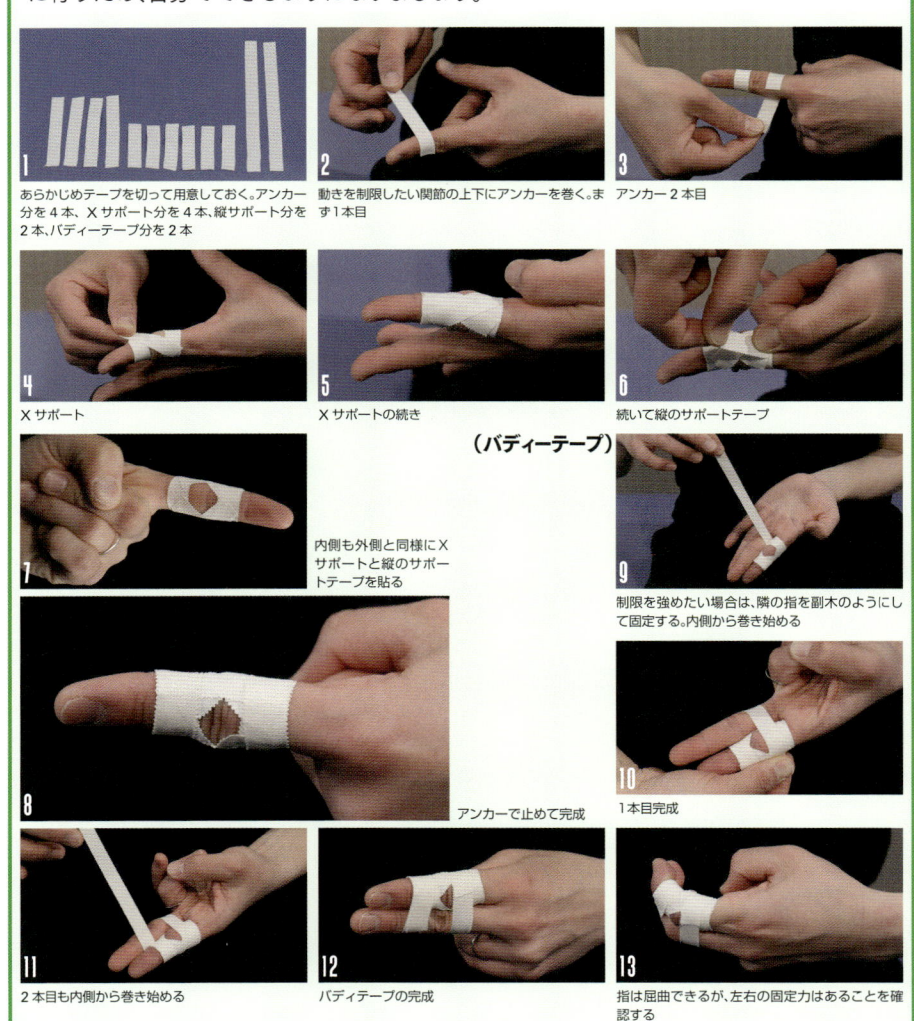

1. あらかじめテープを切って用意しておく。アンカー分を4本、Xサポート分を4本、縦サポート分を2本、バディーテープ分を2本
2. 動きを制限したい関節の上下にアンカーを巻く。まず1本目
3. アンカー2本目
4. Xサポート
5. Xサポートの続き
6. 続いて縦のサポートテープ
7. 内側も外側と同様にXサポートと縦のサポートテープを貼る

（バディーテープ）

8. アンカーで止めて完成
9. 制限を強めたい場合は、隣の指を副木のようにして固定する。内側から巻き始める
10. 1本目完成
11. 2本目も内側から巻き始める
12. バディーテープの完成
13. 指は屈曲できるが、左右の固定力はあることを確認する

4 手関節のセルフテーピング

手の背屈制限をするために手首に行うテーピングです。セルフでは片手でテープを扱うことになるので、強く巻いてしまいがちです。手が変色していないかどうかを確認しながら、強さをうまく調整して巻いてください。

あらかじめテープを切って用意しておく。使用するテープは、19mm 幅と 38mm 幅、長さは手首を 2 周できる程度

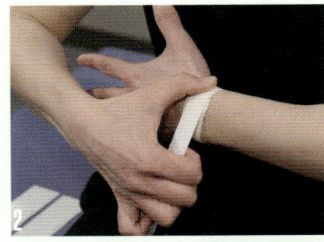

手の甲側に圧をかけるように巻く、手のひら側を巻くときは力を入れない

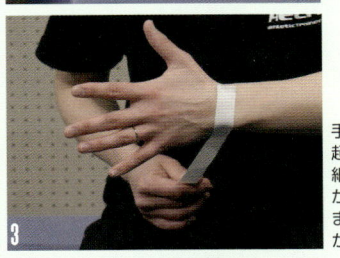

手首の尺骨突起と関節間に細いテープをかけ、指でうまく押さえながら巻く

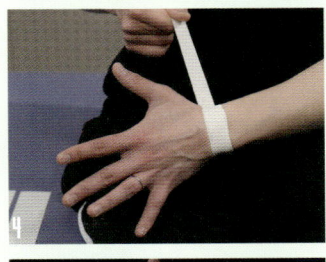

1本目の上からもう1本細いテープを巻く

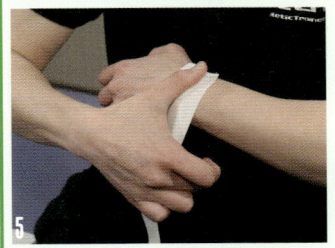

太いテープを上からかけ、同じような力の入れ方で巻く

2本目も同じように巻く

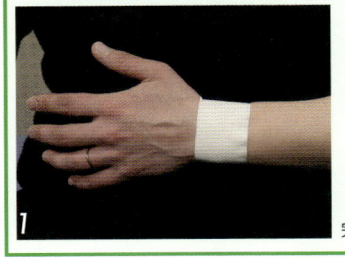

完成

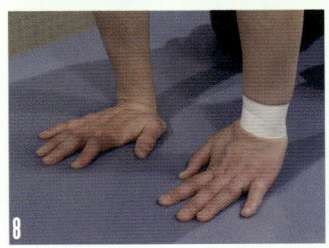

背屈制限ができているかどうかを確認する（左右を比較）

《3 筋肉サポートテープの活用法

1 筋肉サポートテープによるテーピング

1 筋肉サポートテープとは

伸長性、粘着性が高いテープ

　筋肉サポートテープは、ホワイトテープやエラスティックテープといった、関節を固定したり、筋肉を圧迫したりするためのテープとは異なり、筋肉がもつ機能を高めるテープ、つまり筋肉を補助するテープです。エラスティックテープよりも伸長性があり、皮膚に直接貼るため粘着性も高く、アンダーラップも必要ありません。

　使用方法は、基本的には筋肉の走行にそって、筋肉の始まり（起始）から終わり（停止）にテープを引っ張らずに貼ります。よって、筋肉の走行をあらかじめ知っておく必要があります。

　また、本来の目的ではありませんが、テープの特性を利用した使用法もあります。よく伸びるテープなので固定には向きませんが、皮膚に直に貼るのでテープずれが起きにくく、より固定力を高めたいときは、このテープを通常のテーピング（固定用テープによる方法）の下地に使うことができます。さらに、固定力はあまり必要ないが、関節の安定性を保持したい場合にも、このテープを活用します。エラスティックテープよりも固定力が低いので、非接触型（ノンコンタクト）スポーツで、なおかつ急性期を過ぎた、いわゆる『治りかけ』の状態で利用することができます。

　ただし、筋肉サポートテープはほかのテープと比べて高価です。また、粘着性が高いため、はがすときの肌へのストレスが大きく、皮膚が敏感な人はかぶれやすいかもしれません。ケガの状態やコスト面、皮膚状態など、それぞれの状況に応じて使い分ける必要があるでしょう。

2 使用上の注意点

裏紙のマス目を覚える

　どのメーカーの筋肉サポートテープも裏紙にマス目がついています（写真4-2）。人によって使用する長さが違うので、一度巻いたときにマス目を覚えておくと、あらかじめ切っておくことができます。

　また、テープの角をテープシザースで切り落としておくと（写真4-3、4-4）、貼ったテープが運動中にはがれにくくなります。筋肉サポートテープにはいろいろな幅があるので、身体や部位の大きさに応じてテープの幅を選びましょう（写真4-5）。

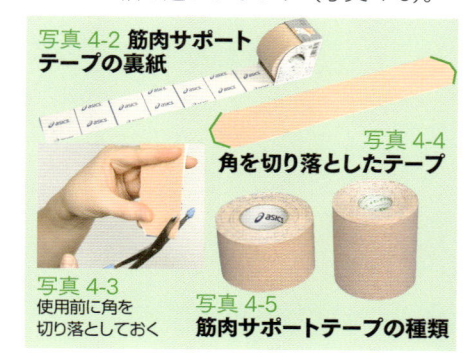

写真 4-2 **筋肉サポートテープの裏紙**

写真 4-4 **角を切り落としたテープ**

写真 4-3 使用前に角を切り落としておく

写真 4-5 **筋肉サポートテープの種類**

2 扁平足・シンスプリントのテーピング

　扁平足には、生まれつき足の裏が平らなケースと、激しい運動などにより足の裏が平らになったケースとがあり、どちらも下肢に外傷・障害を引き起こす恐れがあります。扁平足の症状を解消するために筋肉サポートテープを用います。

　また、シンスプリントでは、脛の内側が骨に沿って痛みます。扁平足を併発するケースが多く、アーチを引っ張り上げる機能をもつ後脛骨筋を筋肉サポートテープで補助し、アーチを持ち上げるテープを併用します。

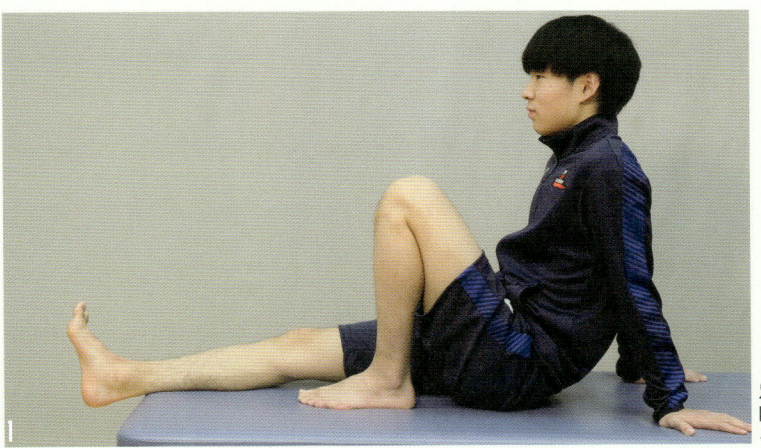

足関節をできる限り手前に曲げる（背屈）

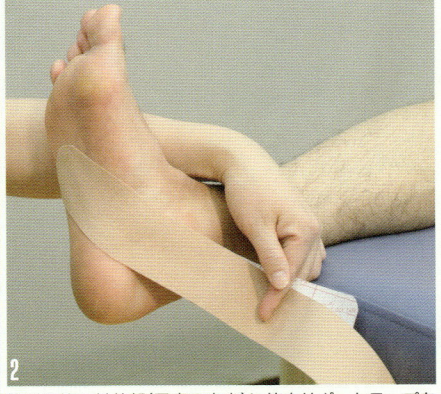

後脛骨筋の付着部（足底の中央）に筋肉サポートテープを貼る

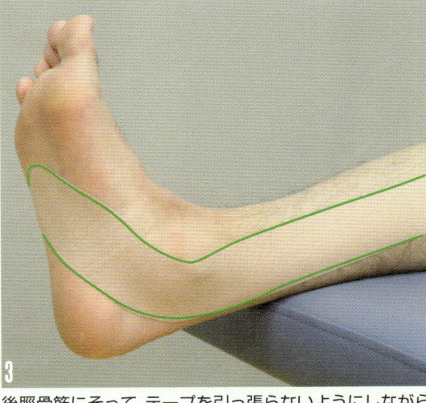

後脛骨筋にそって、テープを引っ張らないようにしながら貼る

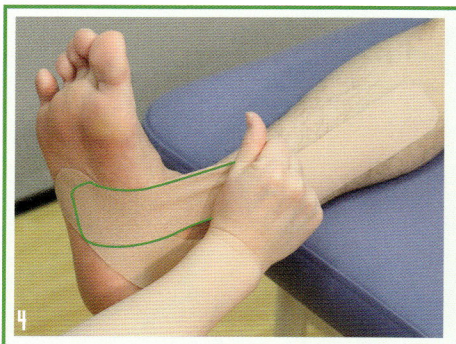

4 筋肉サポートテープでアーチを持ち上げる。足の外側を手で押さえ、足首の内がえしを止めてテープを引っ張る

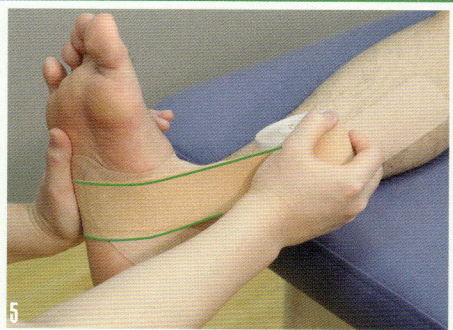

5 筋肉サポートテープを、固定のテーピングの下地として逆フィギアエイトのように巻く。足底部はアーチを持ち上げるように引っ張る

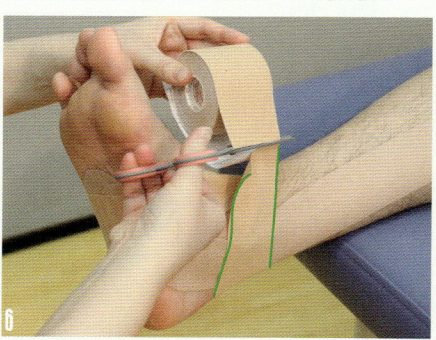

6 足首に1周巻きつけて適度な長さで切る

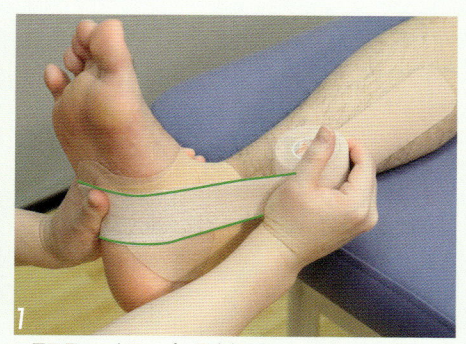

7 エラスティックテープで足底部のアーチを持ち上げる

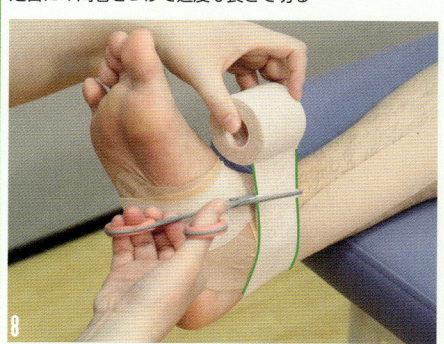

8 足首に1周巻きつけて適度な長さで切る

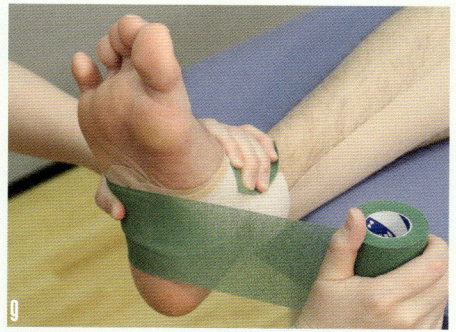

9 自着性テープでヒールロックのように巻いていく

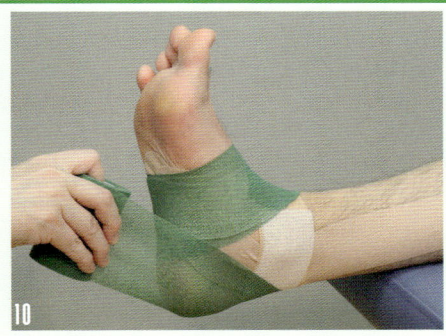

10 ヒールに巻きつける

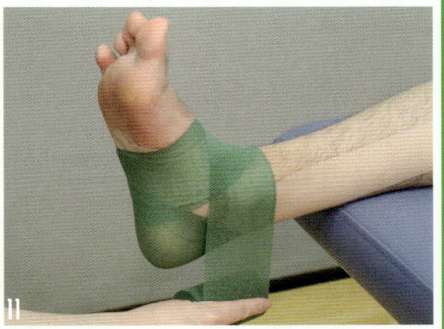

11 続けて足首に巻く

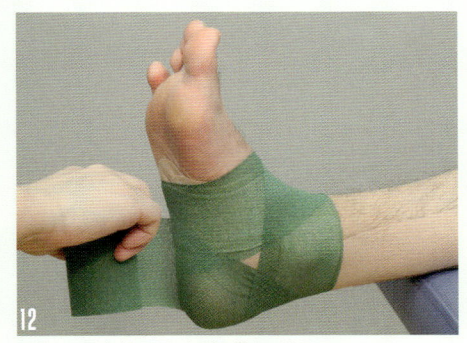

12 足首から足底部に戻しながら巻きつける

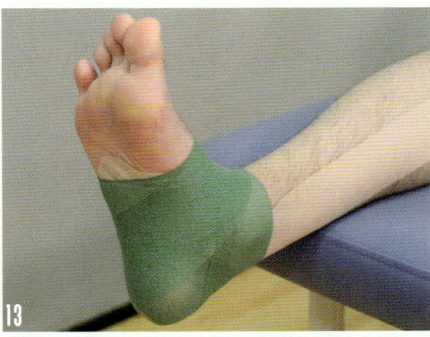

13 適当な長さで切る。写真は完成形を足裏から見たところ

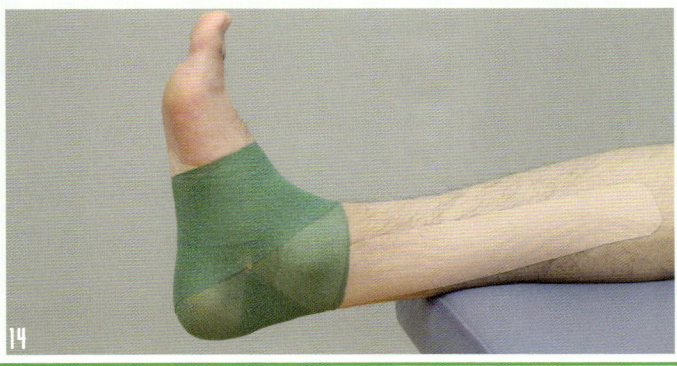

14 完成形を横から見たところ

3 ふくらはぎのケイレンのテーピング

ふくらはぎのケイレンの原因は、筋の柔軟性欠如、筋力不足など多様です。ケイレンは起こる前の適切な手当てが大切です。ふくらはぎの筋肉をサポートするテープと、疲労による踵の不安定性を解消するテープを併用します。

うつ伏せの場合

立位の場合

立位かうつ伏せの姿勢でテーピングをする。踵から筋肉サポートテープを1本貼る

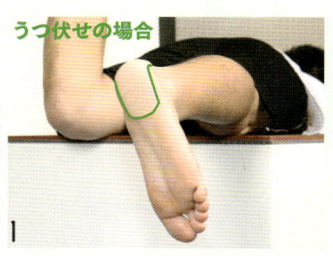

踵部からまっすぐ上に貼る。このときテープを引っ張らない

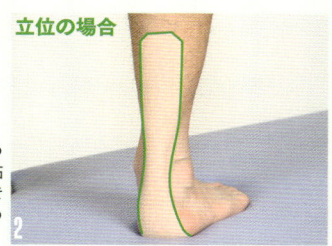

2本目のテープを、1本目と同じ箇所から貼り始め、ふくらはぎの外側を包むように貼る

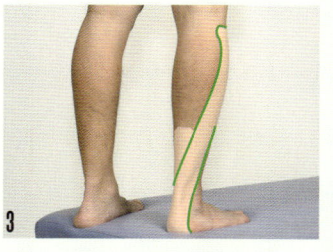

2本目を貼ったところ

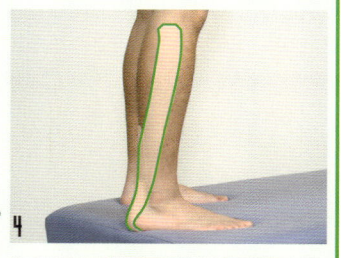

3本目のテープも1本目と同じ箇所から貼り始め、ふくらはぎの内側を包むように貼る

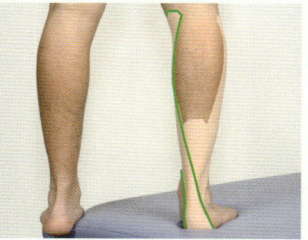

3本目を貼ったところ

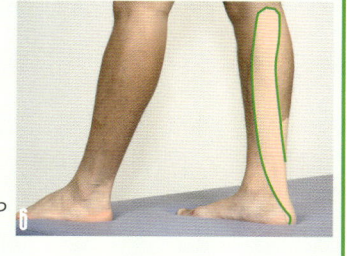

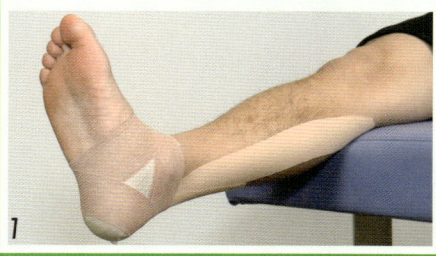

アンダーラップを巻いた後、自着性テープでヒールロックをして完成

4 オスグッドのテーピング

　オスグッドなど、膝蓋骨の下方が傷む場合（軽度）のテーピングです。膝蓋骨を引っ張る大腿四頭筋に筋肉サポートテープを貼り、膝蓋靱帯に圧迫を加える方法です。圧迫で痛みが解消しなければ外しましょう。

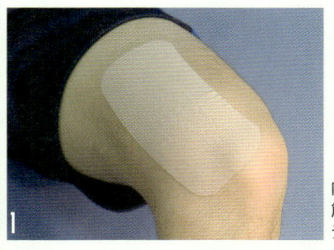
内側広筋に筋肉サポートテープを貼る

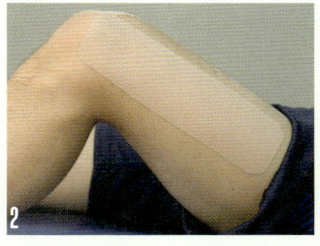
外側広筋に同じく筋肉サポートテープを貼る

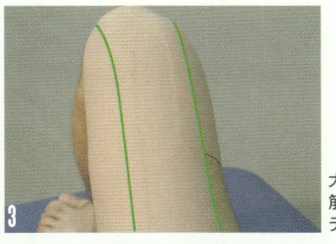
大腿直筋に筋肉サポートテープを貼る

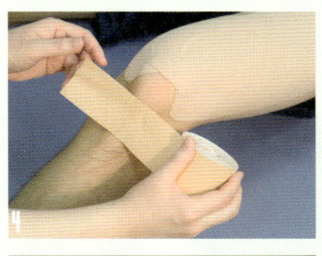
膝蓋骨の下方から筋肉サポートテープを貼りはじめる

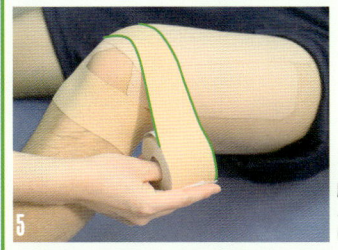
膝蓋骨を囲むように巻きつける

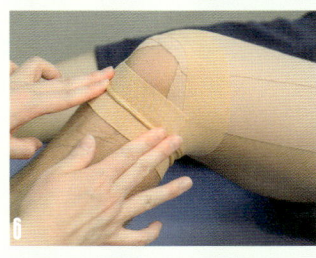
アンダーラップを膝蓋骨の下に3〜5周ほど巻きつけ、下のほうからくるくると丸める

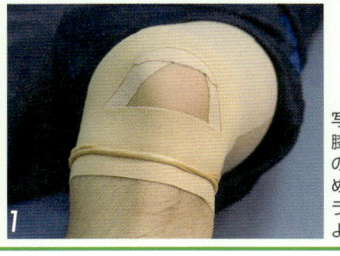
写真のように膝蓋靱帯上のあたりに丸めたアンダーラップがくるようにする

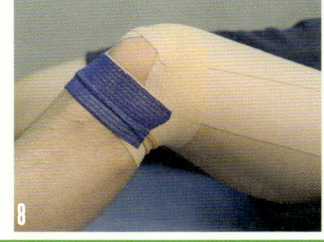
丸めたアンダーラップがずれないように、上からテープを貼る

［シンスプリントとは］

シンスプリントとは脛骨過労性骨障害とも呼ばれています。スポーツ現場でとても多く発生する障害です。

脛骨内側の下方 1/2 〜 1/3 に痛みが表れます。トレーニングに慣れていない初心者に発生しやすいという特徴があります。学校の部活動で、新入生がトレーニングを開始して間もない 4 月に多く発生し、また、繰り返しジャンプをするようなスポーツでも起こります。

●原因

下腿後内側にある後脛骨筋やヒラメ筋と脛骨骨膜との接触面が炎症を起こして発生すると言われています。足関節が底背屈を繰り返すと、後脛骨筋やヒラメ筋の収縮に伴って、脛骨骨膜を引っ張る力が生じます。その牽引力が繰り返されることによって炎症が起こるのです。

扁平足や回内足（足首が内側に傾いた足）、下腿後面の筋群や足裏の筋肉の柔軟性低下下も発症を促します。実際のスポーツ動作では、ランニング、ダッシュ、ジャンプなどが原因となります。特に硬いサーフェスやフィットしていないシューズで、こうした動作を行うと、シンスプリントの発生頻度が高くなります。

●症状

脛骨内側の下方 1/2 〜 1/3 の脛骨内側の際に運動痛のほか、圧痛、熱感、腫脹が現れます。

●評価と診断

圧痛部位や現病歴から評価します。圧痛部位は範囲が広いのが特徴です。運動痛は、ジャンプやつま先立ちで痛みが増悪するかどうか評価します。また、扁平足や回内足などの足部のアライメント評価も重要です。症状が長引く場合や増悪する場合は、疲労骨折との鑑別がポイン

トです。必ずスポーツドクターの診察を受けましょう。画像診断は、レントゲンのほか MRI が行われます。

●治療とリハビリテーション

過負荷が原因なので運動量をコントロールします。激しい痛みや日常生活でも痛みが感じられる場合は練習を中止します。熱感が強い場合はアイシングも有効です。

リハビリテーションは、自転車や水中運動など非荷重位から段階的に進めていきます。下腿三頭筋のストレッチングも有効です。筋力トレーニングは、足関節 4 方向（底屈・背屈・外がえし・内がえし）のチューブトレーニングや足趾のタオルギャザー（p187）などを行います。

●アライメントの調整

回内足は、荷重時に内側縦アーチが低下するため前記した牽引力が増加する傾向にあります。アーチサポートのインソールやテーピングで落ち込みを予防します。

また、踵骨が不安定な場合も回内足傾向になりやすいためテーピング（ヒールロック）で踵骨を安定させます。

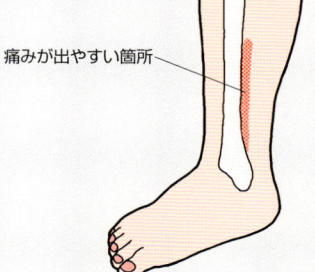

痛みが出やすい箇所

第5章

テーピングをしないために日常でやっておきたいこと

ケガをしてテーピングをしなければならない状況になる前に、日常生活でできることはやっておきたいものです。日常でやっておきたいコンディショニングの方法や、ケガを引き起こしやすいアライメントの調整法、外傷・障害予防の装具について知りましょう。

1 セルフコンディショニング

1 日常生活の過ごし方

1 セルフコンディショニングとは

ベースは日常生活

セルフコンディショニングには、ストレッチング、アイシング、食生活のような、疲労回復や外傷・障害予防を目的とするものと、筋力強化やバランストレーニングのようなパフォーマンス向上を目的とするものが含まれます。

スポーツ活動は、日常生活をベースとして行われるものです。日頃から日常生活の送り方を意識し、コンディショニングに関して知識を深めるとともに、セルフコンディショニングを実施して、外傷・障害予防とパフォーマンス向上に努めましょう。

2 姿勢

正しい姿勢をとりましょう

外傷・障害予防には、日頃の心がけが重要です。例えば、遠征の移動や、勉強・デスクワークなどで同じ姿勢を長時間とり続けることは、腰痛の原因になります。1時間に一度でも休憩をとってストレッチングを行えば、腰痛を予防したり、柔軟性を高めたりすることができます。

また、普段から正しい姿勢を意識することによって、身体の使い方が上手になっていきます。逆に普段の姿勢を意識せず、悪い姿勢でいると、筋緊張が誘発されたり、動きが悪くなったりします。自分の身体に興味をもち、改善や強化をすべき点を見つけることが、障害予防につながります。

3 水分補給と食事

水分と栄養を補給する

水分補給は、運動によって上昇した体温を汗によって下げる、つまり体温の上昇を防ぐために欠かせないものです。また、体内の水分が失われたままで活動を続けると、運動能力が低下します。熱中症予防のためにも失った水分は、すみやかに補給する必要があるのです。

また、スポーツ活動中にはエネルギー源を枯渇させないように、タイミングよく食事や補助食を取ることが重要です。ただし、日頃の食事では、補助食に頼り過ぎず、栄養バランスのよい食事を心がけます。

4 睡眠と入浴

ゆったり入浴したっぷり睡眠を

スポーツ選手は最低8時間の睡眠が必要であるといわれています。疲労の蓄積を避けるため、集中力を高めるために、睡眠時間はできる限り確保する必要があります。

入浴でお湯につかることは、血流を高め、疲労回復を促します。ストレッチングやマッサージを行えば、入浴がセルフケアの時間にもなります。このように身体を使うスポーツ選手は、食事や生活に対して、一般の人以上に気を遣うべきでしょう。

2 セルフケア＆トレーニング

1 セルフケア

ストレッチング

ストレッチングには、疲労回復と柔軟性向上という2つの目的があります。ウォーミングアップやクーリングダウンにおいてストレッチングは必須であり、例えばウォーミングアップでは筋温を上げ、クーリングダウンでは疲労物質の除去促進を図ります。ストレッチングを行って心身ともに準備を整えてスポーツ活動を始めると、全身の連動がとれた状態でスポーツ動作を行うことができます。体の動きをよくすることで、パフォーマンス向上にもつながります。

アイシング

アイシングというと応急処置として行うイメージがありますが、疲労回復や外傷・障害予防を目的として、練習前や練習後に日常的に行ってよいケアの1つです。

練習後に水風呂や氷風呂に入るスポーツ選手がいますが、これは疲労回復を促進するためです。このようにアイシングは痛みや腫れを和らげるためだけはなく、疲労物質を除去するためにもなり、ひいてはそれが外傷・障害予防にもつながります。

セルフマッサージ

ストレッチングと併用して、自分自身でマッサージを行いましょう。特にゴルフボールや竹踏みなどの道具を使って足の裏を刺激するマッサージは、下腿全体の筋緊張を和らげることができるので、お勧めです。アイシングとマッサージを併用したアイスマッサージも活用しましょう。

2 トレーニング

筋力強化

トレーニングは目的に応じた内容を行うことが重要です。そのためには、何を強化すべきなのかを把握しておく必要があり、トレーニングに対して興味をもつことが大切です。筋力トレーニングは嫌いというスポーツ選手は少なくありませんが、嫌いになる前にまず興味をもち、なぜ必要なのかを考えてみましょう。弱点を克服しつつ強化を行うことで、外傷・障害予防やパフォーマンス向上につながります。

バランストレーニング

最近、コアスタビリティがよく話題に上りますが、「コア＝軸」がぶれてしまうことのないようにコアの「安定性＝スタビリティ」を向上させます。軸がぶれなければ、スポーツ活動でバランスを崩すことはありません。バランス能力の向上は、パフォーマンスアップや外傷・障害予防につながります。コアスタビリティ向上には、継続的な腹筋、背筋、臀筋のトレーニングが必要です。

3 セルフケア＆トレーニングの方法

ストレッチング

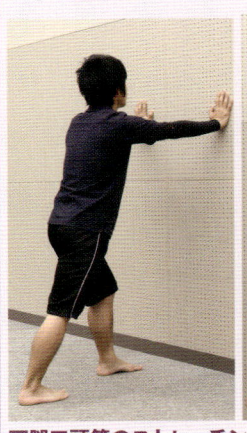
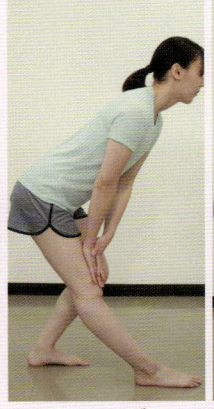
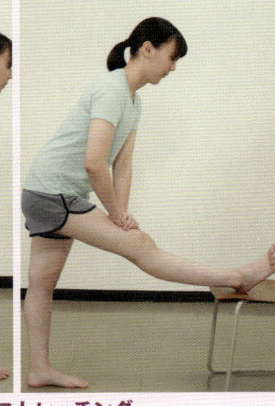

下腿三頭筋のストレッチング
壁や台を使うと効果的にできる

ハムストリングスのストレッチング
骨盤の回旋や、膝の屈曲が起こらないように気をつける

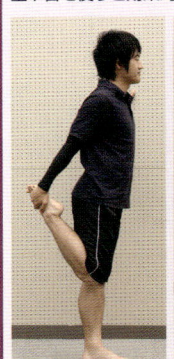
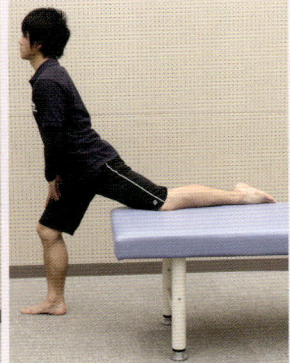
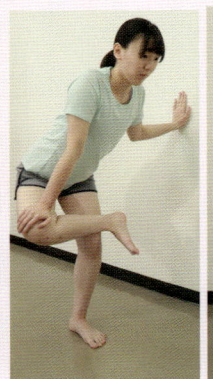

大腿四頭筋、腸腰筋のストレッチング
股関節を伸展させると腸腰筋が伸びる

臀部のストレッチング
台を使う、足の上に乗せるなどして股関節を外旋屈曲させて伸ばす

セルフマッサージ

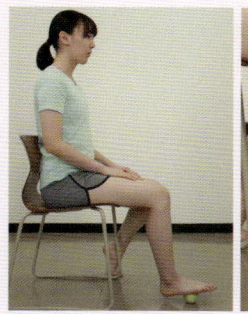

足の裏のマッサージ
ボールを足の裏で転がしてマッサージする

クライオカップを用いたアイシング用具
紙コップに水を入れて凍らせたものでも代用できる

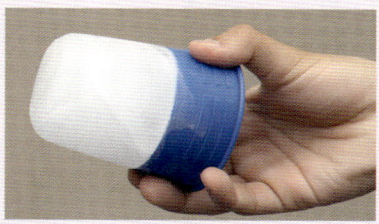

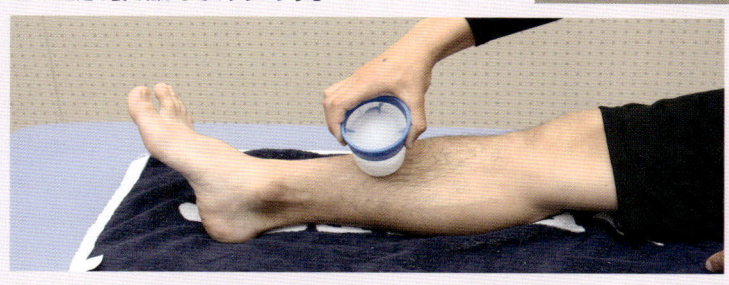

アイスマッサージ
シンスプリントではアイシングとマッサージを同時に行うアイスマッサージが効果的

2 トレーニング

筋力強化

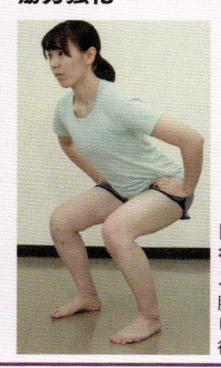

自体重で行うスクワット
膝と足先を同じ方向にして行う

バランストレーニング

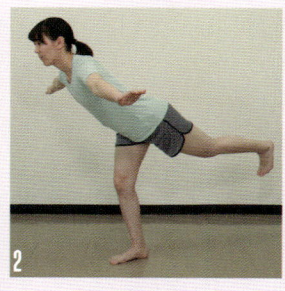

片脚立ちでのバランストレーニング
足首周りや体幹にもバランス能力を要する

≪2 スポーツシューズの選び方

┃運動とスポーツシューズ

┃スポーツ外傷・障害とシューズ

床や地面と接触する

　足は唯一床や地面と接触する部位であり、はだしで行うスポーツ以外は、シューズを介して床や地面と接していることになります。足に合ったシューズを履いているときは、足は骨の並びが自然の状態にあり、疲労しづらいのですが、足に合っていないシューズは疲労しやすく、ケガを引き起こしかねません。

　足や目的に合っていない不適切なシューズを履いていると、スポーツ障害を引き起こしてしまう場合があります。例えば、マメやタコ、外反母趾、ハンマートウ、扁平足などによる足の痛みは、シューズが原因で起こりえます。また、不適切なシューズは、下肢や身体全体にも影響が及び、膝痛や腰痛の原因になることがあります。パフォーマンスにもマイナスに働きます。

写真 5-2
前足部が崩れたシューズ
つま先を保護できない

写真 5-3
踵の外側がすり減って力が外へいく（左）
踵全体で力を調整できる（右は正常）

写真 5-1
踵を踏んだシューズ
踵を保護できない

写真 5-4
踵がすり減ってスポンジが見えてしまったシューズ
この状態になると衝撃を吸収することができない

2 シューズの変形

状態の悪いシューズは危険

シューズを選ぶときに、重視されるポイントは、大きく分けて、1）メーカー・デザイン、2）機能の2点です。2つの要素を兼ね備えたシューズが見つかれば問題ありませんが、一般的には、どちらかというとデザインを優先することが多いようです。また、人によっては、かなり大きめのシューズを履くこともあります。

適切なシューズを履いていても、足の形や歩き方によってシューズは変形します。変形が過度に進んだシューズを履き続けると、スポーツ外傷・障害を起こすことがあります。特に、運動時は日常よりもシューズへの負荷が大きいので要注意です。ここでは、状態の悪いシューズ（写真 5-1 〜 5-4）と、よいシューズ（写真 5-5）を紹介します。

3 シューズ選びのポイント

❶自分の足の長さと足の幅を知る

足の長さと幅を実際に測りましょう。最近は、長さだけでなく幅でもサイズ展開をしているシューズも販売されています。

❷足の長さ（実測値）よりも 5 mm 程度大きいシューズを選ぶ

踵をしっかり合わせて、つま先に指 1 本分の余裕があるものがよいでしょう。

❸両足ともに試し履きをして店内を歩く

足の大きさは左右違う場合があります。

❹前足部が包み込まれるシューズを選ぶ

特に親指と小指の幅がきつくないことを確認しましょう。

❺踵が包み込まれるシューズを選ぶ

踵の安定性は疲労や障害を防ぎます。踵の骨をしっかりホールドしているか、踵のカーブが合っているかをチェックします。

横から

後方

上から

写真 5-5 **状態の良いシューズ**

2 運動とインソール

足の裏の形は人それぞれ

　自分に合った適切なシューズを選ぶことの次に大切なことは、インソール（中敷き）の選び方です。

　足の裏の形は人によって全く異なり、土踏まずのアーチが下がった扁平足やアーチの高い凹足（ハイアーチ）など、さまざまです（写真 5-6 〜 5-8）。

　通常、シューズを購入すると中にインソールが入っていますが、必ずしも履く人の足の裏の形に合っているわけではありません。シューズのデザインを気にする人は多いようですが、シューズの中に入れるインソールも同様に重要視してほしいです。

　インソールは、足の裏の形に合わせて選ぶことが大切です。アーチが下がった足なのにアーチサポートのないインソールを用いるなど、自分の足の裏の形に合わないインソールを使用すると、足の裏にマメやタコができたり、足趾が曲がったり、外反母趾になったりします。さらに足首や膝の痛み、股関節や腰の痛みといった、足部以外のスポーツ障害を抱えてしまうこともあるのです。

　このような問題は、足の裏の形に合ったインソールを使用することによって、解消することができます。

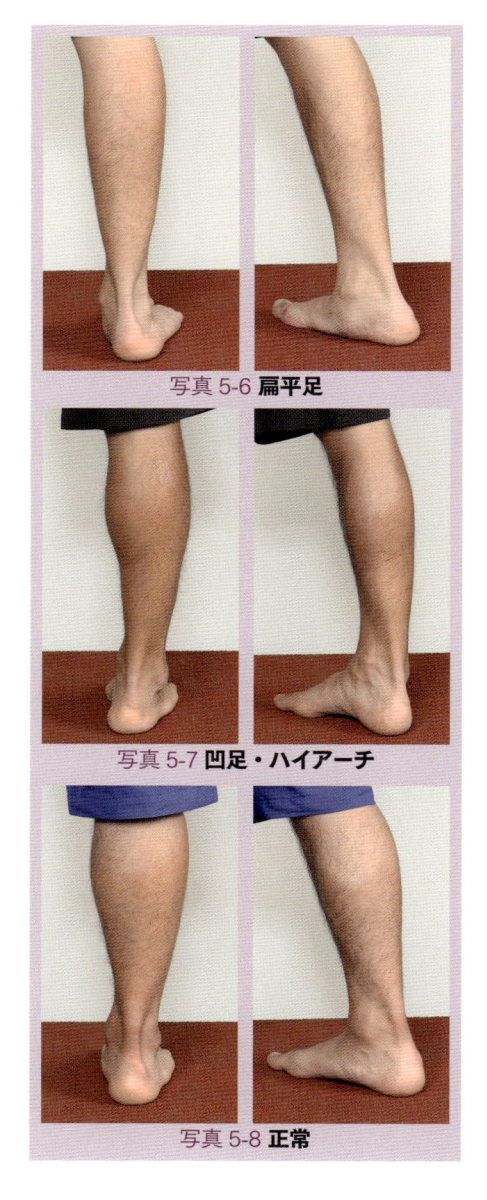

写真 5-6 **扁平足**

写真 5-7 **凹足・ハイアーチ**

写真 5-8 **正常**

2 使用上の注意点

状態の悪いインソールも危険

　足裏の形に合ったインソールでも、長く使うことによってすり減ってきます。すり減った部分に穴があくこともあります（写真 5-9）。インソールは低下した足の機能をサポートするためのものです。すり減ったインソールを使い続けると、その機能が発揮されないばかりか、骨の配列異常（マルアライメント）や衝撃吸収能力の低下などを起こし、外傷・障害や痛みを誘発させる原因になります。運動時に痛みを伴えば、パフォーマンスも低下し、競技に支障をきたすことになります。

　インソールもシューズと同様にスポーツ外傷・障害を予防する1つの手段として考えて、適切なものを選び、使用状態をチェックすることが大切です。

3 インソールの種類

既製品とオーダーメード

　インソールには、スポーツ用品店などで市販されている既製品（写真 5-10）のものから、専門家により足形をとって作るオーダーメイドのインソール（写真 5-11）まで、さまざまな種類があります。また、もともとシューズの中に入っていた中敷きに、パッドを当てて使用する方法もあります（写真 5-12）。

　足形をとって作るオーダーメイドのインソールは、市販の既製品のインソールに比べて価格が高いので、使用頻度や運動強度によっては、まず、市販の既製品を選ぶのも1つの方法です。足形をとって作るタイプやパッドを当ててつくるタイプのインソールを希望する場合には、必ず専門家に見てもらうことをお薦めします。

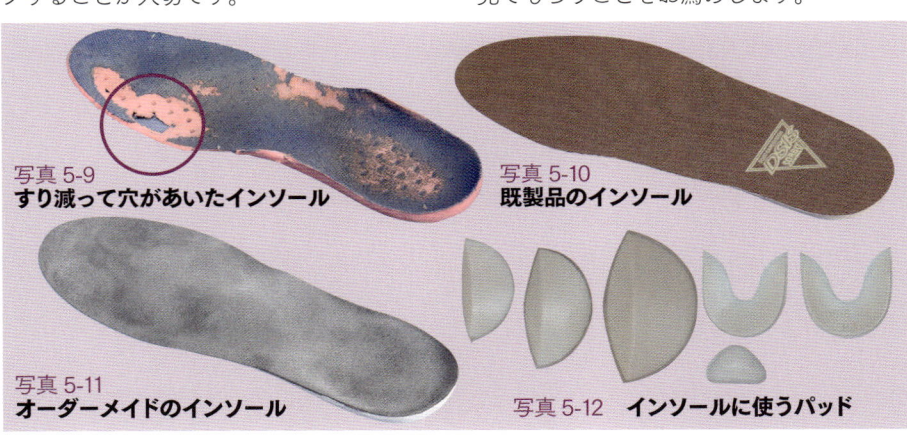

写真 5-9
すり減って穴があいたインソール

写真 5-10
既製品のインソール

写真 5-11
オーダーメイドのインソール

写真 5-12　**インソールに使うパッド**

≪3 アライメントの調整法

┃スポーツ外傷・障害とアライメント

┃アライメントの改善法

筋肉を鍛え、動きを覚える

アライメントとは、骨の配列のことをいいます。O脚やX脚、扁平足、外反母趾などは、アライメントが悪いこと（マルアライメント）で起こります。

生まれつきのO脚やX脚や、遺伝による外反母趾などの場合もありますが、骨格（骨）は筋肉によって動かされるため、筋肉を鍛えたり、正しい動きを身体に覚え込ませることによって、アライメントを改善させることができます。

2 O脚

大腿部内側の筋肉強化

O脚は男性スポーツ選手によく見られます。特にサッカーやラグビー、バスケットボールなど、身体を左右に振る動きの多いスポーツでは、両脚外側の筋肉に力を入れることが多く、内側の筋肉を使うことが少ないため、O脚になりやすいと考えられます。大腿部の内側の筋肉を強化して、O脚の改善を図ります。

3 扁平足

足の裏の筋肉強化

扁平足を元通りにすることは困難ですが、足の裏の筋肉を鍛えることによって、足部の衝撃吸収能力を回復させ、扁平足が原因で起こるスポーツ外傷・障害を予防することができます。また、足の裏の筋肉は身体のバランス能力にも深く関係しており、足関節捻挫の際には足底を鍛えることによって、早期回復や再発予防を促すこともできます。

O脚：太腿内側の筋肉強化

＊10回1セットとして、1日3セットを心がけて毎日繰り返すこと

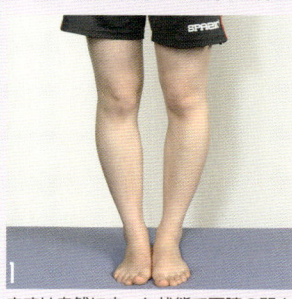

1 まずは自然に立った状態で両膝の開き具合を確認する

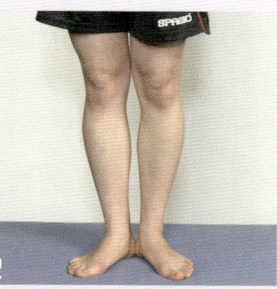

2 次につま先を少し開き、両踵をつけたまま、大腿部の内側の筋肉と臀部の筋肉にギュッと力を入れる。その際、できる限り大腿部の内側がつくように意識する。そのままゆっくり5秒間静止

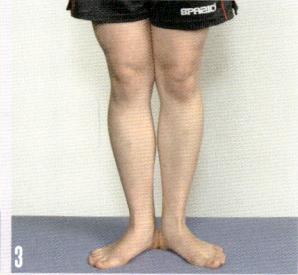

3 もしも2で大腿部の内側がつかない場合は、つま先をもう少し開いて同様に大腿部の内側の筋肉と臀部の筋肉に力を入れる

扁平足：タオルギャザー

＊10回1セットとして、3〜5セット行う。簡単にできるようになったら、応用編としてタオルの先に重りを置いて行う

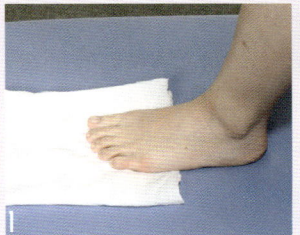 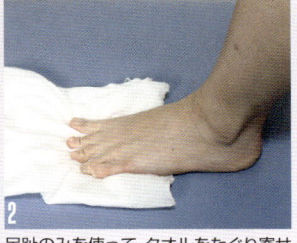 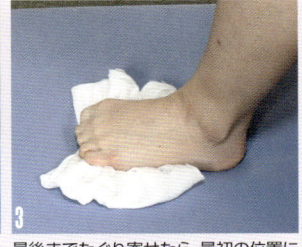

1 椅子に座り、足の下にタオルを置く

2 足趾のみを使って、タオルをたぐり寄せる

3 最後までたぐり寄せたら、最初の位置にタオルを置いて繰り返す

扁平足：足趾じゃんけん

＊できる限り大きく足趾を動かすこと。10回1セットとして、3〜5セット行う。できるようになったら、相手と実際にじゃんけんをする

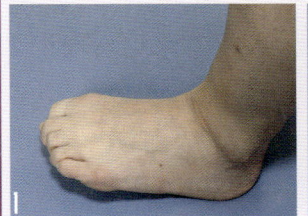 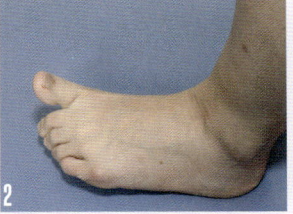 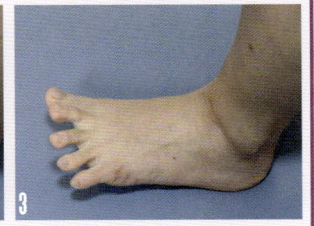

1 グー 足趾すべてをギュッと曲げる

2 チョキ 母趾とほかの指を上下に開く

3 パー 5本の趾をすべて開く。できない場合は手で足の指を広げ、力を入れてみる。最初はできなくても徐々にできるようになる

扁平足：ヒールレイズ（カーフレイズ）

＊10回1セットを、3セット行う。簡単にできるようになったら、踵を床に下ろさず繰り返す

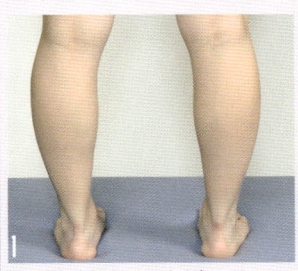 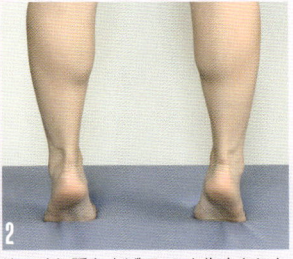 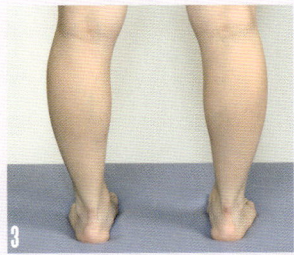

1 足を肩幅に開き、まっすぐ立つ

2 ゆっくり踵を上げて、つま先立ちになる。踵を上げる動作は、ふくらはぎだけでなく、足底につく筋肉も関与しているので、踵の上げ下げはどちらもゆっくり行う

3 ゆっくりと踵を下げて元の位置に戻す。踵を下げたあとは静止せずに、続けてゆっくり踵を上げる

≪4 スポーツ用装具

| スポーツ外傷・障害と装具

| 装具の目的と種類

いわゆるサポーターのこと

装具とは一般で言うサポーターのことであり、スポーツ外傷・障害時に関節や筋肉を保護したり、固定したりすることを目的として使用するものです。外傷・障害の程度や部位に応じて、市販されているソフトタイプのものから、ハードタイプのもの、特殊な外傷・障害ではオーダーメイドのものまで、さまざまなタイプのサポーターがあります。

市販のものは、各メーカーから出ているので、スポーツ用品店などで実際に試してから購入しましょう。ただし、適切なものを購入しないと、使用しても全く効果がないことがあります。サイズや機能の詳細を含めて、販売の担当によく相談し、十分に検討することが大切です。

テーピングかサポーターか

どのサポーターを購入するべきかわからない場合は、受診している医療機関に相談するとよいでしょう。もちろんこれまで紹介したテーピングは、サポーターと同様に、スポーツ外傷・障害時に関節や筋肉を保護したり、固定したりすることを目的として使用するものでもあります。使用する期間や、それぞれの利点・欠点（表5-1）を考えて、サポーターにするか、テーピングにするかを選択するとよいでしょう。

また、それぞれの利点・欠点を考慮して、サポーターとテーピングとを併用するのも効果的です。ここでは、足関節のサポーターとして市販されている代表的な3種類と、膝のサポーターとしてオーダーメイドの2種類を紹介します。

表 5-1 **サポーターとテーピングの比較**

サポーター	テーピング
●繰り返し使用することができる	●固定力がある
●目的に応じた装具がある	●外傷・障害の程度に応じて巻くことができる
●簡単に装着できる	●技術を要する
●長期利用では経済的である	●長期利用だと高価
●オーダーメイドできるものもある	●天候(雨)により効果が落ちる
●足と装具の間にすきまができる	●テープと皮膚のすきまがない
●特定の目的でのみ使用される	●運動時ごとに巻く必要がある
●初期出費が大きい	●テープかぶれを起こす場合がある
●試合時にはものにより着用が禁止されるスポーツもある	●ごく一部のスポーツ(競泳など)以外は着けたまま　でプレーできる

足関節のサポーター（市販品）

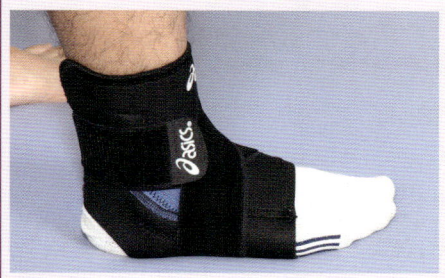

軽度固定
軽度の伸張性のある素材のサポーターにフィギュアエイト機能をもつストラップがついたタイプ

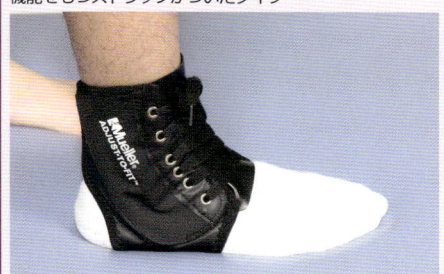

中等度固定
外くるぶしの周りにフェルトが入っており、外側を保護している。ひもで編み上げるタイプなので、サイズに多少は対応可能で、多少の腫れにも対応できる

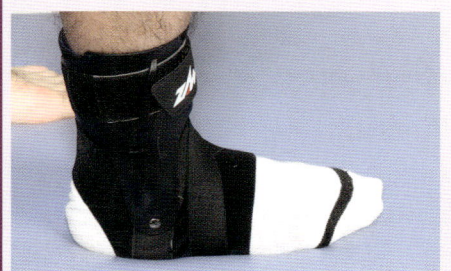

強度固定
テーピングのスターアップのように足首の内側と外側にプラスチックが入っている。足首の内反・外反を防ぐ機能をもつクロスのストラップがついたサポーター

膝関節のサポーター（オーダーメイド）

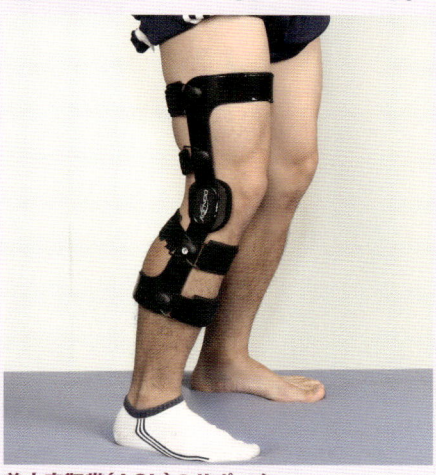

前十字靭帯（ACL）のサポーター
膝の中にある前十字靭帯を守るためのサポーター）。下から2本目の留め具が前十字靭帯の補助する

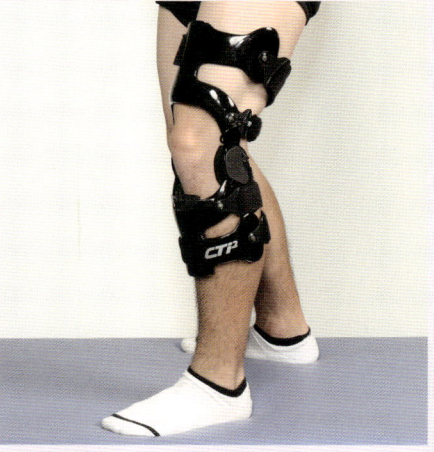

側副靭帯（MCL・LCL）のサポーター
膝の内側・外側にある側副靭帯を守るためのサポーター。各人の膝に合わせて作成されるため、サポーターと膝とのすきまが少ない

テーピングが上手になるコツ

テーピングの授業のときに「どうしたらテーピングがうまく巻けますか？」と学生に質問されます。教員として駆け出しの頃は「たくさん巻くしかないよ！」というひと言で終えていましたが、最近は、教員としてのキャリアも少し積んだので、具体的にいろいろとアドバイスしています。以下にその内容の一部を紹介します。テーピングを練習するときの参考にしてみてください。

頭を動かさない

テーピングの部位をなるべく正面から見ながら巻く。テープを貼る角度が決めやすいように、皮膚のラインを正面に見る姿勢をとります。また、やや遠めに部位を見ることも大切です。上級者は頭の位置が動きません。周りで巻いている人の姿勢を見てみましょう。初心者は、頭や身体が動きすぎています。なにより、動き過ぎはテープを巻く人自身が疲れてしまうので、たくさん練習ができません。

時間の意識をもつ

制限時間を設定して練習します。例えば、「足関節なら３分で巻く」というように短めに設定します。最初から時間をクリアしてしまう設定ではなく、頑張らないとクリアしない設定にします。そうしないと無駄な動きに気がつきません。身体に巻く素早さも大切ですが、それ以外のところ、例えば、テープカットや貼る位置の確認などで時間がかかっている場合がほとんどです。「次のテープ」を素早く巻くように心がけることが大切です。

テープを巻いたら動いてみる

特に下肢のテーピングで重要です。足関節や足部は座位で巻きます。テープ後は、必ず立って荷重して、可能な限り動いてみることです。足底がきつい、動いたら緩んだなど、動いてテープがどうなったかを確認します。そうしたフィードバックを参考にしてテープの巻き直しをして調整します。この方法が、力の入れ加減を覚えていく一番よい方法です。

以上のポイントを踏まえて練習してください。いずれにしてもテーピングは量を巻かないとうまくなりません。そしてなによりも現場で選手に巻くことが一番です。現場から学びましょう。

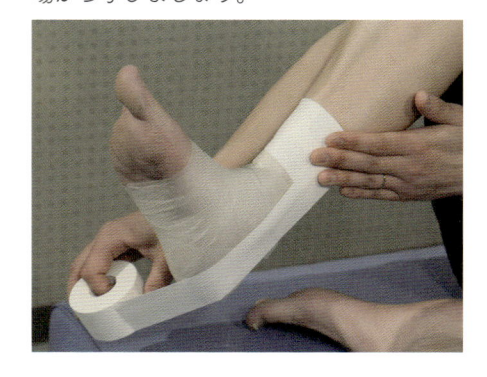

参考文献 順不同

● 石川正順・林光俊
スポーツ ER, コーチング・クリニック 2003 年 5 月号〜 2007 年 5 月号, ベースボール・マガジン社.

● 市川宣恭ほか
『スポーツ外傷・障害』, 南江堂, 1987.

● 岩崎由純
『ひとりでも簡単にできるテーピング』, 成美堂, 2001.

● 加瀬建造
『キネシオテーピング法　スポーツ編 I 』, 医道の日本社, 1991.

● 栗山節郎ほか
『DVD でみるテーピングの実際』, 南江堂, 2007.

● 顧徳明ほか
『運動解剖学図譜』, ベースボール・マガジン社, 2006.

● 高橋仁
『テーピングバイブル』, ベースボール・マガジン社, 2006.

● 鳥居俊
『基礎から学ぶ！ スポーツ障害』, ベースボール・マガジン社, 2008.

● 中嶋寛之ほか
『テーピングハンドブック』, 全日本病院出版会, 1995.

● 長畑芳仁
『ストレッチバイブル　アスリート編』, ベースボール・マガジン社, 2006.

● 中村千秋ほか訳
『身体運動の機能解剖』, 医道の日本社, 1997.

● 中村隆一ほか
『基礎医学』, 医歯薬出版, 1976.

● 林光俊ほか
『ナショナルチームドクター・トレーナーが書いた種目別スポーツ障害』, 南江堂, 2006.

● 藤本吉範ほか
体幹(腰部)の理学的診断と評価, 『アスレティックトレーナーテキスト I 』, 財団法人日本体育協会, 2000.

● 村上恒二ほか
前腕〜肘の機能解剖, 『アスレティックトレーナーテキスト I 』, 日本体育協会, 2000.

● 山本晃永ほか
『サッカー小中学生のためのメディカルサポート』, ベースボール・マガジン社, 2008.

● 山本育榮
『テーピングの理論と実際』, 文光堂, 2001.

● 山本利春
『測定と評価』, ブックハウス HD, 2001.

● 山本龍二
『図説肩関節 Clinic』, メジカルビュー社, 1996.

編著者
高橋 仁

たかはし・ひとし／ 1965 年生まれ。東京都出身。帝京平成大学健康医療スポーツ学部教授。日本体育大学大学院体育学研究科修了。東京衛生学園卒業。鍼灸師、あんま・マッサージ・指圧師、日本スポーツ協会公認アスレティックトレーナー。大学時代からアメリカンフットボール部で学生トレーナーとして活動する。その後、1990 年から社会人アメリカンフットボールの鹿島ディアーズで本格的にトレーナー活動を開始。1998 年に鹿島がライスボウルを制して日本一になったときのメンバー。その後、朝日生命久我山スポーツセンター、日本工学院八王子専門学校スポーツカレッジ講師等を経て、2012 年より現職。アスレティックトレーナーの育成に当たる。これまでに全日本男子バレーボールチームトレーナーとして、2002 年釜山アジア大会、2005 年イズミル・2007 年バンコク・ユニバーシアード大会等に参加。JOC 強化スタッフ（バレーボール）。著書に『テーピング・バイブルコーチ編』『DVD でよくわかる！ひとりでできるスポーツテーピング』『知識ゼロからのスポーツマッサージ』（ともに小社刊）がある。

共著者…4・5章担当
羽生綾子

はぶ・あやこ／1971 年生まれ、東京都出身。公財日本卓球協会専任アスレティックトレーナー。早稲田医療専門学校（現・人間総合科学大学院鍼灸医療専門学校）卒業、アリゾナ州立大学、ピッツバーグ大学大学院において、バイオメカニクス、スポーツ医学などを学ぶ。2008 年世界卓球選手権以降、日本代表チームのトレーナーを務めるなど、トップレベルの舞台で活躍。全米アスレティックトレーナー協会（NATA）公認アスレティックトレーナー、鍼灸師、日本スポーツ協会公認アスレティックトレーナー、日本トレーニング指導者協会（JATI）公認上級トレーニング指導者。

共著者…4・5章担当
大橋由理子

おおはし・ゆりこ／1977 年生まれ、愛知県出身。大阪体育大学卒業、マーシャル大学大学院修了。全米アスレティックトレーナー協会（NATA）公認アスレティックトレーナー。オンワードオークス、ペンシルバニア州立大学、スペイン女子サッカーチームエウロぺなど、日本、米国、スペインにてアスレティックトレーナーとして活動,全日本女子バレーボールチームのトレーナーとして帯同の経験がある。日本工学院八王子専門学校スポーツカレッジ講師等を経て、NPO 法人スポーツセーフティージャパンインストラクター、神奈川大学非常勤講師を務める。

令和版 基礎から学ぶ！スポーツテーピング

2019年8月30日 第1版第1刷発行
2024年3月29日 第1版第4刷発行

編著者　高橋 仁

発行人　池田哲雄

発行所　ベースボール・マガジン社
　　　　　〒103-8482 東京都中央区日本橋浜町2-61-9 TIE浜町ビル
　　　　　電話03-5643-3930（販売部）
　　　　　　　03-5643-3885（出版部）
　　　　　振替口座00180-6-46620
　　　　　https://www.bbm-japan.com/

印刷・製本　共同印刷株式会社

©Hitoshi Takahashi2019
Printed in Japan

ISBN978-4-583-11218-3 C2075